可持续信息披露丛书

ISSB准则中国应用指南(二)
IFRS S2解读与应用

主 编　刘轶芳　殷格非

中国财经出版传媒集团
经济科学出版社
Economic Science Press
·北京·

图书在版编目（CIP）数据

ISSB 准则中国应用指南 . 二，IFRS S2 解读与应用 /
刘轶芳，殷格非主编 . -- 北京 ： 经济科学出版社，2025.
2. --（可持续信息披露丛书）.-- ISBN 978-7-5218
-6767-1

Ⅰ. F233. 1-62

中国国家版本馆 CIP 数据核字第 2025MY7147 号

责任编辑：郑诗南
责任校对：郑淑艳
责任印制：范　艳

ISSB 准则中国应用指南（二）
——IFRS S2 解读与应用
ISSB ZHUNZE ZHONGGUO YINGYONG ZHINAN（ER）
——IFRS S2 JIEDU YU YINGYONG
刘轶芳　殷格非　主编
经济科学出版社出版、发行　新华书店经销
社址：北京市海淀区阜成路甲 28 号　邮编：100142
总编部电话：010-88191217　发行部电话：010-88191522
网址：www.esp.com.cn
电子邮箱：esp@esp.com.cn
天猫网店：经济科学出版社旗舰店
网址：http://jjkxcbs.tmall.com
北京联兴盛业印刷股份有限公司印装
710×1000　16 开　32.25 印张　482000 字
2025 年 2 月第 1 版　2025 年 2 月第 1 次印刷
ISBN 978-7-5218-6767-1　定价：158.00 元
（图书出现印装问题，本社负责调换。电话：010-88191545）
（版权所有　侵权必究　打击盗版　举报热线：010-88191661
QQ：2242791300　营销中心电话：010-88191537
电子邮箱：dbts@esp.com.cn）

编委会名单

丛书编委会

主　　　任：殷格非　刘铁芳

副　主　任：孙东升　刘　倩

编委会成员：许寅硕　李　霞　陈伟征　管竹笋
　　　　　　代奕波　邹续林　贾　丽

主　　　编：
　　　　　　刘铁芳　殷格非

副　主　编：
　　　　　　刘　倩　李　霞　贾　丽　左玉晨

编写组成员：
　　　　　　王家蒙　陆心媛　王奥旋　许寅硕
　　　　　　盖泽坤　于芷涵　王晓娟　秦翰林
　　　　　　张萧元　钟　艳

主 编 简 介

刘轶芳：中央财经大学经济学院宏观经济学系主任，可持续准则研究中心主任，教授、博士生导师。财政部可持续披露准则咨询专家；国家标准委环境社会治理（ESG）标准化项目研究组专家；中国社会经济系统分析研究会低碳经济发展系统分析专委会副主任委员；中华环保联合会理事会理事、ESG 专委会委员；中国企业管理研究会 ESG 专委会副主任、社会责任与可持续发展专业委员会主任委员；苏州工业园区 ESG 联盟专家顾问；中国企业社会责任研究中心智库成员；五矿产业金融研究院学术委员会委员；中国银河证券新发展研究院国际 ESG 中心智库专家成员；《中国环保产业》杂志编委。

殷格非：责扬天下（北京）管理顾问有限公司创始人、首席专家。北京一标数字科技有限公司董事长兼 CEO。德国勃兰登堡应用技术大学技术创新与管理理学硕士。ISO 26000 社会责任国际标准起草工作组专家，GB/T 36000 社会责任国家系列标准主要起草专家之一，ISO TC 322 可持续金融国际标准技术委员会专家，SAC/TC 532 全国品牌评价标准化技术委员会委员。财政部首届可持续披露准则咨询专家、中国上市公司协会可持续发展（ESG）委员会委员。华中科技大学兼职教授，清华大学 EMBA/MBA 企业社会责任客座讲师，西北政法大学 ESG 研究院学术委员会主任。

从 2003 年开始一直专注于企业社会责任 /ESG 和可持续发展的研究与推广。率先倡导责任竞争力理念，构建责任三层次理论和可持续品牌理论，主导创建了"金蜜蜂"社会责任品牌。出版社会责任与可持续发展专著 20 余部，在国内期刊发表各类文章 100 余篇。对企业社会责任管理和可持续品牌有独到的创新研究和见解。

序 言 一

可持续发展关系人类命运和未来，是破解当前全球性问题的"金钥匙"。党中央、国务院高度重视经济、社会和环境的可持续发展，党的十九大报告指出，必须坚定不移贯彻创新、协调、绿色、开放、共享的发展理念；党的二十大报告指出，坚定不移走生产发展、生活富裕、生态良好的文明发展可持续发展道路。上市公司强化可持续发展信息披露意识，积极践行可持续发展理念，共建可持续发展良好生态是落实党中央、国务院部署的有效路径。

中国上市公司协会在中国证监会的领导下，以"服务、自律、规范、提高"为基本职责，积极推动上市公司可持续发展（ESG）相关工作，致力于促进提高上市公司质量。为了满足上市公司对可持续发展工作的需求，协会积极发挥"桥梁、阵地、平台、窗口"作用，依托可持续发展专业委员会开展调查研究、培训沙龙、倡导最佳实践、编写发布年度 ESG 报告、举办中国上市公司可持续发展大会等工作，配合证监会相关监管规则制定，推动上市公司可持续发展（ESG）管理和信息披露水平提升。

近年来，上市公司逐步适应监管要求，积极主动参考可持续信息披露国内外标准，关注 ESG 评级和外部绩效表现，主动披露可持续发展相关信息的意愿日益增强。截至 2023 年上半年，上市超过半年的 A 股公司共有 5023 家，其中近 1800 家上市公司发布了 2022 年度 ESG 相关报告，占比超过 35%。最近 5 年上市公司 ESG 相关报告披露数量与披露率稳步上升，披露率增长速度近两年有所加快。与此同时，上市公司在可持续发展信息披露方面依旧面临挑战，境内外机构发布的标准和准则繁多且复杂，加大了上市公司的遵循难度。超过 60% 的上市公司希望有更具体、权威的信息披露规则，以简化过程并提高信息披露质量。

国际可持续准则理事会（ISSB）发布的《国际财务报告准则S1号——可持续相关财务信息一般披露要求》（IFRS S1）和《国际财务报告准则S2号——气候相关披露》（IFRS S2）两项准则，在助力解决上述挑战方面迈出了重要步伐。ISSB准则创造了一个全新的通用语言，吸收采纳国际上主流可持续发展和ESG信息披露标准，为全球可持续信息披露提供了参考基准。统一的基准可以降低可持续信息披露的难度，节约披露成本，提升报告编制效率。ISSB准则所倡导的一致性、可比性和可验证性等披露原则，将增强可持续信息的透明度，进一步拉近上市公司与资本市场及投资者的关系，提升整个市场的透明度、专业性和可信度。ISSB作为可持续发展信息披露的基准新规则，对于全球主要企业基本适用，但具体的披露要求和指标设计，仍需结合我国实际情况进行本土化调整。

2024年4月12日，在中国证监会统一部署下，沪深北证券交易所发布《上市公司可持续发展报告指引》（以下简称《指引》），自2024年5月1日起施行。这是对上市公司可持续发展信息披露新的系统性规范，是中国上市公司可持续发展信息披露的里程碑事件。《指引》反映可持续信息披露全球趋势，并充分尊重中国国情。披露框架上，指引采用了"治理-战略-影响、风险和机遇管理-指标与目标"的可持续信息披露框架。在议题重要性识别上采纳财务重要性和影响重要性的信息披露理念，要求披露对企业价值产生重大影响的议题，以及会对经济、社会和环境产生重大影响的议题。议题设置上，一方面反映了全球可持续信息披露原文趋势，比如生物多样性、科技伦理议题信息的披露等；另一方面则反映了中国式现代化建设新要求，比如应对气候变化、污染防治与生态系统保护、能源资源利用与循环经济等议题体现了人与自然和谐相处的美丽中国建设要求，乡村振兴、社会贡献以及平等对待中小企业议题体现了全体人民共同富裕要求，创新驱动的信息披露能够反映上市公司支持国家创新驱动战略的具体情况。指引作为指导中国上市公司开展可持续信息披露的纲领性文件，提供了与全球接轨的可持续信息披露框架，为上市公司稳步提升可持续发展信息披露质量提供了权威依据。《指引》的实施应用，将有助于上市公司更全面、准确、及时地公开其在经济、环境和社会三个维度上的表现，更好地回应监管机构、投资者和社会公众对环境保护、社会责任和公司治理议题的关切。

《ISSB 准则中国应用指南》是系统解读 ISSB 准则的系列丛书，为企业了解 ISSB 准则提供了重要参考。一是体例设计友好。作者采用条款解读、案例示范和案例点评的方式来编写，每一个条款都展示了相关企业信息披露典型案例，并且辅以专业点评，帮助企业来理解运用 ISSB 准则，对于中国企业更显得通俗易懂。二是作为系列丛书，能够持续长期地为中国企业提供最新的 ISSB 准则解读。ISSB 准则现已发布 IFRS S1 和 IFRS S2，未来还会发布 IFRS S3、IFRS S4，作者团队将会持续不断地出版解读本。三是本系列丛书的出版正值沪深北证券交易所《指引》颁布之际，ISSB 作为全球可持续信息披露规则的基准，对 ISSB 规则的熟悉和掌握，对中国上市公司高水平的理解和落实《指引》具有现实的指导意义。

宋志平

中国上市公司协会会长

2024 年 5 月

序 言 二

　　近年来，企业可持续发展表现受到全社会广泛关注，尤其是成为投资者投资决策的重要考量因素，编一份好的可持续发展（ESG）报告正成为一种潮流。2023 年 6 月，国际可持续准则理事会（ISSB）颁布了首批两份《国际财务报告准则 S1 号——可持续相关财务信息披露一般要求》（IFRS S1）和《国际财务报告准则 S2 号——气候相关披露》（IFRS S2），标志着全球可持续发展及信息披露进入了历史发展的新阶段。

　　ISSB 准则在制定过程中已较充分地吸收了来自多利益相关方的意见，成为全球公认的高质量可持续披露准则之范本。通过指导企业披露与可持续发展相关的信息，将有助于提高企业透明度，使投资者能够更全面地评估企业的可持续性风险和机遇。

　　企业要按照 ISSB 准则披露可持续信息，主要面临四个方面的挑战：一是信息的可靠性，可持续披露信息绝大部分是非货币计量的，也不遵从复式记账这一严格的范式，企业提供的信息是否可靠存在一定挑战；二是风险因素的披露，ISSB 要求企业披露短、中、长期面临的机遇与风险，这些对企业来说都难以预测和判断；三是发展路线图的描绘，ISSB 要求企业披露应对风险和机遇的时间表与路线图，这并非易事，即使企业披露了相关信息，其可信度也难以衡量；四是商业信息的保密性，ISSB 要求披露的信息主要涉及企业的非财务信息，对企业商业信息的保密性可能会产生不利影响。

　　责扬天下（北京）管理顾问有限公司和中央财经大学可持续准则研究中心合作编写的这本书，为企业应对上述挑战提供了及时的知识供给。本书使用通俗易懂的语言对 ISSB 准则条款进行详细解读，在信息可靠性、风险因素披露、发展线路图描绘、商业信息保密性等重点内容方面，运用文字解读与案例解析相结合的方式，为企业提供披露范本的直观参考，为中国企业应

用 ISSB 准则做好信息披露提供了易于理解与操作的指导工具。

当然，要应对上述挑战，企业一定要行胜于言，在做好可持续信息披露的同时，从以下六个方面切实采取行动，促进企业和全社会的可持续发展。

一是建立适合企业特点的治理体系，从战略高度看待 ESG 和可持续发展工作。建立适合中国企业特色的治理体系，如在董事会层面，考虑将战略委员会改为战略和可持续发展委员会，且建立合理可行的执行机制，而非仅搭建一个"空架子"。

二是坚持高研发投入，在转型升级中实现自身超越式发展。当今时代是科技竞争的时代，近十年到二十年国际竞争也越来越表现为科技竞争。全球经济和股票市场的"王者"越来越为科技强者主导。研发对企业的可持续长期发展非常重要。

三是聚焦环境因素，避免相关风险，抓住相关发展机遇。我国已经作出"2030 年前实现碳达峰、2060 年前实现碳中和"的承诺，但由于我国刚进入中等收入国家行列，还有大量经济建设和改善人民生活的工作要做，再加上我国是全球最大的出口国，实现的过程远比任何发达国家都难。对中国企业而言，要努力考虑如何应对风险以及积极进行的产业和生产方经营方式的转型升级。可喜的是，我国企业在某些领域正将风险转变为机遇，形成新质生产力，并引领全球产业发展，比如在光电、风电、特高压、输变电、储能技术、新能源车等方面。

四是聚焦复杂的全球政治经济环境因素，避免商业风险，把握发展机遇。近几年，一些主要发达国家实行贸易保护主义，逆全球化，中国企业需要认识到反倾销、补贴、信息安全、碳关税、环境保护、反腐败、劳工安全等都是应考虑的重要 ESG 与可持续发展议题，但也要为可能面临的贸易保护主义或地缘政治需要产生的"排挤"风险做好筹划与准备，以避免和减少可能带来的相关损失。

五是从行业特点出发，规避可持续相关风险突发带来的恶性影响。不同行业的 ESG 风险点和利益相关方的关注点存在差异。例如，对于 IT 行业，数据安全、隐私保护、科技创新至关重要；对于医药行业和食品行业，商业道德、生物多样性、产品质量安全至关重要；对于采矿业，职工健康安全、环境保护、社区关系管理至关重要；对于银行业，系统性风险、气候风险、数据安全至关重要。这些可持续风险突发带来的恶性影响，往往可能会对企业带来无法应对的损失。因此，企业应从所处行业出发，判定 ESG 与可持续发展的重要议题，采取针对性措施并实现高质量的信息披露。

六是努力平衡各方利益，实现企业价值与环境、社会价值的双赢。近半世纪，全球普遍强调企业价值和股东利益。这有其积极意义，但也导致一系列负面影响，如环境污染、贫富差距、地区发展不平衡等。ESG 与可持续发展在某种意义上是一种思想纠偏，其目的是努力平衡各方利益。我国企业应努力平衡各利益相关方的价值诉求，以实现企业价值与环境、社会价值的双赢。

我国企业应从以上六个方面应对 ISSB 准则在 ESG 与可持续发展方面带来的挑战和机遇，其精髓可总结为"共识、共创、共益"。"共识"指企业及其利益相关方要对所做的工作有共同认识，洞悉未来要达到何种目的；"共创"指企业要共同创造一种可持续的商业模式，让企业自身和各利益相关方都能充分参与；"共益"指基于共识的目标和共创的路径达到共赢，实现包含企业、环境与社会价值在内的综合价值最大化。

最后，期待本书编委会能够推出更多的可持续信息披露研究成果，支持中国企业不断加深国际可持续披露准则的理解，积极参与兼顾国际先进水平和本国国情的可持续披露准则的制定，提高可持续信息披露质量与效率，助力中国企业和全社会可持续发展迈上新的台阶！

张为国

清华大学和上海财经大学教授

中国证监会前首席会计师

国际会计准则理事会前理事

2024 年 5 月

序 言 三

世界气象组织最新数据显示，2024 年是有记录以来地球温度最高的一年，2024 年比 2023 年的温度高了 0.1 度，比 20 世纪总体高了 1.3 度，气候变化已经成为影响全球经济社会活动中难以忽视的一个难题，且和企业日常经营息息相关。各国家和企业都纷纷制定气候行动目标、减碳计划，而在面对这一全球共通问题的时候，一个基于科学的核算标准、透明的数据披露是一切行动以及国际合作的基础。换句话说，当我们都在谈"减碳"的时候，我们首先应该回答"是否真的减碳？""到底减了多少？"科学的数据核查和公开透明的信息披露是全球携手解决气候问题，推动低碳技术商业化、规模化发展的基础。

近两年来，国家密集出台政策法规规范气候的信息披露。2023 年 2 月，中国人民银行、国家发改委等发布《关于规范与绿色金融相关的评估认证活动的通知》，提高绿色金融活动的科学性和公正性；2024 年 4 月 12 日，中国证监会指导三大交易所发布《上市公司可持续发展报告披露指引》，要求上市公司最晚在 2026 年披露 2025 年度《可持续发展报告》，首次对上市公司可持续信息披露作出系统性规范。与此同时，2024 年中国碳市场扩容，将水泥、钢铁和电解铝三个行业纳入全国碳市场，也将扩大对重点排放行业碳排放量的核算和披露需求。

全球范围内也不断出台相关政策，推动全球企业在公开透明的标准下，共同减碳。欧盟碳边境调整机制（CBAM）将在 2026 年开始实施，对进口到欧洲的商品征收碳税，全球企业将不得不面对统一的核算机制支付碳排放费用；《巴黎协定》第六条提出需要尽快建立国际合作项目减排的量化基础，以便更好地监测和评估国际合作项目的减排效果。

在这一背景下，IFRS S2 的出版恰逢其时，IFRS S2 吸收了气候披露准

则委员会、可持续发展会计准则委员会以及全球报告倡议组织等标准，形成了全面的跨行业的气候风险与机遇的披露要求，成为公司气候相关财务信息的"王牌"标准。而《ISSB 准则中国应用指南（二）—— IFRS S2 解读与应用》，用条款分析、案例分享以及案例点评的形式帮助读者理解 IFRS S2 披露要求，更是为中国企业应用 IFRS S2 提供了直观的参考和指引。

应对气候变化问题的难点在于时间紧、任务重，因此需要速度和规模并行，这在各行业排放特点不同，且很多减排技术还不成熟的情况下尤为困难。在这样的背景下，如果排放量高的企业聚焦自身，积极拓宽各类减排场景；碳排放量低的企业在自身行动外，探索低碳技术和商业模式的创新；同时各领域的领先企业能率先行动，带动和帮助所在价值链上的中小企业一起行动，我们才有可能在有限时间内，加速全球范围内的低碳转型，同时创造更多商业机会。而上述所有减碳工作的基础，是企业对自身排放的特点有深入理解，对减多少碳以及该怎么减做到心里"有数"。IFRS S2 在基于气候相关财务信息披露工作组（TCFD）推荐的四大支柱（治理、战略、风险管理、指标和目标）基础上，为各行业的企业提供了一把"科学计量的尺子"，详述了气候相关风险和机遇的披露要求，这对推动全行业的低碳转型尤为重要。

腾讯也是在这样的思路下推进我们的碳中和工作，我们每年进行范围 1、范围 2、范围 3 的碳盘查并且通过第三方核查，并根据 TCFD 等国际框架进行信息披露。在深入理解我们自身的排放情况后，我们于 2022 年发布了《腾讯碳中和目标及行动路线报告》，承诺不晚于 2030 年，实现自身运营及供应链的碳中和；同时不晚于 2030 年，实现 100% 绿色电力。为了实现这一目标，过去三年间，我们提高能源效能、尝试用低碳技术发电，包括在数据中心屋顶铺光伏、小风机和电池等建立"微电网"，再通过购买绿电，希望实现园区的 100% 绿电。作为科技企业，我们认为在自身减碳以外，也应该对其他行业以及全球的低碳转型作出贡献。除了推动高效能源、购买绿电等"标准动作"外，我们也把自己的业务作为试验田，尝试进行"算电协同"的实验，通过数据中心的调动来改变实时用电，在风、光资源"多时多用，少时少用"，帮助电网调节用电的同时，增加新能源使用比例。

低碳技术资助项目"碳寻计划"是我们过去两年的另一尝试，首期大赛聚焦 CCUS（碳的捕捉、利用与封存）技术，二期在增加了长时储能和二氧化碳的商业化利用的基础上，也在全球范围内征集技术和最佳示范场景。我们尝试走出自己的产业体系，和全球的伙伴一起加速低碳技术的规模化。"碳寻计划"将技术专家、产业公司和投资公司等不同利益方聚在同一张桌子上，虽然出发点不同，但却需要共同决策技术的优越性、落地性和商业潜力。当我们看到顶尖科学家、河钢集团、华润电力、联合利华、红杉中国等合作伙伴一起探讨低碳技术的未来时，这是让我们无比兴奋的地方。结合腾讯自身的数字化能力，我们也推出了连接技术方、投资方和需求方的低碳朋友圈"Tanlive"，并希望以消费互联网领域内信息的高效速度和规模去提升低碳领域内的信息沟通。

以上所有自身减碳，以及更多企业间"破圈"的低碳行动，都离不开一把可靠的"尺子"，在时间紧、任务重的当下，IFRS S2 为企业减碳提供的这把尺子尤为重要，将对不同企业理解自身排放情况，以及推动更多企业间甚至国际合作的减排目标，发挥至关重要的作用。

当世界气象组织宣布 2024 年是有记录以来温度最高的一年时，联合国秘书长安东尼奥·古特雷斯说："我们已经经历了长达 10 年的'致命热浪'，我们必须尽快逃离这条毁灭的路径，我们一点时间也没有了。"当"热浪""气候变暖"不再是新闻的时候，我们仍需要警惕未来的每一年都可能是我们有生以来最热的一年，减碳速度需要加快、更快。当我们所有人都在同一条船上的时候，我们相信 IFRS S2 为企业提供的气候披露标准和核算基础，将会成为有力的船桨，推动我们一起加速向前。

许 浩

腾讯可持续社会价值副总裁

2025 年 1 月

自　　序

在当前全球化的经济格局下，环境、社会与治理风险日益严峻，已然成为影响企业运营和投资决策的核心要素，投资者、监管机构和公众对企业披露可持续相关风险与机遇的要求也愈发严格。为应对这一挑战，国际财务报告准则可持续披露准则第一号（IFRS S1）应运而生，旨在为企业提供一个统一的框架，确保可持续信息的透明度和可比性。

2023 年 6 月 26 日，国际可持续准则理事会（ISSB）《国际财务报告准则 S2 号——气候相关披露》（IFRS S2）同步发布，IFRS S2 是唯一与 IFRS S1 同步发布的可持续专题准则。随着国际财务报告准则可持续披露标准第二号（IFRS S2）的推出，企业披露气候相关财务信息的标准进入了一个新的时代。这一转变不仅要求企业更新其披露策略，也要求投资者和监管机构重新审视现有的评估体系，以适应更为严格和全面的披露要求。

本书的撰写正是为了应对这一变革。《可持续信息披露丛书》中首部《ISSB 准则应用指南（一）》重点聚焦于 IFRS S1 的目标、范围、概念基础和核心内容。本书则在此基础上，围绕新标准体系下企业在气候相关披露上面临的痛点、难点展开，对准则的核心内容进行逐条解读，为读者提供一个清晰且详尽的指导，帮助企业全面理解并有效适应新的气候披露要求。

根据 IFRS S2，为了实现全面的气候相关风险与机遇披露，企业必须遵循国 际财务报告准则可持续披露标准第一号（IFRS S1）的核心框架，该框架要求企业披露与可持续发展相关风险和机遇的重要信息，并围绕治理、战略、风险管理、指标和目标这四个主要维度进行详细说明，这些维度与气候相关财务信息披露任务组（TCFD）推荐的四大支柱相一致，以减少不必要的信息重复。而与此同时，通过吸收气候相关财务信息披露工作组（Task

Force on Climate-related Financial Disclosures，TCFD）、气候披露准则委员会（Climate Disclosure Standards Board，CDSB）、可持续发展会计准则委员会（Sustainability Accounting Standards Board，SASB）以及全球报告倡议组织（Global Reporting Initiative，GRI）等的标准，IFRS S2 形成了更全面的跨行业和基于行业特性的气候相关风险和机遇的披露要求。

对于中国的企业而言，实施国际财务报告准则可持续披露准则第 2 号（IFRS S2）将产生深刻的影响，其中蕴含着新的发展机遇，同时也带来了相应的挑战。

在治理层面，要求企业从"治理层 + 管理层"双重视角出发，要求披露负责监 督气候相关风险和机遇的治理机构（包括董事会、委员会或其他同等治理机构）或个人，以及管理层在监控、管理和监督气候相关风险和机遇时所采用的治理流程、控制措施和程序中的角色。

在战略层面，IFRS S2 强调基于"财务化 + 价值链"视角，要求企业披露气候相关风险和机遇，包括气候物理风险、气候转型风险和机遇等对主体业务模式、价值链、战略和决策、财务的当前和预期影响以及韧性分析。

在风险管理层面，IFRS S2 着重强调基于"闭环管理"视角的信息披露，具体包括企业用于识别、评估、优先排序和监控气候相关风险的流程和相关政策，主体用于识别、评估、优先排序和监控气候相关机遇的流程，以及这些流程在多大程度上以及如何被整合至影响主体的整体风险管理流程。

在指标和目标层面，IFRS S2 为披露形式提供"可视化 + 结构化"权威参照，具体要求企业披露与跨行业指标类别相关的信息；与特定业务模式、活动或表明主体参与某一行业的其他共同特征相关的行业特定指标；主体为缓解或适应气候相关风险，或者利用气候相关机遇而设定的目标，以及法律法规要求主体实现的任何目标，包括治理机构或管理层用于衡量这些目标实现进展的指标。

其中，气候相关风险和机遇的财务影响披露成为了最为关键的挑战。一方面，越来越多的企业已经意识到气候和能源转型相关的风险和机遇会显著影响其业务发展，以及其财务状况、盈利能力和未来现金流预测，另一方面，投资者迫切希望获取详尽信息，以便评估公司是否面临重大损失风险，例如资产是否能如期产生回报、负债是否存在提前到期的可能，以及是否有新增负债的出现。这意味着企业在披露气候信息时，不应仅仅局限于碳排放数据和环保措施，而应深入剖析气候变化对其财务报表中各项关键要素的影响，涵盖资产价值、负债结构、收入水平、成本控制以及资本配置等多个方面，且在财务报表中反映气候相关风险和机遇对收入、成本、资产减值、资本支出和融资能力的影响，这一环节即将成为市场主体亟待解决的关键难题。

此外，企业需尽快做好范围三温室气体排放的披露准备。IFRS S2 要求企业披露范围三温室气体排放信息，涵盖整个价值链的碳排放，并且需要详细披露相关数据。范围三排放的核算和披露要求企业面对两大难题：一是缺乏统一的统计方法，当前范围三相关的方法学在统计边界、统计方法等方面仍存在较大空缺，企业进行统计缺乏明确的方法学和指引；二是数据搜集较为困难，尤其是对供应链上的碳排放数据难以进行搜集，且一些数据还可能涉及保密性问题，较难对外公开披露。虽然 IFRS S2 提供了过渡豁免规定，即企业在首个年度报告期间，可以选择不披露范围内温室气体排放，为企业提供了缓冲时间，我们仍建议企业利用这段时间，提升内部管理能力，开发或获取必要的工具，并利用过渡期豁免规定来逐步适应新的披露要求。

为帮助中国企业更好地应对以上披露新规，应对披露难点，中央财经大学可持续准则研究中心联合责扬天下（北京）管理顾问有限公司，继 2024 年 10 月 30 日首部《ISSB 准则中国应用指南（一）——IFRS S1 解读与应用》正式发布后，形成了第二部《ISSB 准则中国应用指南（二）——IFRS S2 解读与应用》。本书依然延续"准则解读 + 典型案例 + 案例点评"形式为中国企业应用 ISSB 准则提供直观的借鉴及参考，详细章节规划如下：

第 1 章详细概述了当前气候相关披露准则发展的历史背景并对国际财务

报告可持续披露准则第二号（IFRS S2）与欧洲可持续发展报告准则（ESRS）中气候准则 ESRS E1 及气候相关财务信息披露工作组（TCFD）的披露框架进行了对标分析，展示了三个披露框架的异同之处。

第 2 章围绕气候相关披露的目标、范围，详述了包括气候变化引起的物理风险、与向低碳转型有关的转型风险、气候相关机遇等关键概念。

第 3 章针对治理层面核心内容，从治理层和管理层展开，围绕负责监督可持续相关风险和机遇管理的治理机构或个人、管理层的角色两个方面的气候披露要求展开解读。

第 4 章针对战略层面核心内容，围绕影响发展前景的气候相关风险和机遇，以及气候相关风险和机遇对业务模式和价值链的影响、对战略和决策的影响、对财务的影响、对战略和业务模式的气候韧性五个方面披露要求展开解读。

第 5 章针对风险管理层面核心内容，围绕气候相关风险管理流程和相关政策、气候相关机遇管理流程、这些流程与整体风险管理流程的整合三个方面披露要求展开解读。

第 6 章针对指标和目标层面核心内容，围绕跨行业指标与行业指标、气候相关目标两个方面披露要求展开解读。

第 7 章针对行业实施指南，介绍了消费品行业、采掘与矿物加工行业、金融业、食品和饮料行业、医疗行业、基础设施行业、可再生资源和替代能源行业、资源转化行业、服务行业、技术和通信行业、交通运输业等行业披露主体和指标，同时针对不同行业企业给出相应的披露案例。

本书的意义不仅在于提供气候信息披露在中文语境下的解释，更在于呈现企业如何依据准则逐步切实做好披露的中国实践。意图引导企业深入理解气候变化对企业财务状况和运营模式的全方位影响，从而在战略层面作出更为科学的决策；助力企业循序渐进地在内部构建一套行之有效的气候风险管理体系，涵盖风险评估、监控和应对等多个环节；帮助企业选择和应用关键指标和目标，科学衡量气候行动的成效，确保企业的气候目标与我国乃至全球的气候目标相一致。最终引导企业适应新的国际财务报告准则，确保企业披露的信息不仅符合最新的监管要求，还能赢得投资者和公众的信任。

我们相信，通过本书，读者将能够更好地准备迎接气候变化带来的复杂挑战，并敏锐捕捉其中的潜在机遇，从而在不断变化的全球市场中保持领先地位。《可持续信息披露丛书》编委会将紧跟国际可持续准则理事会 (ISSB) 的最新动态，并挖掘中国市场企业的最佳实践，打造具有创新性和前瞻性的研究成果，为中国企业提供理论指导和实践参考，助力企业在国际舞台上展现其可持续发展的先进水平和良好形象。

《可持续信息披露丛书》编委会

2025 年 1 月

目　　　录

气候相关披露准则概览

当前，全球气候变暖的趋势越来越明显，极端天气事件如干旱、洪涝、极端高温和龙卷风等频繁发生。气候变化已然成为威胁人类和其他物种可持续发展的头号问题，是国际政治经济舞台上为数不多的最容易达成共识的话题。面对这一全球性挑战，各国必须携手合作、共同努力，通过科学有效的措施来减缓气候变化的进程并适应其不可避免的影响，以保障人类社会的可持续发展和地球家园的繁荣与安宁，为此各国陆续颁布一系列气候风险披露准则。本章将对当前主流的气候相关披露准则进行简要概述，具体包括梳理当前主流的气候相关披露准则，对比分析《国际财务报告准则 S2 号——气候相关披露》（International Financial Report Standard S2，IFRS S2）和《欧洲可持续性报告准则》（European Sustainability Reporting Standards E1，ESRS E1）的异同点，介绍目前被广泛适用的 TCFD 披露框架。

▶1.1 气候相关披露准则简介

随着气候变化对全球经济和社会影响的日益加深，各国监管机构、国际组织和行业协会纷纷制定气候相关信息披露准则，以提升信息透明度、推动企业转型并支持可持续发展目标。各类信息披露准则应运而生，为企业披露气候相关信息提供了框架和指导。包括气候相关财务信息披露工作组（Task Force on Climate Related Financial Disclosures，TCFD）发布的《气候相关财务信息披露工作组建议报告》、国际可持续发展准则理事会（International Sustainability Standards Board，ISSB）发布的《国际财务报告准则 S2 号——气候相关披露》（International Financial Report Standard S2，IFRS S2）、欧盟委员会（European Commission，EC）发布的《欧洲可持续报告准则第 E1 号——气候变化》（ESRS E1），以及美国证券交易委员会（United States Securities and Exchange Commission，SEC）发布的《面向投资者的气候相关信息披露的提升和标准化》征求意见稿（SEC 气候披露新规）等。

2015 年 12 月，由 G20 成员国组成的金融稳定理事会（Financial Stability Board，FSB）成立了气候相关财务信息披露工作组，其职责是为企业提供与气候变化相关的披露建议，从而帮助投资人进行风险评估和定价。2017 年 6 月，TCFD 发布了第一版披露建议，对气候相关风险和机遇进行了定义，并提供 4 个披露维度，分别是治理、战略、风险管理和目标，以及 11 个披露项的披露框架。自 2018 年起，TCFD 每年都会披露一份《现状执行报告》以总结当年的工作进展。2022 年的《现状执行报告》数据统计显示，全球范围内 TCFD 披露建议的支持者数量达到 3960 家。截至 2022 年末，中国大陆支持 TCFD 披露建议的机构共 61 家，包括金融机构 26 家和非金融机构 35 家。金融机构包括工商银行、交通银行、浦发银行、中信银行等 9 家银行，中国人寿、中国平安和横琴人寿 3 家保险公司。

2023 年 6 月 26 日，国际可持续发展准则理事会发布两项国际财务报告可持续披露准则，即《国际财务报告准则 S1 号——可持续相关财务信息披露一般要求》（IFRS S1）和《国际财务报告准则 S2 号——气候相关披露》（IFRS S2），以及《影响分析》《结论基础》等说明性材料，将和准则终稿一并生效。其中，IFRS S2 要求企业披露与气候相关的风险和机遇的信息，指合理预期会在短期、中期或长期内影响实体的现金流量、融资渠道或资本成本的信息，以便投资者作出是否向企业提供资源相关的决策。

欧盟委员会于 2023 年 7 月 31 日正式发布了第一批欧洲可持续发展报告准则。作为欧洲地区的气候披露标准，ESRS E1 侧重于环境绩效的量化指标，鼓励企业采用科学的方法来评估其温室气体排放、能源效率及气候适应措施的有效性。该准则要求企业不仅要报告当前的气候影响，还要披露未来可能面临的气候风险及应对策略，以促进企业的长期可持续发展。2024 年 3 月 6 日，美国证券交易委员会正式发布气候信息披露规则，这标志着全球最大的资本市场监管者首次要求大型公众公司在年度报告和登记声明中提供有关其业务面临的气候风险、应对这些风险的计划、对公司业务、经营业绩或财务状况具有重大影响的气候相关目标信息，包括温室气体排放量指标等信息。

通过当前主要的国际气候相关披露准则对比可知，无论是 IFRS S2、ESRS E1 还是 SEC 的气候披露新规，均采纳了 TCFD 的披露框架。国际财务报告准则基金会于 2023 年 7 月 24 日发布 IFRS S2 气候相关披露要求与 TCFD 建议的对比报告。报告显示，IFRS S2 中的要求与 TCFD 发布的 4 项核心建议和 11 项推荐披露内容一致。

▶ 1.2　IFRS S2 与 ESRS E1 披露标准对比

欧盟委员会发布的第一批 12 个欧洲可持续发展报告准则，包括 2 个跨领域交叉准则和 10 个环境、社会和治理主题准则。与国际可持续准则理事会一样，欧盟委员会和欧洲财务报告咨询组（European Financial Reporting Advisory Group，EFRAG）也秉持"气候优先但不限于气候"的准则制定原则，气候变化是 EC 发布的 5 个主题准则中的第一个准则。

《欧洲可持续发展报告准则第 2 号—— 一般披露》(European Sustainability Reporting Standard 2—General Disclosures，以下简称"ESRS 2"）规定，如果企业通过重要性评估得出气候变化主题不具有重要性的结论，应对此结论作出详细的解释，而得出其他主题不具有重要性的结论，则仅需要作出简要的解释。另外，即便在过渡期内，企业也要优先披露与气候变化相关的信息。所有这些均凸显出 EC 和 EFRAG 对气候变化准则的重视。

1.2.1　ESRS E1 准则目标及要求

ESRS E1 旨在明确披露要求，从而帮助可持续发展说明书（Sustainability Statement）的使用者理解：（1）企业如何影响气候变化，包括积极和消极、实际和潜在的重要影响；（2）企业在过去、现在和未来如何进行减缓努力，以符合《巴黎协定》（或更新的国际气候变化协议）并将全球变暖控制在 1.5℃以内；（3）企业的战略和商业模式适应向可持续发展经济转型的计划和能力及其对全球 1.5℃控温目标的贡献；（4）企业为防止、减轻或补救实际或潜在的负面影响所采取的其他行动，以及这些行动取得的结果；（5）企业因其对气候变化的影响和依赖而产生的重大风险和机会的性质、类型和程度，以及企业如何管理这些风险和机遇；（6）企业对气候变化的影响和依赖而产生的风险和机遇在短期、中期和长期时间范围内对该企业的财务影响。

ESRS E1 主要涵盖与"气候变化减缓""气候变化适应""能源"相关的可持续性事项的披露要求。"气候变化减缓"与企业根据《巴黎协定》将全球平均气温上升控制在比工业革命前高 1.5℃以内所作出的努力有关。ESRS E1 披露要求涵盖但不限于以下七种温室气体：二氧化碳、甲烷、氧化亚氮、氢氟碳化物、全氟碳化物、二氟化硫、三氟化硫，还包括企业如何处理其温室气体排放以及相关转型风险的披露要求。"气候变化适应"与企业适应实际和预期气候变化的过程有关，涵盖了可能导致物理风险的气候相关危害及其为减少这些风险所采取的适应性措施的披露要求，也涵盖了由气候相关危害适应性措施所产生的转型风险的披露要求。与能源相关的披露要求涵盖所有类型的能源生产和消费。

1.2.2　ESRS E1 与 IFRS S2 的差异分析

EC 发布的《欧洲可持续报告准则第 E1 号——气候变化》（ESRS E1）尽可能与《国际财务报告准则 S2 号——气候相关披露》（IFRS S2）保持一致，以提高这两套准则之间的相互操作性，但 ESRS 的制定必须遵循 CSRD 和其他欧盟法律法规的要求，因此 ESRS E1 与 IFRS S2 在保持总体趋同的情况下也存在一些差异，主要体现在重要性原则以及具体实践方面，如表 1-1 所示。

表 1-1　ESRS E1 与 IFRS S2 的差异分析

指标		ESRS E1	IFRS S2
重要性方面		同时兼顾影响重要性和财务重要性	主要聚焦于财务重要性
具体实践	战略模块	强调转型计划的披露，明确规定了转型计划应包括的 10 个方面的具体内容。企业必须根据温室气体减排目标，结合具体的脱碳行动，解释制订的转型计划及其执行所配套的资源和资源来源。重点排放行业的企业还被要求做更进一步的细致披露	对转型计划的披露要求相对原则化，只要求企业说明转型计划以及制定相关的关键假设和实施所依赖的关系
	IRO 管理模块	披露要求包括了 IRO 管理的流程、计划和行动	只包括 RO 管理的流程，对管理情况（包括计划和行动）的披露要求放在战略模块
	指标和目标模块	只要求披露行业通用气候相关指标，未涉及行业特定气候相关指标	除了要求披露行业通用气候相关指标，还要求企业参考可持续发展会计准则理事会（SASB）的准则披露所在行业的特定指标
		要求企业披露能源消耗和结构以及能源消耗强度	不要求企业披露与此相关的信息
		ESRS E1 要求企业根据世界资源研究所（WRI）和世界可持续发展工商理事会（WBCSD）发布的《温室气体规程》核算和报告温室气体排放，ESRS E1 未提供豁免，甚至过去采用 ISO14064-1 核算和报告温室气体的企业，仍应按照《温室气体规程》重新确定报告边界	IFRS S2 规定如果企业所在司法管辖区当局或上市地证券交易所要求使用不同的温室气体核算和报告方法，可豁免按照《温室气体规程》核算和报告温室气体排放

续表

指标		ESRS E1	IFRS S2
具体实践	指标和目标模块	ESRS E1 要求企业必须采用经营控制法确定组织边界，同时采用地点法和市场法核算范围 2 排放	IFRS S2 出于对全球各个司法管辖区的披露实践差异和披露成本的考虑，没有规定组织边界的确定方法，允许企业自由选择，且对范围 2 排放只要求采用地点法核算
		ESRS E1 要求企业披露温室气体排放强度	IFRS S2 不要求企业披露与此相关的信息
		ESRS E1 要求必须以量化指标的形式披露气候相关风险的当期和预期财务影响	IFRS S2 明确企业在准备有关预期财务影响的信息时，应在无须付出不当成本或努力的情况下，使用在报告日可获得的所有合理和可支持的信息，并且采用与企业可获得的编报相关技能、能力和资源相称的方法

资料来源：黄世忠，叶丰滢.欧洲可持续发展报告准则解读：《气候变化》准则［J］.财会月刊，2023，44（23）：3-9.

▶ 1.3　TCFD 披露框架简介

1.3.1　TCFD 发展历程

《联合国气候变化框架公约》第 21 次缔约方会议于 2015 年 11 月 30 日至 12 月 11 日在法国巴黎举行，该会议通过了《巴黎协定》。该协定聚焦于气候变化威胁的全球应对，明确提出将全球平均气温升幅控制 2℃之内，并努力将气温升幅限制在 1.5℃之内。

随着《巴黎协定》的签署和批准，各国加速向低碳经济转型，气候变化的直接影响和转型风险带来的风险和机遇引起了各方的重视。在金融市场中，资产的合理定价关乎金融体系的稳定和资产配置的合理性，而气候相关风险和机遇的定价依赖于准确和及时的信息披露。因此，由 G20 成员国组成的金融稳定理事会（Financial Stability Board，FSB）于 2015 年 12 月成立了气候相关财务信息披露工作组（TCFD），其职责是为企业提供与气候变化相关的披露建议，从而帮助投资人进行风险评估和定价。TCFD 成员具有一定的国际代表性，涵盖了银行、保险、资产管理公司、养老基金、大型非银金融机构等。

2017 年 6 月，TCFD 发布了第一版披露建议《气候相关财务信息披露工作组建议》（Recommendations of the Task Force on Climate-related Financial Disclosures Final Report），对气候相关风险和机遇进行了定义，并提供 4 个披露维度和 11 个披露项的披露框架。随后，TCFD 不断吸取各方建议发布了一系列指南，帮助企业进行披露，主要包括：《情景分析在披露气候相关风险和机遇中的应用》《风险管理整合与披露指南》《非金融企业情景分析指南》《指标、目标和转型计划拟议指南》。2021 年 10 月，TCFD 在 2017 年披露建议和上述指南的基础上，更新形成了第二版披露建议，提供了更加具体的披露建议以及更加具体的指标示例，并对金融机构提出了额外的披露要求。

自 2018 年起，TCFD 每年都会披露一份《现状执行报告》以总结当年的工作进展。2023 年 10 月 12 日，气候相关财务信息披露工作组（TCFD）发布了第六份也是最终的进展报告。报告强调，全球 100 家最大的企业中已有 97 家宣布支持 TCFD，或按照 TCFD 的建议进行披露。按 TCFD 建议披露信息的上市公司比例持续增长，但仍需继续努力。2022 财年，58% 的企业至少披露了 11 项建议披露事项中的 5 项，高于 2020 年的 18%；但只有 4% 的企业按照全部 11 项建议进行了披露。平均来看，企业在 2022 财年平均披露了工作组 11 项建议披露事项中的 5.3 项，高于 2020 年 3.2 项的平均值。虽然披露程度有所提高，但距离完成 11 项建议披露事项仍有差距。

2022 年的《现状执行报告》数据统计显示，全球范围内 TCFD 披露建议的支持者数量达到 3960 家，随着 TCFD 披露框架被 ISSB 采纳，除金融机构外其他支持组织数量也大幅提升，未来也会继续扩展到其他机构中。截至 2022 年末，中国大陆支持 TCFD 披露建议的机构共 61 家，包括金融机构 26

家和非金融机构 35 家。金融机构包括工商银行、交通银行、浦发银行、中信银行等 9 家银行，中国人寿、中国平安和横琴人寿 3 家保险公司。

国际可持续准则理事会（ISSB）2023 年 6 月发布 ISSB 准则后不久，FSB 指出这些基于 TCFD 建议的准则体现了工作组的工作成果，并表示工作组将在 2023 年进展报告发布后解散。从 2024 年开始，ISSB 将承担监测气候相关披露并向 FSB 报告的责任。

1.3.2　TCFD 准则内容

1. 定义气候相关风险、机遇及其财务影响

（1）气候相关风险。

TCFD 将气候相关风险分为两大类：①与向低碳经济转型相关的风险；②与气候变化造成的物理影响相关的风险。

对于转型风险，TCFD 认为企业在向低碳经济转型的过程中面临广泛的政策、法律、技术和市场的变化，这些变化的性质、速度和重点可能使组织承担不同水平的财务和声誉风险。TCFD 将转型风险进一步划分为政策和法律风险、技术风险、市场风险和声誉风险。

对于物理风险，TCFD 认为气候变化带来的物理风险可能是短期的突发事件，例如龙卷风、飓风和洪水等极端天气事件，也可能是长期的气候模式变化，例如持续的高温对组织经营场所、业务、供应链运输需求和员工安全产生影响。

（2）气候相关机遇。

TCFD 认为企业在努力缓释和适应气候变化影响的同时，也能够为各组织创造更多机遇。TCFD 工作组确定了几个机遇领域，例如通过提高资源效率和节约成本、采用低排放能源、开发新产品和服务、进入新市场，以及建立起供应链的韧性等。

（3）气候风险和机遇对财务的影响。

TCFD 认为气候相关问题对财务的影响是由主观和客观两方面原因导致。客观上是组织面临的具体气候相关风险和机遇，主观上是组织的风险战略、风险管理决策（即缓释、转移、接受或控制），以及如何抓住相关机遇。

从影响财务的路径来看，TCFD 认为气候相关问题主要从收入、支出、资产及负债和资本及融资四个角度影响利润表、现金流量表和资产负债表（如图 1-1 所示）。例如转型和物理风险可能影响市场对产品和服务的需求，从而影响企业的收入。成本较低的供应商对气候相关问题造成的成本变化韧性更强，更有能力应对气候相关风险和机遇。气候相关风险、机遇对企业所造成的财务影响具体体现在收入和支出、资产和负债两个方面。从收入和支出的角度来看，转型风险和实体风险可能影响对产品和服务的需求，继而存在对企业收入的潜在影响。从企业资产和负债的角度来看，气候变化相关的政策、技术和市场动态的变化所导致的供需改变可能会影响企业的资产和负债评价。长期资产和相关准备金的使用可能受到气候相关议题的影响。最终，上述两方面影响叠加，将影响企业资本和再融资。

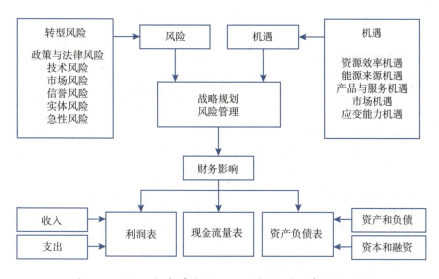

图 1-1　TCFD 框架中气候风险和机遇对财务影响路线

　　为协助组织识别气候相关问题及其影响，工作组制定了表 1-2，该表提供了气候相关风险及其潜在财务影响的示例，以及表 1-3，该表提供了气候相关机遇及其潜在财务影响的示例。

表 1-2　气候相关风险和潜在财务影响的例子

类型	气候相关风险	潜在的财务影响
转型风险	**政策和法律**	
	▶ 上游的温室气体排放定价 ▶ 强化的排放报告义务 ▶ 现有产品和服务的强制要求和监管 ▶ 诉讼风险	▶ 增加的运营成本（例如，更高的合规成本、增加的保险费） ▶ 由于政策变动，现有资产的减值和提前报废 ▶ 由于罚款和判决，产品和服务的成本的增加和 / 或相应需求减少
	技术	
	▶ 对现有产品和服务的低排放量替代品 ▶ 对新技术的投资失败 ▶ 向低排放技术转换的成本	▶ 现有资产的注销和提前报废 ▶ 对现有产品和服务的需求减少 ▶ 在全新和替代技术方面的研发（R&D）支出 ▶ 在技术开发方面的资金投入 ▶ 采用 / 部署新方法和流程的成本
	市场	
	▶ 不断变化的消费者行为 ▶ 市场信号的不确定性 ▶ 原材料成本的增加	▶ 由于消费者偏好的转变，商品和服务的需求减少 ▶ 由于投入价格（如能源、水）和产出需求（如废物管理）的不断变化，生产成本增加 ▶ 能源成本突然和意外的转变 ▶ 由于收入组合和来源的变化，收入减少 ▶ 资产的重新定价（如化石燃料的储备、土地估值、证券估值）
	声誉	
	▶ 消费者偏好的转变 ▶ 某些行业的污名化 ▶ 利益相关方的担忧增加或负面反馈	▶ 由于商品 / 服务需求的减少，收入减少 ▶ 由于生产能力下降（如计划审批拖延、供应链中断），收入减少 ▶ 由于劳动力管理和规划（如吸引和挽留员工）的负面影响，收入减少 ▶ 可用资金的减少

续表

类型	气候相关风险	潜在的财务影响
物理风险	**短期** ▸ 极端天气（如飓风和洪水）恶劣程度的增加 **长期** ▸ 降水模式的变化和气候模式的极端变动 ▸ 平均气温不断上升 ▸ 海平面不断上升	▸ 由于生产能力下降（如运输困难、供应链中断），收入减少 ▸ 由于对劳动力的负面影响（如健康、安全、缺勤），收入减少和增加 ▸ 现有资产的注销和提前报废（如在极端天气"高发"地区财产和资产的损坏） ▸ 运营成本的增加（如水电厂的供水不足、核电站和火电厂缺乏足够的冷却水） ▸ 资金成本的增加（如设备损坏） ▸ 销售/产出降低引起的收入减少 ▸ 保险费提高以及极端天气"高发"地区资产可投保险种减少的可能性

表 1-3　气候相关机遇和潜在财务影响示例

类型	气候相关机遇	潜在财务影响
资源效率	▸ 使用更有效率的运输模式 ▸ 使用更有效率的生产和配送流程 ▸ 使用回收品 ▸ 搬到节能效率更高的建筑物 ▸ 减少用水和消耗	▸ 降低运营成本（如通过效率提升和降低成本） ▸ 生产能力提高，从而增加收入 ▸ 固定资产价值的增加（如节能效率等级高的建筑） ▸ 劳动力管理和规划的收益（如健康水平和安全条件的改善、员工的满意度）而带来的成本下降
能源来源	▸ 使用低排放的能源 ▸ 使用政策支持激励 ▸ 使用新技术 ▸ 参与碳市场 ▸ 转向分散的能源产生	▸ 运营成本的降低（如通过使用最低成本的减排方法） ▸ 减少未来化石燃料价格上涨带来的影响 ▸ 减少温室气体的排放，从而减少对碳排放成本变化的敏感性 ▸ 低排放技术投资的回报 ▸ 可用资金的增加（如越来越多的投资者青睐低排放的制造商） ▸ 声誉变好使产品/服务的需求增加
产品和服务	▸ 低排放物品和服务的发展和/或扩张 ▸ 发展适应气侯变化的需求（如保险风险转移产品和服务） ▸ 通过研发和创新开发新产品或服务 ▸ 多元化经营的能力 ▸ 消费者偏好的转变	▸ 对低排放产品和服务的需求增加使收入增加 ▸ 通过适应需求的新解决方案增加收入（如保险中的风险转嫁产品和服务） ▸ 符合消费者偏好的转变而处于更好的竞争位置，使收入增加
市场	▸ 进入新市场 ▸ 使用公共部门的激励措施 ▸ 进入需要保险覆盖的新资产和地区	▸ 通过进入新市场（如和政府、开发银行合作）增加了收入 ▸ 增加金融资产的多元化（如绿色债券和基础设施）

续表

类型	气候相关机遇	潜在财务影响
韧性	▶ 参与可再生能源项目，使用节能措施 ▶ 资源替代/多样化	▶ 通过风险抵御项目提高市场估值（如基础设施、土地、建筑） ▶ 提高在各种条件下供应链的可靠性和经营能力 ▶ 通过新产品和服务确保韧性，从而增加收入

2.TCFD 披露建议框架

TCFD 披露建议的框架围绕四个维度展开：治理、战略、风险管理、指标和目标，制定了针对所有行业通用的 11 个建议披露事项，详见表1-4。

表1-4　建议和支持披露建议

类型	详情	披露建议
治理	披露组织关于气候相关风险和机遇的治理	a）描述董事会对与气候相关风险和机遇的监督。 b）描述管理层在评估和管理与气候相关风险和机遇方面所起的作用
战略	披露气候相关风险和机遇对组织业务、战略和财务规划的实际和潜在重大影响	a）描述组织在短期、中期和长期中识别的气候相关风险和机遇。 b）描述与气候相关风险和机遇对组织经营、战略和财务规划的影响。 c）在考虑到不同气候相关条件、包括 2℃ 或更低温度的情景下，描述组织战略的韧性
风险管理	披露组织如何识别、评估和管理气候相关风险	a）描述组织识别和评估气候相关风险的流程。 b）描述组织管理与气候相关风险的流程。 c）描述识别、评估和管理气候相关风险的流程是如何纳入组织全面风险管理当中
指标和目标	披露用于评估和管理气候相关风险和机遇的重要指标和目标	a）披露组织根据其战略和风险管理流程，评估与气候相关风险和机遇所使用的指标。 b）披露直接排放（范围1）、间接排放（范围2）、其他间接排放（范围3）（如需）的温室气体（GHG）排放及相关风险。 c）描述组织用来管理与气候相关风险和机遇所使用的目标，和绩效与目标的对照情况

治理维度指披露机构在气候相关风险和机遇方面的治理情况，主要关注董事会对气候相关风险和机遇的监督，以及管理层在管理气候相关风险和机遇方面所发挥的作用。该维度有助于使用者判断重大气候相关风险和机遇是否得到企业董事会和管理团队的重视。

战略维度指披露气候相关风险和机遇对机构业务、战略和财务规划中产生的实际和潜在的实质性影响，主要关注气候相关风险和机遇对组织业务、战略和财务的影响，以及通过情景分析考察组织的战略韧性。该维度有助于使用者通过战略规划对企业未来绩效进行预测。

风险管理维度指披露机构如何识别、评估和管理气候相关风险，主要关注组织如何识别、评估和管理气候相关风险，以及如何融入全面风险管理体系。该维度有助于使用者评估企业整体风险和风险管理活动的有效性。

指标和目标维度指披露评估和管理气候相关实质性风险和机遇时使用的指标和目标，主要关注用于评估和管理气候相关议题的指标和目标，有助于使用者更有效地评估风险调整的潜在报酬、财务业务的履行能力和风险管理的进展。

3. TCFD 披露建议对行业的考虑

除行业通用的披露事项之外，TCFD 进一步为金融部门和可能受气候变化影响最大的非金融部门提供了补充指南。补充指南为这些行业的披露编制者提供了实施披露建议的额外背景和建议，并应与所有行业的指南一起使用。

对于金融部门。工作组为金融领域制定了补充指南，根据金融领域的经营活动将其融入四大行业。这四大行业是银行（贷款）、保险公司（承保）、资产管理公司（资产管理）和资产所有者，其中包括公私领域的养老计划、捐赠和基金会（投资）。工作组认为金融领域的披露可以促进对气候相关风险和机遇的早期评估，改善气候相关风险的定价，能在得到更全面信息的情况下作出资本配置决策。TCFD 工作组将金融行业分为银行、保险公司、资产管理人和资产所有者，包括公共部门和私人部门的退休金计划、养老金和基金。对于金融行业的补充披露建议聚焦在战略、风险管理、指标与目标等议题上。具体见表 1-5。

表 1-5　TCFD 披露建议对于金融部门的考虑

建议披露具体事项	银行补充指南内容概要	保险公司指南补充内容概要	资产所有者补充指南内容概要	资产管理公司补充指南内容概要
战略：a) 描述机构所识别的短期、中期和长期气候相关风险和机遇	银行应披露：碳相关资产重大风险集中情况；银行应考虑披露：其信贷和其他金融中介业务中的气候相关风险和机遇、转型风险和机遇			
战略：b) 描述气候相关风险和机遇对机构业务、战略和财务规划的影响		保险公司应披露：气候相关风险和机遇对其核心业务、产品和服务的潜在影响；在可能的情况下，披露相关支持性定量信息	资产所有者应披露：将气候相关风险和机遇纳入相关投资策略的流程	资管公司应披露：将气候相关风险和机遇纳入相关产品或投资策略的流程；每种产品或投资策略如何受到向低碳经济转型的影响
战略：c) 描述机构战略的适应性/韧性，并考虑不同气候相关情景（包括高于 2℃或更严苛的控温情景）		开展承保业务气候情景分析的保险公司应披露：所使用的气候相关情景类型（包括公司分析时所考虑因素、假设和关键参数，分析性选择，有严重考虑使用高于 2℃的保险做口的保险公司应考虑使用高于 2℃的情景）；气候相关情景的时间维度（如短、中、长期）	资产所有者应考虑披露：气候相关情景的应用场景（如为特定资产的投资提供信息）（如适用）	
风险管理：a) 描述机构识别和评估气候相关风险的流程	银行应考虑披露：与银行业传统风险类别（如信用风险和市场风险、流动性风险和经营风险）相结合来分析和披露气候相关风险；使用现有的风险分类框架	保险公司应披露：从业务所在地、业务部门或产品细分市场维度、识别和评估再保险和资产所有者相关气候风险的过程	资产所有者应披露：为鼓励更好的气候信息披露和实践、提高数据披露质量和资产所有者评估可用性和资产所有者评估能力而开展的被投公司沟通活动（如适用）	资管公司应披露气候相关风险投资实践，识别和评估气候重大风险的方法（包括所采用的资产风险评估所采用方法时在流程中使用到的资源和工具）（如适用）

续表

建议披露具体事项	银行补充指南内容概要	保险公司补充指南内容概要	资产所有者补充指南内容概要	资产管理公司补充指南内容概要
风险管理：b) 描述机构管理气候相关风险的流程		保险公司应披露：用于管理与产品开发和定价相关的气候相关风险的工具（如风险模型）；所考量的气候相关风险范围；应对气候相关风险发生的管理方法	资产所有者应披露：在向低碳能源供应、生产和使用转型中对其整体投资组合的定位	资产管理公司应披露：管理每种产品或投资策略重大气候风险的方法
指标和目标：a) 披露机构按照其战略和风险管理流程评估气候相关风险和机遇时使用的指标	银行应披露：用于评估气候相关风险和其他金融相关影响的指标（可能与风险敞口、中、长期期限的指标相关）；持有股权或交易头寸（如有关）；碳相关资产对于总资产的百分比；气候机遇以及相关的其他信息说明：气候机遇相关规模、融资规模。银行贷款和其他金融相关小企业与气候情景相一致的程度与低于2℃气候情景相一致的程度	保险公司应披露：根据业务加总资产所在辖区的气候灾害风险；在最适合其组织的方法或指标下，承保活动与低于2℃气候情景相一致的程度（如适用）。保险公司应说明：其气候相关风险情景分析包括的活动范围（如商业务线等）	资产所有者应披露：用于评估每只基金或投资策略的气候相关风险的指标，这些指标是如何用的（如何随着时间推移而变化的（如适用）；投资决策后投资监测中考虑的指标；拥有资产（如适用）；其管理资产基金和投资策略与低于2℃气候情景相一致的程度（如适用）	资产管理公司应披露：用于评估各种产品或投资决策时所使用的指标，以及这些指标如何随时间推移而调整（如适用）；投资决策和投资后监测中考虑的方法和指标；在最适合其组织的方法或指标下，投资策略与低于2℃气候情景相一致的程度（如适用）；说明其覆盖气候风险的资产类别
指标和目标：b) 披露范围1、范围2、范围3（如适用）温室气体（GHG）排放量及相关风险	银行应披露：在数据和方法论条件允许的情况下，按照PCAF方法或可比方法计算的贷款和其他金融相关小企业的温室气体排放数据	保险公司应披露：在数据和方法论条件允许的情况下，与商业地产相关的贷款的加权平均碳强度以及温室气体排放数据	资产所有者应披露：在允许的情况下，其管理资产的温室气体排放数据，每种基金或投资策略的加权平均碳强度。资产所有者应考虑披露：资产所有者认为有助于决策的其他碳足迹指标	资产管理公司应披露：在数据和方法论允许的情况下，其管理资产的温室气体排放数据，每种产品或投资策略的加权平均碳强度。资产管理公司应考虑披露：资管认为有助于决策的其他碳足迹指标

在非金融行业方面，TCFD工作组评估了最可能受到转型风险和物理风险影响的三个因素：温室气体排放、能耗和用水量，通过这三个因素对多个行业进行排序，最终划分了四类行业：能源、材料和建筑、运输及矿业、食品和林业产品。对于非金融行业的补充指引聚焦在战略、指标和目标议题上，具体见表1-6。

表1-6　TCFD披露建议对于非金融部门的考虑

建议披露具体事项	非金融行业补充指南内容概要
战略：b）描述气候相关风险和机遇对机构业务、战略和财务规划的影响	组织应考虑如何将与气候相关的风险和机遇融入其（1）当前决策制定和（2）战略规划中，包括与缓解气候变化、适应性或机遇相关的假设及目标，例如： ▶ 研发（R&D）及新技术的应用。 ▶ 现有和计划中的未来活动，如投资、重组、资产重组或减值。 ▶ 围绕传统资产的关键规划假设，如降低碳密集型、能源密集型和／或水密集型运营的策略。 ▶ 如果适用，应将温室气体（GHG）排放、能源、水和其他物理风险敞口纳入资本规划和分配中。根据不断变化的与气候相关的风险和机遇展开讨论，可能包括重大收购和撤资、合资企业以及在技术、创新和新业务领域中的投资。 ▶ 组织在应对新兴气候相关风险和机遇时重新配置资本的灵活性
战略：c）描述机构战略的适应性／韧性，并考虑不同气候相关情景（包括2℃或更严苛的控温情景）	年收入超过10亿美元（USDE）的组织应考虑进行更稳健的情景分析，以评估其战略在各种气候相关情景下的韧性，包括2℃或更低的情景，以及（如果与组织相关）与增加的物理气候相关风险相一致的情景。 组织应考虑讨论用于公开可用的气候相关情景的不同政策假设、宏观经济趋势、能源路径和技术假设的含义，以评估其战略的韧性。 对于所使用的气候相关情景，组织应考虑提供以下因素的信息，以便投资者和其他人了解结论是如何从情景分析中得出的： ▶ 用于气候相关情景的关键输入参数、假设和分析选择，特别是它们与政策假设、能源部署路径、技术路径及相关时间表假设等关键领域的关系。 ▶ 如果有的话，还应提供气候相关情景的潜在定性或定量财务影响
指标和目标：a）披露机构按照其战略和风险管理流程评估气候相关风险和机遇时使用的指标	▶ 对于所有相关指标，组织应考虑提供历史趋势和前瞻性预测（按相关国家和／或司法管辖区、业务线或资产类型划分）。组织还应考虑披露支持其情景分析和战略规划过程的关键绩效指标，用于从战略和风险管理的角度监测组织的业务环境。 ▶ 组织应考虑提供与温室气体排放、能源、水和其他物理风险暴露、土地使用以及（如果相关）与气候适应和缓解投资相关的关键指标，旨在解决需求变化、支出、资产估值和融资成本等潜在财务方面的问题

◀1.4　TCFD 和 IFRS S2 的关系

　　金融稳定理事会（Financial Stability Board，FSB）于 2015 年成立了气候相关财务信息披露工作组（Task Force on Climate-Related Financial Disclosure，TCFD），以改善和增加气候相关财务信息的报告。2023 年 7 月 11 日，FSB 要求 IFRS 基金会从 TCFD 工作组手中接管对公司气候相关信息披露工作进展的监督工作。FSB 指出，IFRS S1 和 IFRS S2 完全纳入了 TCFD 的建议，该标准标志着"TCFD 工作的顶峰"。2023 年 7 月 24 日，IFRS 基金会发布了 IFRS S2 气候相关披露要求与 TCFD 建议的比较文件（见表 1-7），并宣布 TCFD 建议已经完成其历史使命，自 2024 年起将 TCFD 监督职责移交给 ISSB。在 2023 年 10 月 12 日发布 2023 年状态报告的同时，TCFD 宣布"已经履行完毕本工作组的职责并解散"，且自 2023 年 11 月起，TCFD 的官方网站不再更新或监控，从 2024 年起将 TCFD 监督职责移交给 ISSB，标志着 IFRS S2 已经可以代替 TCFD 建议成为公司披露气候相关财务信息的标准。

表 1-7　IFRS S2 气候相关披露要求与 TCFD 建议的比较

项目	TCFD	IFRS S2
治理	披露组织关于气候相关风险和机遇的治理	使通用目的财务报告使用者了解主体监控、管理和监督气候相关风险和机遇时所用的治理流程、控制措施和程序
	建议披露事项： a）描述董事会对与气候相关风险和机遇的监督	▶ IFRS S2 与 TCFD 建议披露事项 a）的内容大体一致。 IFRS S2 要求披露更详细的信息，例如： 如何在职权范围、任务、角色描述和其他相关政策中体现适用于治理机构或个人的与气候相关风险和机遇的责任
	建议披露事项： b）描述管理层在评估和管理与气候相关风险和机遇方面所起的作用	▶ IFRS S2 与 TCFD 建议披露事项 b）的内容大体一致

续表

项目	TCFD	IFRS S2
	披露气候相关风险和机遇对组织业务、战略和财务规划的实际和潜在重大影响	使通用目的财务报告使用者了解主体为管理气候相关风险和机遇所制定的战略
	建议披露事项：a）描述组织在短期、中期和长期中识别的气候相关风险和机遇	▶ IFRS S2与TCFD建议披露事项a）的内容大体一致。IFRS S2额外要求公司在识别气候相关风险和机遇时，应参考行业实施指南中定义的行业披露主题，并考虑其适用性。IFRS S2额外要求披露与公司商业模式和价值链风险与机遇有关的更详细信息
战略	建议披露事项：b）描述与气候相关风险和机遇对组织经营、战略和财务规划的影响	▶ IFRS S2与TCFD建议披露事项b）的内容大体一致，描述气候相关风险和机遇的影响时，IFRS S2要求披露更详细的信息。例如，公司如何应对已识别的风险和机遇，以及计划如何应对这些风险和机遇；公司是否有气候相关转型计划，以及如何实现其气候相关目标。 在披露关于气候相关风险和机遇对公司财务状况、财务业绩和现金流量的当前及预期影响时，IFRS S2规定了在企业条件允许的情况下需要披露定量和定性信息。在某些情况下，公司可以仅披露定性信息。例如当一家公司无法单独识别风险或机遇的影响时，或当所涉及的计量不确定水平很高，导致产生的定量信息不可用时。 在编制气候相关风险和机遇预期财务影响的披露时，IFRS S2要求公司使用报告期所有合理且有依据的信息，而无须付出过度成本或努力，并要求使用与公司情况相符的方法
	建议披露事项：c）在考虑到不同气候相关条件、包括2℃或更低温度的情景下，描述组织战略的韧性	▶ IFRS S2与TCFD建议披露事项c）的内容大体一致。然而，IFRS S2并未规定公司在气候相关情景分析中应使用的特定情景。IFRS S2要求披露关于气候韧性的附加信息： ✓ 公司在评估其气候韧性时考虑的重大不确定性领域； ✓ 公司在短期、中期和长期调整其战略和商业模式以适应气候变化的能力； ✓ 公司如何以及何时进行气候相关情景分析。 在进行情景分析时，IFRS S2要求使用与公司情况相符的方法，并考虑报告期内所有合理且有依据的信息，而无须付出过度成本或努力
风险管理	披露组织如何识别、评估和管理气候相关风险	使通用目的财务报告使用者了解识别、评估、优先考虑和监控气候相关风险和机遇的流程，包括这些流程是否以及如何被整合至并影响主体的整体风险管理流程

续表

项目	TCFD	IFRS S2
风险管理	建议披露事项： a）描述组织识别和评估气候相关风险的流程	▶ IFRS S2 与 TCFD 建议披露事项 a）的内容大体一致。 IFRS S2 要求披露更为详细的信息，例如： ✓ 公司用于识别风险的输入参数（如数据来源、流程所涵盖的业务范围相关的信息）； ✓ 公司是否以及如何使用气候相关情景分析来帮助识别风险； ✓ 与上一报告期相比，公司是否更改用于识别、评估、优先排序和监控风险的流程。 IFRS S2 还要求公司披露用于识别、评估、优先排序和监控机遇的流程
	建议披露事项： b）描述组织管理与气候相关风险的流程	▶ IFRS S2 与 TCFD 建议披露事项 b）的内容大体一致。 IFRS S2 着重于公司提供有关其用于识别、评估、优先排序和监控气候相关风险和机遇的流程信息
	建议披露事项： c）描述识别、评估和管理气候相关风险的流程是如何纳入组织全面风险管理当中	▶ IFRS S2 与 TCFD 建议披露事项 c）的内容大体一致。 IFRS S2 要求额外披露公司在多大程度上以及如何将识别、评估、优先考虑和监控气候相关风险和机遇的流程整合至其整体风险管理流程并影响其整体风险管理流程的
指标和目标	披露用于评估和管理气候相关风险和机遇的重要指标和目标	使通用目的财务报告使用者了解主体在气候相关风险和机遇方面的业绩，包括其实现气候相关目标所取得的进展。目标既包括主体设定的目标，也包括法律法规要求主体实现的目标
	建议披露事项： a）披露组织根据其战略和风险管理流程，评估与气候相关风险和机遇所使用的指标	IFRS S2 要求使用与 TCFD 指南相同的跨行业指标类别。 此外，IFRS S2 还要求公司披露基于行业的与商业模式、活动相关的特定指标。在确定主体披露的特定行业指标时，主体应参考与《国际财务报告 S2 号——气候相关披露》行业实施指南》《行业实施指南》中所述披露主题相关的特定行业指标，并考虑其适用性
	建议披露事项： b）披露直接排放（范围 1）、间接排放（范围 2）、其他间接排放（范围 3）（如需）的温室气体（GHG 排放及相关风险	▶ IFRS S2 与 TCFD 建议披露事项 b）的内容大体一致。然而，尽管 TCFD 的建议包括披露范围 1 和范围 2 的温室气体排放"独立于重要性判断"，以及范围 3 的温室气体排放"视情况而定"，但 ISSB 标准仅要求公司在信息具有重要性时才进行披露。 IFRS S2 要求额外披露与公司温室气体排放相关的信息，包括： ✓ 单独披露以下公司的范围 1 和范围 2 的温室气体排放：（1）合并会计集团的排放；（2）未包含在合并会计集团中的联营企业、合资企业、未合并子公司或附属公司； ✓ 披露使用基于运营地点方法统计的范围 2 温室气体排放量，并提供相关合同文书； ✓ 如果公司在资产管理、商业银行或保险业务等领域有业务活动，需要披露包括关于融资排放在内的范围 3 温室气体排放量的额外信息；

续表

项目	TCFD	IFRS S2
指标和目标	建议披露事项： b）披露直接排放（范围1）、间接排放（范围2）、其他间接排放（范围3）（如需）的温室气体（GHG排放及相关风险。	✓ 披露公司在测量范围3温室气体排放时使用的测量方法、输入和假设的信息。 此外，IFRS S2制定了范围3的测量框架，为范围3温室气体排放披露提供指导。 虽然IFRS S2并未明确要求公司按照温室气体种类披露，但根据IFRS S1要求，如果该分类提供了重要信息，则需要按照温室气体种类进行细分披露
	建议披露事项： c）描述组织用来管理与气候相关风险和机遇所使用的目标，和绩效与目标的对照情况	▶ IFRS S2与TCFD建议披露事项c）的内容大体一致。 与TCFD相比，IFRS S2的不同之处在于，例如，最新气候变化国际协议（包括该协议产生的国家或地区承诺）如何帮助目标设定，以及目标及设定目标的方法是否经第三方验证。 IFRS S2还要求披露有关温室气体排放目标的更详细信息，包括公司计划使用碳信用来实现温室气体净排放量目标的额外信息。 IFRS S2额外要求披露有关设定和审查每个目标的信息，以及如何监控每个目标的进展情况，包括该目标是否来源于行业脱碳方法

注：IFRS S2 Climate-related Disclosures with the TCFD recommendations，https：//www.ifrs.org/content/dam/ifrs/supporting-implementation/ifrs-s2/ifrs-s2-comparison-tcfd.pdf.

综上，通过吸收气候披露准则委员会（Climate Disclosure Standards Board，CDSB）、可持续发展会计准则委员会（Sustainability Accounting Standards Board，SASB）以及全球报告倡议组织（Global Reporting Initiative，GRI）等的标准，IFRS S2形成了更全面的跨行业和基于行业特性的气候相关风险和机遇的披露要求，要求遵循IFRS S1的核心内容结构，即围绕治理、战略、风险管理、指标和目标四个方面（基于TCFD所推荐的四大支柱），以避免不必要的重复披露。IFRS S2的要求与TCFD发布的4项核心建议和11项建议披露一致，同时IFRS S2在信息披露的深度、详尽程度上均作出额外的要求与指导，并在部分要求中提供了更高的灵活性，采用ISSB准则的公司将符合TCFD建议。

气候相关披露的目标、范围

本章将对《国际财务报告准则 S2 号——气候相关披露》的核心披露目标和范围进行简要介绍。与 IFRS S1 相比，IFRS S2 更侧重于气候相关风险和机遇的披露，具体包括气候变化引起的物理风险、与向低碳转型有关的转型风险以及气候相关机遇等内容。

2.1 目标

IFRS S2 作为 IFRS S1 的气候专项要求，其目标同 IFRS S1 的目标一致，要求报告实体披露对通用目的财务报告使用者有用的可以合理预期会影响企业前景的气候相关风险和机遇的信息，以帮助通用目的财务报告使用者评估报告实体前景，从而作出是否向企业提供资源的决策，如投资决策等。

本准则要求主体披露可合理预期会在短期、中期或长期对主体的现金流量、融资渠道或资本成本产生影响的有关气候相关风险和机遇的信息。就本准则而言，这些风险和机遇被统称为"可合理预期会影响主体发展前景的气

候相关风险和机遇"。

2.2 范围

　　IFRS S2 适用于以下三种范围：（1）气候变化引起的物理风险；（2）与向低碳转型有关的转型风险；（3）与气候相关的机遇。不能合理预期会影响实体的前景的气候相关风险和机遇不属于在报告范围内。

　　由于气候变化导致的影响范围很广泛，且这些影响可能相互关联，企业难以准确定义影响其自身或者其前景的全部气候相关风险和机遇范围。企业在判断识别气候相关风险和机遇时，可以参考准则随附的源自 SASB 标准中的行业要求的《行业实施指南》提供的参数。

　　如果企业确定一些 IFRS S2 未提及的气候相关事项，如淡水供应减少、生物多样性丧失、森林砍伐以及气候相关社会影响等能够向通用财务报告使用者提供重要信息，企业则需要披露这些事项。例如，饮料生产商识别到其面临气候变化对淡水资源供应造成的短期、中期或长期影响，特别是对其在水资源紧张的地区运营场所的影响。那么企业可以确定有关淡水资源供应减少对其战略、运营、资本规划和资产价值的影响的信息是重要的。因此，企业也应披露这方面的信息。

2.2.1　气候变化引起的物理风险

　　物理风险主要包括由事件驱动的急性物理风险和由气候模式长期变化造成的慢性物理风险。

　　其中，急性物理风险源自风暴、洪水、干旱或热浪等严重性和发生频率逐渐增加的天气事件，对企业造成的影响如企业基础设施因洪水坍塌造成经济损失等。慢性物理风险源自气候模式的长期变化（如水资源和温度变化等），造成的影响包括海平面上升、供水减少、生物多样性丧失和土壤生产力的变化等。对企业造成的影响如全球气温升高导致建筑物空调系统运营压力和成本升高。

这些物理风险带来的影响，均会影响企业的营业场所、运营、供应链、运输需求和员工健康与安全以及企业的财务业绩。

2.2.2 与向低碳转型有关的转型风险

转型风险指企业向低碳经济转型过程中产生的风险，包括法律和监管风险、技术风险、市场风险、声誉风险等。新出台或修订后的气候相关法规导致运营成本增加或资产减值等财务影响；消费者需求的变化（如转向购买低碳产品）以及新技术的开发和应用同样会对企业产生财务影响。转型风险可能会对企业产生不同程度的影响，这取决于所发生的变化的性质、速度和重点。

以房地产行业为例，政策风险如房地产行业需付出更高的成本满足节能监管要求，技术风险如绿色建筑设计成本增加，市场风险如新型绿色材料应用导致的质量把控风险增加，声誉风险如企业未采用防鸟撞玻璃导致公众指责企业破坏生物多样性导致公关危机等。

2.2.3 气候相关机遇

气候相关机遇指气候变化对企业可能产生的积极影响。与气候相关风险相同，气候相关机遇也会因企业所处地区、市场和行业的不同而产生差异。

企业可能会采取一系列减缓和适应对策，以管理与气候变化相关的物理风险和转型风险。减缓对策通常与企业应对转型风险的措施有关，如企业采用新技术或改变其业务模式推出减少温室气体排放的新产品和服务。适应对策通常与物理风险有关，涉及企业为适应气候变化的当前和预期影响而做的准备。如企业可以投资改变基础设施，以提高其对物理风险的抵御能力。

应对气候相关风险和气候相关机遇不能混为一谈，但两者并不总是相互

排斥的。采取减缓和适应气候变化相关行动，往往也可以为企业带来气候相关机遇。例如，消费者对低碳产品的偏好不断变化，可能对企业产品的需求构成风险，同时也为企业开发替代性低碳产品线或在拥有此类产品线的情况下获得市场份额提供了机遇。

▶ 2.3　概念基础

气候相关风险和机遇来自企业对自然资源的影响和依赖，以及企业与其利益相关方、社会、经济和自然环境之间的关系。

"影响"指以间接或无形的方式来作用或改变。"依赖"指各个事物或现象互为条件而不可分离。"影响"指企业活动给自然资源带来的作用或改变。"依赖"指企业活动带来的物理变化、转型变化致使对自然资源可获得性、质量和稳定成本的依赖。

"影响"通常是企业应对气候变化的主要关注点，也可通过不断发展的社会规范、消费者日益提升的期望值等方面发生转变。企业的"影响"也会牵动其短期、中期或长期的现金流、融资渠道或资本成本。如果企业应对气候变化的影响会进一步涉及其赖以生存的资源和关系，那么这些影响就会产生与气候相关风险和机遇。例如，企业预计其经营所在的主要司法管辖区将引入碳税，高能耗企业所产生的碳排放影响将衍化成财务风险；企业预期消费者偏好转向低碳替代品会导致对其产品的需求减少，在带来风险的同时也为企业通过突破技术壁垒，生产和提供绿色低碳产品赢得更多的消费者青睐，拓展市场占有率创造了机遇。

"依赖"可以理解为企业进行生产经营活动时的必要投入，这些必要投入的可得性、质量好坏或成本稳定性的变化都可能导致气候相关风险。企业业务模式和经济活动的差异，导致其对气候相关条件产生的依赖也存在差异。不同行业对气候条件、自然资源的依赖往往存在一定差异。例如，一家农产品企业依赖于水资源的可得性和质量，而气候变化导致的干旱加剧会影响到水资源的可用性和质量，进而影响到其运营及生产能力，从而带来与气候相关的物理风险。

根据企业具体情况综合考量分析得出的有关影响和依存关系的信息能够帮助投资人、贷款人和其他债权人了解企业面临的风险和机遇，并作出向企业提供资源的相关决策。

3

气候相关披露核心
内容：治理

本章将围绕气候相关披露的治理方面要求进行解读。在治理方面，气候相关信息披露的目标是使通用目的财务报告使用者了解监控、管理和监督气候相关风险和机遇时所用的治理流程、控制和程序。

ISSB 在设计准则时，要求气候相关披露准则应同可持续相关财务信息披露准则结合使用，为确保披露内容的一致性和可比性，并帮助主体应用气候相关披露准则，二者的治理披露要求存在一致性，其差异仅在于气候相关披露准则聚焦于可持续相关风险和机遇中的气候相关风险与机遇。因此，主体应披露其用于监控和管理气候相关风险和机遇的治理流程、控制措施和程序，具体包括：（1）负责监督的治理机构或个人；（2）管理层的角色，包括谁来负责和如何负责气候相关风险与机遇的监督管理、治理层是否具备相应的履职能力、是否存在激励机制用以保障战略目标的实现等，以便通用目的财务报告使用者了解主体监控、管理和监督气候相关风险和机遇时所用的治理流程、控制措施和程序。

考虑到许多主体在实际治理和管理中，许多主体的治理和管理结构将气候相关风险和机遇与其他可持续相关风险与机遇融合为一体，视其为整体可持续性风险的一部分，从而实施综合管理。因此，若主体对可持续性风险与机遇的监控、管控及监督机制建立在全面整合管理的基础上，只需提供整合治理披露，无须对每项可持续发展相关风险和机遇进行单独披露，从而避免不必要的重复。

本章内容结构与准则要求对应关系如表 3-1 所示。

表 3-1　本章结构与准则要求对应关系

节号	节标题	准则要求	目号	目标题	准则要求
3.1	负责监督的治理机构或个人［IFRS S2.6（a）］	应披露负责监督气候相关风险和机遇的治理机构（包括董事会、委员会或其他同等的治理机构）或个人［IFRS S2.6（a）］	3.1.1	机构或个人监督风险和机遇的责任［S2.6（a）（i）］	气候相关风险和机遇的责任如何反映在适用于该机构或个人的职权范围、任务、角色描述和其他相关政策中［S2.6（a）（i）］
			3.1.2	如何确保技能和胜任能力［S2.6（a）（ii）］	该机构或个人如何确定是否具备或将后续培养适当的技能和胜任能力以监督为应对气候相关风险和机遇而制定的战略［S2.6（a）（ii）］
			3.1.3	获悉风险和机遇的方式和频率［S2.6（a）（iii）］	该机构或个人获悉气候相关风险和机遇的方式和频率［S2.6（a）（iii）］
			3.1.4	在监督时如何考虑及权衡风险和机遇［S2.6（a）（iv）］	该机构或个人在监督主体的战略、重大交易决策、风险管理流程和相关政策时如何考虑气候相关风险和机遇，包括该机构或个人是否考虑这些风险和机遇之间的权衡［S2.6（a）（iv）］
			3.1.5	如何监控目标设定及进展情况［S2.6（a）（v），29（g），33-36］	该机构或个人如何监督气候相关风险和机遇目标的设定并监控此目标的实现进展，包括是否以及如何将相关业绩指标纳入薪酬政策［S2.6（a）（v），29（g），33-36］

续表

节号	节标题	准则要求	目号	目标题	准则要求
3.2	管理层的角色［IFRS S2.6（b）］	管理层在监控、管理和监督气候相关风险和机遇时所用的治理流程、控制措施和程序中的角色［IFRS S2.6（b）］	3.2.1	管理层人员或委员会角色的授权及监督［IFRS S2.6（b）（i）］	该角色是否被授权给特定的管理人员或管理层委员会，以及如何对该人员或委员会进行监督［IFRS S2.6（b）（i）］
			3.2.2	控制措施和程序的使用及整合［IFRS S2.6（b）（ii）］	管理层是否使用控制措施和程序监督气候相关风险和机遇。如果是，如何将这些控制和程序与其他内部职能进行整合［IFRS S2.6（b）（ii）］

注：“气候相关风险和机遇”简称为“风险和机遇”，简称后术语指代含义不变。

▶3.1 负责监督的治理机构或个人

负责监督可持续相关风险和机遇管理的治理层机构或个人，包括董事会、下设委员会或其他同等级治理机构或机构成员。本节主要从监督风险和机遇的责任、如何确保技能和胜任能力、获悉风险和机遇的方式和频率、在监督时如何考虑风险和机遇、如何监控目标设定和进展五个方面展开解读。

3.1.1 机构或个人监督风险和机遇的责任

主体应披露如何通过职权范围设置、董事会授权、担任角色描述和其他相关政策规定等方式，体现机构或个人监督气候相关风险和机遇管理的责任。

案例编号：IFRS S2.6（a）（i）-001

恒安国际集团有限公司

▶ **案例主题：**

披露董事会是气候相关事宜最高决策机构

▶ **披露内容：**

董事会是恒安国际集团有限公司 ESG 及气候相关事宜的最高决策机构，对集团 ESG 及气候相关事宜工作承担主要责任。董事会基于企业自身运营和利益相关方诉求，监督企业气候相关的风险和机遇，并不断强化以下 ESG 及气候相关事宜职责：

➢ 决策和监管集团 ESG 及气候相关事宜；

➢ 制定 ESG 及气候相关事宜的管理愿景、方针及策略；

➢ 检讨 ESG 及气候变化相关目标与计划落实；

➢ 审批 ESG 报告及气候相关披露报告的发布和信息的披露；

➢ 确认下阶段的 ESG 及气候相关事宜目标及工作重点。

董事会亦将根据业务方针及策略对 ESG 和气候相关事宜工作进行动态调整，以确保本集团 ESG 和气候相关事宜目标始终与集团业务关联紧密，并具有实际意义。2023 年，董事会听取了一次 ESG 委员会工作汇报，了解了气候议题最新趋势与合规要求、本集团气候相关工作部署、实施情况

及绩效、外部利益相关方诉求以及有关推进低碳发展建议，并对集团当前的气候战略方向与工作表示支持与认可。

▶ 案例点评：

　　恒安国际集团有限公司在其气候相关披露报告中，明确披露董事会是决策和监督气候相关事宜的治理机构，并对集团 ESG 及气候相关事宜工作承担主要责任，包括制定 ESG 及气候相关事宜的管理愿景、方针及策略、检查 ESG 及气候变化相关目标与计划落实情况等。以上符合 ISSB 准则披露负责监督气候相关事项的治理机构或个人的要求。

▶ 案例来源：

　　《恒安国际集团 2023 年气候相关披露报告》P3，https：//video.ceultimate. com/100009_1912165282/2023%E6%B0%94%E5%80%99%E7%9B%B8% E5%85%B3%E6%8A%AB%E9%9C%B2%E6%8A%A5%E5%91%8A.pdf.

案例编号：IFRS S2.6（a）（i）-002

富士康工业互联网股份有限公司

▶ **案例主题**：

披露董事会作为公司可持续发展（含气候相关事宜）的最高机构监督气候相关风险与机遇管理

▶ **披露内容**①：

治理架构

富士康工业互联网股份有限公司（以下简称工业富联）对气候风险与机遇的治理架构依托于高效有序的ESG治理。公司气候相关事宜由公司董事会作为策略层，其中战略与可持续发展委员会是公司董事会的专门委员会，对董事会负责，战略与可持续发展委员形成的决议和提案由董事会审查决定；工业富联（Fii）永续发展委员会作为主要规划层，永续发展委员会各事业群分会作为运行层，由上至下全面推进公司气候相关风险和机遇的识别、评估及管理工作。

治理职责

为推进气候治理工作的落实，工业富联为应对气候变化组织架构的每一层级都制定了明确的监督及管理职责。

---

① 因篇幅限制，编制组对原文内容进行精简，节选重点内容作为案例展示。

董事会监督

工业富联董事会作为公司可持续发展的最高机构，负责监督和指导公司的可持续发展工作，并设立四个专门委员会。2024年，为进一步加强决策科学性，提高重大投资决策的效率和决策的质量，提升公司ESG的管理水平，公司将原战略决策委员会更名为战略与可持续发展委员会，主要负责对公司长期发展战略、重大投资决策、可持续发展规划和ESG（含气候变化、水管理等议题）工作进行研究并提出建议，确保公司能针对气候变化挑战制定有效战略。该委员会由不少于三名公司董事组成，其中至少包括一名独立董事。其委员会成员需具备监督和指导相关工作的能力，由董事长、1/2以上的独立董事或全体董事的1/3以上提名，并由董事会选举产生。战略与可持续发展委员会设召集人一名，由公司董事长担任，主要负责主持委员会日常工作、监督、检查委员会会议决议的执行情况以及定期向董事会汇报工作。

董事会气候变化议题相关的管理职责

➢ 议定工业富联可持续发展治理愿景、方针、策略，以及相应的工作目标和优先级顺序，并监督目标进展；

➢ 审查和指导包括气候变化议题在内的各项可持续发展相关风险及机遇，结合营运方针纳入董事会议程进行定期讨论；

➢ 确保工业富联的可持续发展风险管理和内控机制的有效性；

➢ 组织及任命具备气候相关管理能力的人员作为战略与可持续发展委员会主席及成员，定期回顾包括气候变化议题在内的可持续发展表现，接受管理层的汇报并作出批复，其中公司经营管理月会持续审核与跟进气候变化相关的重要事项，如碳市场应对策略、客户净零排放要求应对策略、可再生能源规划及节能减排目标和指标的完成进度等；

    ➤ 审定工业富联气候变化相关政策，并监督其落实情况；

    ➤ 审阅与批准公司《气候相关财务信息披露报告》及其他 ESG 相关披露信息。

▶ 案例点评：

    工业富联在 2023 年气候相关财务信息披露报告中，明确说明其董事会作为最高机构负责对包含气候相关议题在内的 ESG 工作的监督和指导工作，并对董事会与气候变化议题相关的管理职责进行了详细描述，包括审查和指导包括气候变化议题在内的可持续发展相关风险及机遇、审定气候变化相关政策并监督其落实情况等。对标 IFRS S2 准则要求，工业富联符合披露机构或个人的职权范围，尤其是针对气候相关风险和机遇的职权范围的要求。

▶ 案例来源：

    《2023 年工业富联气候相关财务信息披露报告》P8 ~ 9，https：//panel.fii-foxconn.com//static/upload/2024/06/27/202406271302.pdf.

3.1.2　如何确保技能和胜任能力

    主体应披露如何确保治理机构或个人具备适当的技能和胜任能力，以有效地履行监督气候相关风险和机遇的责任。例如，在培训方面，通过组织气候相关培训，提升治理层和管理层应对气候变化方面的知识和能力；在聘任时，聘任具备治理、管理、行业经验或气候背景的人员等。

案例编号：IFRS S2.6（a）(ii)-001

晶澳太阳能科技股份有限公司

▶ **案例主题：**

披露通过聘请具备气候变化专业知识的独立董事
及外部顾问确保监督气候相关风险和机遇的胜任能力

▶ **披露内容：**

董事会气候变化专业性

晶澳太阳能科技股份有限公司（以下简称晶澳科技）的董事会成员在应对气候变化领域展现了卓越的专业性和参与度。以下拥有专业背景的董事会成员使晶澳科技在应对复杂的 ESG 议题上具备了深度专业能力，并确保了公司在面对全球气候变化挑战时能够采取积极主动的措施。

独立董事 赵玉文

2017 年至今，任中国可再生能源学会光伏专委会荣誉主任，参与公司能源发展规划和战略研究。

独立董事 秦晓路

作为正高级会计师，持续关注公司在气候相关财务信息披露工作组（TCFD）方面的披露工作，并针对气候变化提供具体指导。

独立董事 张淼

曾任北京市东城区人民检察院公诉处、检察官、处长。现任北京市浩天信和律师事务所高级合伙人。在法务维度全面推进晶澳在气候变化与 ESG 治理方面的遵法合规。

专业顾问

我们积极引入外部专家，聘请政府间气候变化专门委员会（IPCC）前副主席、2007 年诺贝尔和平奖共享获得者暨 2021 年"蓝色星球奖"得主莫汗·穆纳辛格（Mohan Munasinghe）作为公司首位可持续发展顾问。莫汗·穆纳辛格博士的加入为公司推进可持续发展进程、强化国际交流注入了宝贵的专业知识和经验。

▶ 案例点评：

晶澳科技为确保董事会具备相应的专业知识和技能应对气候相关工作，聘请具备气候相关专业知识及经验的独立董事和外部董事作为董事会成员。对照 ISSB 准则，晶澳科技披露了其确保治理机构或个人具备适当的技能和胜任能力的方式，符合 IFRS S2 准则披露要求。

▶ 案例来源：

《晶澳科技 2023 年度可持续发展暨 ESG 报告》P16，https://www.jasolar.com/uploadfile/publish/cn/2023_JA_Solar_Sustainability_and_ESG_Report_CN.pdf.

 案例编号：IFRS S2.6（a）（ii）-002

国家碳化氢公司

▶ **案例主题：**

披露通过对董事会成员开展针对性培训
确保治理层的技能和胜任能力

▶ **披露内容[①]：**

国家碳化氢公司（意大利埃尼公司）在各机构任命完成后，立即为董事和法定审计员举办董事会上岗培训，会议涉及与国家碳化氢公司业务相关的问题，如去碳化进程、环境和社会可持续性等。在可持续性和方案委员会（Sustainability and Scenarios Committee，SSC）会议期间，意大利埃尼公司会举办专门的特定入职培训，所有董事和法定审计员均可参加，会议讨论普遍关心的问题，如：能源转型计划和相关的能源组合转型目标；在可持续机动性和运输部门去碳化领域实施的战略；综合可持续发展模式，包括确定其在任务和业务流程中的优先事项、强制性和自愿性的相关报告方法、参考监管框架的最新演变等。

▶ **案例点评：**

国家碳化氢公司董事会在能源转型和可持续性方面的知识、经验、专业性技能，以及每位董事会成员基于自己的准备、积极性和归属感都得到

---

① 编制组对英文原文进行了翻译，英文原文请参考案例索引。

了认可。公司为每一位董事会成员和审计人员进行的入职培训确保了负责监督气候相关风险和机遇的机构或个人具有相应的必备技能和胜任能力。按照准则的披露要求，国家碳化氢公司较好地满足了披露如何确保技能和胜任能力的细则，还应体现培训的频率以及就职后的跟踪考核情况。

▶ **案例来源：**

《国家碳化氢公司 2023 年年报》P152，https：//www.eni.com/content/dam/enicom/documents/eng/reports/2023/Annual-Report-2023.pdf.

案例编号：IFRS S2.6（a）（ⅱ）-003

英国石油公司

▶ **案例主题：**

披露通过评估非执行董事背景和经验深度确保技能和胜任能力

▶ **披露内容①：**

英国石油公司董事会会提拔有管理气候相关风险和机遇经验的人才作

---

① 编制组对英文原文进行了翻译，英文原文请参考案例索引。

为非执行董事，11名非执行董事中有6名具有特定的气候变化和可持续发展的个人经验和专业知识，如曾经任职英国转型工作组共同主席、格拉斯哥净零金融联盟（Gfanz）成员、联合国秘书长可持续能源顾问、瑞士能源服务的提供商等，有能力主持英国石油公司的安全与可持续发展活动，监督英国石油公司可持续发展框架和净零目标实施。

项目	背景和经验							
	能源市场	卓越运营与风险管理	全球商业领导力与治理	技术、数字化和创断	气候变化与可持续发展	人才领导力与组织转型	社会、政治和地缘改治	金融、风险和交易
非执行董事								
阿曼达·布兰克		•	•		•	•		
帕梅拉·戴利			•					•
海尔格·隆德	•		•			•		•
梅洛迪·迈耶			•			•		•
图沙尔·莫扎里亚			•					•
希娜·纳加拉詹				•		•		
萨蒂什·帕伊	•	•	•	•				•
宝拉·雷诺兹			•			•		
凯伦·理查森			•	•		•		•
约翰·索尔斯爵士							•	
约翰内斯·泰森	•	•	•		•	•		

▶ **案例点评：**

英国石油公司董事会通过评估非执行董事的背景和经验，尤其是他们在能源行业的背景、担任行政职务的经验以及在可持续发展和气候相关的风险和机遇的经验深度，确保公司的主要治理单位具有管理气候风险和机遇的能力。对标 IFRS S2 准则要求，英国电力公司基本符合披露治理机构或个人的技能和胜任能力要求。英国电力公司可以进一步披露非执行董事后续的培养和考察气候相关风险和机遇管理能力的标准和流程，以期更符合 IFRS S2 的披露细则。

▶ **案例来源：**

《英国石油公司 2023 年年报》P56，https：//www.bp.com/content/dam/bp/business-sites/en/global/corporate/pdfs/investors/bp-annual-report-and-form-20f-2023.pdf.

《英国石油公司 2023 年年报和 Form F2 报告》P100，https：//www.bp.com/content/dam/bp/business-sites/en/global/corporate/pdfs/investors/bp-annual-report-and-form-20f-2022.pdf.

3.1.3 获悉风险和机遇的方式和频率

主体应披露治理机构或个人以何等频次（包括年度、半年度、季度、月度、不定期等）及何种方式（审查检讨、督导评审、听取汇报等）获悉气候相关风险和机遇，以便通用财务报告使用者了解到主体治理层如何获悉其面临的气候相关风险和机遇，以及管理层气候相关风险识别、评估和管理情况。

案例编号：IFRS S2.6（a）（ⅲ）-001

中国工商银行股份有限公司

▶ **案例主题：**

通过披露董事会不定期听取会议汇报获悉气候变化及绿色金融
事宜说明监督治理机构获悉可持续相关事项的方式和频率

▶ **披露内容：**

报告期内董事会及专门委员会审议与绿色金融相关议题的情况

时间	会议内容
3月25日 3月26日 8月26日 8月27日	本行董事会审计委员会会议全票审议通过了《关于2020年度报告及摘要的议案》； 本行董事会会议全票审议通过了《关于2020年度报告及摘要的议案》； 本行董事会审计委员会会议及董事会会议分别全票审议通过了《关于2021半年度报告及摘要的议案》； 董事会及专委会了解了本行应对气候变化有关部署、绿色金融实施情况、推进绿色金融发展建议等有关内容
3月26日	本行董事会战略委员会及董事会会议分别全票审议通过了《关于〈中国工商银行股份有限公司2020社会责任报告（ESG报告）〉的议案》。董事会及专委会了解了本行绿色金融体制机制建设、绿色信贷、绿色投资、绿色债券等有关内容
4月29日	本行董事会战略委员会及董事会会议分别全票审议通过了《关于〈中国工商银行2021~2023年发展战略规划〉的议案》《关于〈中国工商银行2021~2023年风险管理规划〉的议案》； 董事会及专委会了解了本行绿色金融发展规划、绿色发展与生态文明建设、ESG和气候风险体系建设等有关内容。同时董事提出，新的战略规划要大力支持绿色发展

续表

时间	会议内容
4月28日 8月26日 10月28日	本行董事会审计委员会会议分别听取了《关于2021年第一季度商定程序执行结果的汇报》《关于2021年中期审阅结果的汇报》。专委会了解了绿色信贷管理、绿色金融业务发展关注重点等有关内容
8月26日 8月27日	本行董事会风险管理委员会会议及董事会会议分别全票审议通过了《关于〈2021年中期风险管理报告〉的议案》。董事会及专委会了解了本行绿色贷款及同业绿色信贷相关情况
8月26日 8月27日	本行董事会社会责任与消费者权益保护委员会会议及董事会会议分别全票审议通过了《关于〈中国工商银行绿色金融实施情况报告〉的议案》； 董事会及专委会了解了本行绿色金融的治理架构和战略推动体系、绿色投融资规模、环境和社会风险防控等有关内容。同时董事提出，要持续推进部分行业和企业的绿色低碳转型，并在发展绿色金融的同时注意防范和化解可能出现的风险

▶ 案例点评：

　　中国工商银行董事会及专门委员会结合需求不定期开展包含ESG和气候风险体系建设、应对气候变化有关部署等议题在内的绿色金融相关议题审议会议，报告期内共召开13次会议获悉ESG及气候相关风险。对照ISSB准则，中国工商银行符合ISSB准则中对确保治理机构或个人获悉气候相关风险和机遇的频率进行披露的要求。

▶ 案例来源：

　　《中国工商银行2021年度绿色金融专题（TCFD）报告》P7，http：//v.icbc.com.cn/userfiles/Resourccs/ICBCLTD/download/2022/TCFD.pdf.

案例编号：IFRS S2.6（a）（iii）-002

友邦保险控股有限公司

▶ **案例主题**：

通过披露气候风险管理委员会定期听取气候风险事宜汇报
说明监督治理机构获悉可持续相关事项的方式和频率

▶ **披露内容**①：

友邦保险控股有限公司（以下简称友邦保险）亦已指派管理层员工或委员会，以辅助董事会进行监督，以及处理气候相关议题。我们亦指派四个职能委员会负责评价及管理已识别的气候相关议题。

下表详述各个职能委员会，以及各自于评价及管理环境、社会及管治风险的角色及责任，当中包括气候相关议题。

管理委员会	管理汇报渠道	汇报频次
董事会	▶由董事会风险委员会支持 ▶集团董事会风险委员会及集团执行委员会向董事会汇报	▶每年至少四次
环境、社会及管治委员会	▶由集团法律总顾问担任主席，而成员包括两名独立非执行董事 ▶就环境、社会及管治风险进行讨论，并于必要时透过风险委员会上报予董事会 ▶与其他管理层委员会分享及报告有关环境、社会及管治议题的相关问题	▶每季至少一次 ▶每半年向董事会汇报有关重大议题的最新情况

---

① 因篇幅限制，编制组对原文内容进行精简，节选重点内容作为案例展示。

续表

管理委员会	管理汇报渠道	汇报频次
气候及净零督导委员会	▶ 由集团法律总顾问担任主席 ▶ 由集团净零及科学基础减量目标计划工作小组支持，为整个工作流程提供意见，确保遵守科学基础减量目标计划的框架。工作小组由以下团队组成： ➤ 集团环境、社会及管治 ➤ 集团投资 ➤ 财务及融资管理 ➤ 内部审核（集团风险）	▶ 每季至少一次或根据需要而更频密

▶ **案例点评：**

友邦保险在其 2022 年环境、社会及管治报告中，明确披露管理监督部门及职能部门对自下而上汇报和跨部门汇报的汇报频率。其中，董事会风险委员会及集团执行委员会每年向董事会汇报不少于四次，ESG 委员会需向董事会就有关重大议题的进展进行半年报。在获悉频率的披露方面，符合 ISSB 准则中对确保治理机构或个人获悉气候相关风险和机遇的方式进行披露的要求。对获悉方式的披露方面，如果友邦保险能够在汇报形式进行更为具体的描述，将更加符合 ISSB 准则对获悉方式的披露要求。

▶ **案例来源：**

《友邦保险 2022 年环境、社会及管治报告》P116～118，https：//www.aia.com/content/dam/group-wise/zh-hk/esg/AIA%20ESG%20Report%202022%20Chinese%201.pdf.

3.1.4　在监督时如何考虑及权衡风险和机遇

主体应披露治理机构或个人在监督主体的战略、重大交易决策、风险管理流程和相关政策时如何考虑气候相关风险和机遇，包括该机构或个人是否考虑这些风险和机遇之间的权衡。

案例编号：IFRS S2.6（a）（iv）-001

澳洲 GPT 集团

 案例主题：

> 披露通过投资委员会评估和尽职调查在监督
> 重大投资决策时考虑可持续相关风险和机遇

 披露内容①：

在重大投资决策中考虑气候因素

所有价值超过 500 万美元的资本支出、收购、剥离和开发项目，在首席执行官或董事会审议和批准之前，都要经过 GPT 投资委员会的批准。委员会由首席运营官担任主席，成员包括首席执行官、首席财务官、总法律顾问、首席风险官、基金管理主管、办公与物流主管以及零售主管。

提交给投资委员会的所有提案都会考虑可持续性问题。作为这一过程

---

①　编制组对英文原文进行了翻译，英文原文请参考案例索引。

的一部分，每项提案的主要风险以及减轻风险的战略都已确定，其中可能包括与气候有关的风险。

在适当的情况下（例如，在收购的情况下），投资委员会的决定须经投资委员会下属的尽职调查委员会签署。尽职调查委员会由首席风险官担任主席，负责审查和批准与投资委员会批准的建议有关的所有尽职调查。跨职能尽职调查委员会的成员包括来自资本交易、法律、财务分析与规划、研究、财务、税务和风险部门的代表。

专家顾问的报告，包括有关可持续发展事项的报告，是尽职调查委员会审议工作的一项重要内容。

▶ 案例点评：

GPT 集团在报告中，明确披露向投资委员会提交的所有提案会考虑可持续性问题，并评估相关风险及应对战略，包括与气候相关的风险。通过，投资委员会审批后，再由首席执行官或董事会审批。在特定情况下，如收购，需经过尽职调查委员会的审查和批准，该委员会负责审查与提案相关的所有尽职调查报告，包括专家顾问的可持续发展事项报告。对标 IFRS S2 准则，基本符合 ISSB 准则对治理层在监督战略和风险管理流程时考虑气候相关风险和机遇的方式进行披露的要求。GPT 集团可以进一步考虑披露投资委员会进行风险及应对战略评估所采用的方法。

▶ 案例来源：

《澳洲 GPT 集团（The GPT Group）2020 年气候披露报告》P5，https://www.gpt.com.au/sites/default/files/2021-02/Climate%20Disclosure%20Statement.pdf.

案例编号：IFRS S2.6（a）(iv)-002

中国航天国际控股有限公司

▶ **案例主题：**

> 披露董事局基于过往经验、行业趋势和成本分析等
> 方式在监督风险管理时考虑气候相关风险和机遇

▶ **披露内容：**

董事局负责评估及厘定本公司有关环境、社会及管治的风险，确保本公司设立合适及有效的环境、社会及管治风险的管理、内部监控系统以及应对措施。经由董事局讨论，考虑过往经营经验、行业趋向及成本分析等，各董事亦反映了对不同环境、社会及管治议题为公司带来风险程度的意见，经分析当中议题的优先次序，其中"产品安全""产品品质"的风险性最高。董事局将因应分析结果采取相应举措，针对以上识别出的重要议题及相关风险，持续提升公司的环境、社会及管治绩效，并在年度报告作出披露。

▶ **案例点评：**

中国航天在其年报中，明确披露董事局负责制定风险管理策略和内部监控系统，以应对不同环境、社会及管治议题带来的风险，并通过行业趋势分析、成本分析等方式，识别公司包括气候风险在内的相关风险。对标

IFRS S2 准则，基本符合 ISSB 准则对治理层在监督战略和风险管理流程时，考虑气候相关风险和机遇的方式进行披露的要求。

▶ 案例来源：

《中国航天 2023 年年报》P28，http：//www.casil-group.com/big5/casil-report-c.html.

3.1.5　如何监控目标设定及进展情况

主体应披露监督气候相关风险和机遇的目标制定和进展的过程，包括是否将气候相关绩效指标纳入高管薪酬政策等。如是，应进一步说明如何将气候相关绩效与高管薪酬进行挂钩的绩效指标，并说明对气候相关风险和机遇的目标制定及实现的监督情况。

案例编号：IFRS S2.6（a）(v)-001

美国银行

▶ **案例主题：**

披露管理层薪酬与 ESG 绩效挂钩以监控 ESG 目标制定和进展

▶ **披露内容**[①]：

绩效与薪酬

我们的董事会薪酬与人力资本委员会提倡对我们的绩效薪酬理念进行严格管理，该理念注重长期绩效薪酬和年度绩效薪酬。绩效考量包括财务和非财务衡量标准，不仅包括实际业绩，还包括公司、业务线和个人实现业绩的方式。每年年初，公司都会为每位高管制定与"负责任的增长"宗旨一致的目标，包括以可持续的方式实现增长，并注重可持续发展方面的领导能力，同时在计分卡上跟踪实现这些目标的进展情况，董事会薪酬与人力资本委员会在作出薪酬决策时会将这些目标纳入考虑范围。例如：

➢ 我们执行管理团队的绩效仪表板包含可持续发展指标，这些指标会被跟踪并报告给董事会。董事会在评估绩效时，也会审查和考虑我们 1.5 万亿美元可持续金融承诺和净零目标的进展情况。

---

① 编制组对英文原文进行了翻译，英文原文请参考案例索引。

➢ 前线部门，如全球环境融资集团（GSFG）、可再生能源融资和可持续银行解决方案，直接关注气候创新和与环境相关的收入流，并根据对这些机会的管理以及与我们八个业务线的合作情况进行评估，以便根据联合国可持续发展目标为环境转型提供融资。

▶ **案例点评：**

美国银行在其气候风险管理报告中，明确披露董事会和人力资本委员会设立了侧重于长期和年度绩效薪酬的机制，绩效目标与企业增长战略的四项原则一致，并根据推动这些目标的进展进行评估。董事会和人力资本委员会定期评估和考核实现 1.5 万亿美元可持续金融承诺和净零目标的进展情况等 ESG 指标，管理层薪酬与 ESG 绩效挂钩。

美国银行在报告中披露其将可持续发展绩效与薪酬挂钩的相关信息，基本符合 ISSB 准则中对治理层气候相关风险和机遇的目标设定和目标进展实现情况监控方式进行披露的要求，但可以考虑进一步披露如何将管理层薪酬与 ESG 绩效挂钩的定性和定量信息，例如 ESG 绩效占比等。

▶ **案例来源：**

《美国银行（BOA）2023 年气候风险管理报告》P14，https：//about.bankofamerica.com/content/dam/about/report-center/esg/2023/2023_TCFD_Report.pdf.

案例编号：IFRS S2.6（a）（v）-002

国家碳化氢公司

▶ **案例主题：**

披露将气候相关业绩加入管理层激励计划以监控 ESG 目标制定和进展

▶ **披露内容①：**

国家碳化氢公司具体化了首席执行官及整个管理层的激励计划，按照短期和长期设计不同：

在短期激励计划中，首席执行官 2023 年与去碳化和能源转型有关目标的总体权重为 25%，其中包括上游温室气体净排放范围 1 和范围 2（权重 12.5%）；可再生能源的增量装机容量（权重 12.5%）。管理人员的基础激励被定义为固定薪酬的一个百分比，并根据分配角色的级别而有所不同，例如，首席执行官的最高奖励金额相当于固定薪酬的 150%，负有战略责任的经理人最高薪酬等于固定薪酬的 100%。

2023～2025 年长期股权激励计划提供一个具体的环境可持续性和能源转型目标（总体权重为 35%）来支持战略计划指导方针，包括与脱碳、能源转型和循环经济相关的目标，分别占比 10%、15%、10%。首席执行官可授予股份的价值最高为固定报酬总额的 150%，其他管理人员根据角色的不同，授予股份的价值最高可达固定报酬的 75%。

---

① 编制组对英文原文进行了翻译，英文原文请参考案例索引。

▶ 案例点评：

国家碳化氢公司将气候相关风险和机遇以及能源转型目标进行量化，并融入首席执行官以及其他管理人员的激励计划中，确保每位领导者都紧密围绕能源转型的宏伟目标，共同驱动公司向更加绿色、可持续的未来迈进，起到了监督目标设定和监控目标实施的作用。与 IFRS S2 指标要求相比，国家碳化氢公司满足了披露将气候相关指标纳入薪酬体系的要求，实现了对可持续发展目标进展的监控和督促。国家碳化氢公司还应公开关于机构或个人如何监督气候相关风险和机遇目标的设定以及进展情况的其他细则，如晋升机制、荣誉机制等。

▶ 案例来源：

《国家碳化氢公司 2023 年 CDP 报告》P11～12，https：//www.eni.com/assets/documents/eng/just-transition/2023/Eni-CDP-Climate-Change-Questionnaire-2023.pdf.

▶ 3.2 管理层的角色

主体的管理层是指对经营活动（包括监控、管理和监督气候相关风险和机遇相关活动）负有管理责任的人员或组织，通常由治理机构及其下设委员会对其进行监督和授权。本节主要从管理层人员或委员会角色的授权及监督，管理层控制措施和程序的使用及整合两个方面进行解读。

3.2.1 管理层人员或委员会角色的授权及监督

主体为了全面、系统地管理可持续相关风险和机遇，会特定地赋予管理层岗位或委员会以重要职责，如设立可持续管理专员或相关委员会。对于组织架构复杂的主体，主体设立可持续发展/ESG工作组，以强化跨部门协同以负责识别、评估并妥善管理可持续性风险与机遇、信息披露与审核、战略决策的执行以及可持续发展目标的设定与实施等多重关键任务。在当前环境下，众多主体已将气候相关的风险与机遇纳入整体可持续性风险管理体系。

主体应披露监控、管理和监督气候相关风险和机遇的治理流程、控制措施和程序的角色是否被委托给管理层特定职位或委员会。若是，应进一步披露负责监控、管理和监督气候相关风险和机遇的特定管理职位或委员会的信息。

 案例编号：IFRS S2.6（b）(i)-001

中信银行股份有限公司

▶ 案例主题：

披露设立绿色金融领导小组和信用审批委员会，
承担气候相关事宜管理层角色

▶ 披露内容：

高级管理层

本行高级管理层下设议事机构分别为ESG相关议题的管理机构，负责牵头 ESG 相关议题发展规划的制定及日常管理，监督业务开展过程中的 ESG 风险管理活动。下设信用审批委员会，对全部授信及非授信类业务进行风险审查，涵盖环境与气候风险，包括充分考虑客户生产经营过程中的能耗水平、污染物排放，以及对生态环境和生物多样性等方面造成的影响。设立绿色金融领导小组，下辖绿色金融管理提升工作小组和绿色金融业务推动工作小组，推动绿色金融产品与服务创新及整体绿色金融业务发展。

▶ 案例点评：

　　中信银行在其环境信息披露（TCFD）报告中，明确披露高级管理层下设信用审批委员会以及绿色金融领导小组，作为 ESG 相关议题的管理机构，负责牵头 ESG 相关议题（涵盖环境与气候风险等）发展规划的制定及日常管理，监督业务开展过程中的 ESG 风险管理活动。对照 IFRS S2 准则，符合对管理层监控、管理和监督气候相关风险和机遇的治理流程、控制措施和程序中角色的披露要求。还应进一步披露企业如何对该人员或委员会进行监督。

▶ 案例来源：

《中信银行 2023 年环境信息披露（TCFD）报告》P6，http://www.citicbank.com/esgzqsy/bgzl/qhxgcwxxpl/202408/P020240822703612323850.pdf.

案例编号：IFRS S2.6（b）(i)-002

深圳市腾讯计算机系统有限公司

▶ **案例主题：**

披露 ESG 工作组担任承担气候相关事宜管理层角色

▶ **披露内容：**

管治

深圳市腾讯计算机系统有限公司（以下简称腾讯）的环境管治依托于我们的 ESG 管治架构，关注气候和自然相关议题、重视风险管控以及机遇把握。

管理层

ESG 工作组负责管理和协调腾讯的环境保护工作，并每年向企业管治委员会汇报两次。

管理与协调

ESG 工作组，详细组成请参见本报告"ESG 管治—ESG 管治架构"章节：

  ➢ 识别和评估与气候和自然相关的风险和机遇；

  ➢ 进行与自然相关的影响和依赖分析；

  ➢ 审查战略并监督气候风险应对以及机遇把握的措施；

  ➢ 审查目标是否符合公司战略和国际标准（如 SBTi）；

> ➤ 对气候和自然相关指标进行年度审计；
> ➤ 提高员工在气候和自然议题上的意识与能力。

▶▶ 案例点评：

　　腾讯在其 ESG 报告，明确披露 ESG 小组作为管理层负责管理和协调腾讯的环境保护工作，包括识别和评估与气候和自然相关的风险和机遇、审查战略并监督气候风险应对以及机遇把握的措施等。对照 IFRS S2 准则，符合准则中说明管理层监控、管理和监督气候相关风险和机遇的治理流程、控制措施和程序的角色是否获得授权及具体责任信息的披露要求。

▶▶ 案例来源：

　　《腾讯 2023 年环境、社会及管治报告》P14，https：//static.www.tencent.com/uploads/2024/05/29/64c2c411b5694a79bbd8ef4db73d6e57.pdf.

3.2.2　控制措施和程序的使用及整合

　　主体应披露是否通过控制措施和程序支持气候相关风险和机遇的监管，如是，应进一步说明通过什么控制措施和程序，以及如何通过这些控制措施和程序实现气候相关风险和机遇的监管。同时，主体应说明建立的一系列控制措施和程序如何与其他内部职能相融合。

万科企业股份有限公司

▶ **案例主题：**

披露在气候政策中将气候变化纳入运营
管理以管理气候相关风险和机遇

▶ **披露内容：**

纳入运营管理

万科企业股份有限公司（以下简称万科）开展全面有效的气候变化应对管理，设定能源总耗量、能源消耗密度、温室气体排放总量及密度、可再生能源等相关的指标及目标，定期分析及回顾目标进展；定期开展气候变化相关的机遇及风险分析，将气候变化风险纳入公司风险管理体系及业务运营管理流程。

➢ 遵循国家"双碳"政策及科学指导原则，通过制定和实施近期和中期碳减排目标，务求在 2030 年或之前实现碳达峰，2060 年前实现碳中和，成为绿色发展的先行者。

➢ 在规划新项目及设施的所在位置和设计时，将气候变化列入考虑因素之内，增强主动气候响应式设计。

➢ 积极研发及采用低碳建筑材料。

➢ 在房地产开发、商业开发与运营、物业管理、物流仓储等各业务板块的运营现场加强能源管理，倡导采纳业界最佳实践以提高其能源效益。

➤ 鼓励采购绿色电力、通过光伏发电、光储直柔技术等加大可再生能源的使用。

➤ 鼓励全体员工、承包商、供应商、客户、业主及租户在日常业务活动中尽量减少碳排放。

▶ 案例点评：

万科在其气候变化政策中，明确披露应对气候变化开展的应对管理措施，包括设定相关指标及目标，定期分析回顾进展、定期开展气候相关机遇及风险分析、将气候变化风险纳入公司风险管理体系及业务运营管理流程。此外，万科还明确披露将气候变化风险纳入公司风险管理体系及业务运营管理流程，包括增加气候响应式设计；采用低碳建筑材料；在房地产开发、商业开发与运营、物业管理、物流仓储等各业务板块的运营现场加强能源管理，倡导采纳业界最佳实践以提高其能源效益等举措。

对照 IFRS S2 准则，符合对于通过控制措施和程序支持气候相关风险和机遇管理的披露要求。

▶ 案例来源：

《万科气候变化政策》P3～4，https：//www.vanke.com/upload/file/2024-03-27/c26e5c0a-a008-4560-b657-e58e99ed78ce.pdf.

案例编号：IFRS S2.6（b）（ii）-002

嘉吉公司

▶ 案例主题：

披露将气候风险识别和管理过程融入公司
日常管理体系以管理气候相关风险和机遇

▶ 披露内容：

嘉吉公司披露与气候相关问题的治理机制，将气候风险识别和管理过程融入公司日常管理体系中，主要责任如下：

➢ 审查和指导年度预算
➢ 监督和指导员工激励措施
➢ 审查和指导公司发展战略
➢ 监督公司目标的设定和进展
➢ 审查和指导风险管理过程

▶ 案例点评：

嘉吉公司披露其对于气候相关问题的治理机制相关内容。嘉吉公司的披露符合 IFRS S2 的准则披露管理层是否使用控制措施和程序用以支持气候相关风险和机遇的监督的要求。在此基础上，嘉吉公司可进一步说明所使用的这些控制措施和程序是如何融入其他内部职能部门的管理程序等详细信息。

▶ 案例来源：

《嘉吉公司 2023 年 CDP 报告》P4，https：//www.cargill.com/doc/14321
81074504/cargill_cdpclimate_2023.pdf.

气候相关披露核心内容：战略

本章将围绕气候相关披露的战略方面要求进行解读。在战略方面，气候相关财务信息披露的目标是使通用目的财务报告使用者了解主体为管理气候相关风险和机遇所制定的战略。主体应披露以下信息：（1）可合理预期会影响主体发展前景的气候相关风险和机遇；（2）气候相关风险和机遇对主体业务模式和价值链的当前和预期影响；（3）气候相关风险和机遇对主体战略和决策的影响，包括气候相关转型计划的信息；（4）气候相关风险和机遇对主体报告期间财务状况、财务业绩和现金流量的影响，以及在短期、中期和长期对主体的财务状况、财务业绩和现金流量的预期影响，披露预期影响时应考虑主体如何将这些气候相关风险和机遇反映在其财务规划中；（5）通过考虑主体已识别的气候相关风险和机遇，主体的战略及其业务模式对气候相关变化、发展及不确定性的气候韧性。

IFRS S1 与 IFRS S2 对于战略方面的披露目标和结构存在一致性，区别在于 IFRS S2 聚焦于气候相关风险和机遇，包括气候物理风险、气候转型风险和机遇等对主体业务模式、价值链、战略和决策、财务的当前和预期影响以及韧性分析。

在识别可合理预期会影响主体发展前景的气候相关风险和机遇时，主体应参考《行业实施指南》中定义的行业披露主题，并考虑对主体的适用性，使用在报告日无须付出过度成本或努力即可获得的所有合理及可支持的信息，包括有关过去事项、当前状况和未来状况预测的信息。

本章内容结构与准则要求对应关系如表 4-1 所示。

表 4-1　本章内容结构与准则要求对应关系

章节号	章节标题	准则要求	目号	目标题	准则要求
4.1	影响发展前景的风险和机遇 [IFRS S2.9(a), 10-12]	可合理预期会影响主体发展前景的气候相关风险和机遇 [IFRS S2.9(a), 10-12]	4.1.1	风险和机遇的描述 [IFRS S2.10(a)]	描述可合理预期会影响主体发展前景的气候相关风险和机遇 [IFRS S2.10(a)]
			4.1.2	风险类别 [IFRS S2.10(b)]	针对主体识别的每项气候相关风险说明主体将该风险认定为气候相关物理风险还是气候相关转型风险 [IFRS S2.10(b)]
			4.1.3	风险和机遇影响的时间范围 [IFRS S2.10(c)]	针对主体识别的每项气候相关风险和机遇，明确其可合理预期产生影响的时间范围，即短期、中期或长期 [IFRS S2.10(c)]
			4.1.4	"短期""中期""长期"的定义及与战略决策的联系 [IFRS S2.10(d)]	解释主体如何定义"短期""中期""长期"，以及这些定义如何与主体用于战略决策的计划时间范围相联系 [IFRS S2.10(d)]

续表

章节号	章节标题	准则要求	目号	目标题	准则要求
4.2	风险和机遇对业务模式和价值链的影响 [IFRS S2.9（b），13]	气候相关风险和机遇对主体业务模式和价值链的当前和预期影响 [IFRS S2.9（b），13]	4.2.1	对业务模式和价值链影响的描述 [IFRS S2.13（a）]	气候相关风险和机遇对主体业务模式和价值链的当前和预期影响的描述 [IFRS S2.13（a）]
			4.2.2	在业务模式和价值链中集中的领域 [IFRS S2.13（b）]	主体的业务模式和价值链中气候相关风险和机遇集中领域的描述（例如，地理区域、设施和资产类型）[IFRS S2.13（b）]
4.3	风险和机遇对战略和决策的影响 [IFRS S2.9（c），14]	气候相关风险和机遇对主体战略和决策的影响 [IFRS S2.9（c），14]	4.3.1	在战略和决策中风险和机遇的应对 [IFRS S2.14（a）]	主体当前和计划在其战略和决策中如何应对气候相关风险和机遇的信息，包括其计划如何实现其设定的任何气候相关目标和法律法规要求其实现的任何目标（IFRS S2.14（a））
			4.3.2	应对风险和机遇的资源配置现状和计划 [IFRS S2.14（b）]	主体目前和计划如何为应对气候相关风险和机遇的活动配置资源的信息 [IFRS S2.14（b）]
			4.3.3	之前报告期间的计划进展情况 [IFRS S2.14（c）]	主体以前报告期间披露的计划的进展，包括定量和定性信息 [IFRS S2.14（c）]
4.4	风险和机遇对财务的影响 [IFRS S2.9（d），15-21]	气候相关风险和机遇对主体报告期间的财务状况、财务业绩和现金流量的影响，以及在短期、中期和长期对主体财务状况、财务业绩和现金流量的预期影响，披露预期影响时应考虑主体如何将这些气候相关风险和机遇反映在其财务规划中 [IFRS S2.9（d），15-21]	4.4.1	对报告期间财务的影响 [IFRS S2.15（a），16（a）]	气候相关风险和机遇对主体报告期间的财务状况、财务业绩和现金流量的影响（当前财务影响）[IFRS S2.15（a），16（a）]

续表

章节号	章节标题	准则要求	目号	目标题	准则要求
4.4	风险和机遇对财务的影响［IFRS S2.9（d）］	气候相关风险和机遇对主体报告期间的财务状况、财务业绩和现金流量的影响，以及在短期、中期和长期对主体财务状况、财务业绩和现金流量的预期影响，披露预期影响时应考虑主体如何将这些气候相关风险和机遇反映在其财务规划中［IFRS S2.9（d）］	4.4.2	对短期、中期和长期预期财务的影响［IFRS S2.15（b），16（b）（c）（d），17-21］	气候相关风险和机遇在短期、中期和长期对主体财务状况、财务业绩和现金流量的预期影响，并考虑主体如何将气候相关风险和机遇反映在其财务规划中（预期财务影响）［IFRS S2.15(b)，16(b)(c)(d)，17-21］
4.5	战略和业务模式的气候韧性［IFRS S2.9（e），22］	通过考虑主体已识别的气候相关风险和机遇，主体的战略及其业务模式对气候相关变化、发展及不确定性的气候韧性［IFRS S2.9（e），22］	4.5.1	对报告日气候韧性的评估［IFRS S2.22（a）］	主体对报告日气候韧性的评估［IFRS S2.22（a）］
			4.5.2	气候相关情景分析的方式和时间范围［IFRS S2.22（b）］	如何以及何时进行气候相关情景分析［IFRS S2.22（b）］

注："可持续相关风险和机遇"简称为"风险和机遇"，简称后术语指代含义不变。

▶ **4.1 影响发展前景的风险和机遇**

主体应披露可合理预期会影响主体前景（包括商业战略、商业模式与价值链财务状况、财务业绩和现金流）的气候相关风险与机遇信息，使通用财务报告的用户能够了解气候相关的风险和机遇及其对主体未来前景造成的影响。主体应披露识别的每一个气候相关风险和机遇，具体说明气候风险的性质（转型风险或物理风险）；每个气候相关风险和机遇在短期、中期或长期内的合理预期影响。此外，主体定义、评估和规划短期、中期或长期的考虑因

素众多，包括主体所处的行业以及相关的商业和投资周期，因此报告主体还应解释如何定义"短期""中期""长期"，以及这些定义如何与其用于战略决策的规划范围相联系。

在确定可合理预期会影响主体前景的与气候相关的风险和机遇时，主体需参考并考虑 IFRS S2 行业指南中定义的行业披露的适用性，并且使用其在报告日期可获得的所有合理且可证明的信息，包括过去事件、当前条件和未来条件预测的相关信息，而无须花费过多成本或精力。

IFRS S1 允许主体豁免披露尚未公开的商业敏感性信息，除非另有说明该豁免也适用于 IFRS S2。如果主体适用于豁免条件，无须披露尚未公开的气候风险与机遇相关的商业敏感性信息，则必须遵守豁免相关的额外披露要求。

4.1.1　风险和机遇的描述

主体应对可能会影响主体业务模式、战略、现金流量、融资渠道和资本成本的各项气候相关风险和机遇，通过定性、定量或两者结合的方式进行描述。当涉及商业敏感的信息披露可能严重损害主体经济利益时，允许主体在信息尚未公开的情况下，免除披露与气候相关机遇有关的信息，但应披露豁免披露的事实并在每个报告期重新评估商业敏感信息是否仍符合豁免资格。该豁免明确主体不得以商业敏感性作为广泛不披露的理由以及在披露中遗漏风险相关信息。除非 ISSB 准则另有规定，否则这一豁免将适用于有关气候相关机遇的商业敏感信息，并且只有在信息不公开的情况下才可用。

案例编号：IFRS S2.10（a）-001

国家碳化氢公司

▶ **案例主题：**

披露影响公司发展前景的气候相关风险和机遇因素

▶ **披露内容：**

国家碳化氢公司详细描述了与公司当期和未来发展有关风险和机遇的重要因素，其中，与气候相关的风险包括：

➤ 低碳情景：新产品市场开发的不确定性；消费者偏好的变化（如全球对碳氢化合物需求的下降）；盈利和现金流的损失；搁浅资产风险；对股东回报的影响。

➤ 监管和法律：引入新的气候信息披露要求；不断演变的监管框架的不确定性可能对长期战略产生影响；气候变化和漂绿行为。

➤ 科技发展：过渡技术的盈利能力和具体风险；实现脱碳目标所需的技术开发和技术供应链的延误；未能解决对能源过渡非常重要的技术问题。

➤ 声誉：消费者偏好的改变；面对"漂绿"的指责；行业/公司在吸引和留住人才方面的吸引力下降；对股价的影响；行业对投资者/金融家的吸引力下降，存在潜在的撤资风险。

> 其他急性或慢性影响：对资产的可操作性和安全性可能产生的影响。

同时，对公司的当前和未来发展也可能产生以下机遇：

> 资源效率和能源：采用最佳可得技术，提高能效，减少排放；通过有效的水资源和废物管理降低成本；在生物精炼厂和化学工业中使用可持续原材料。

> 产品和服务：开发可再生能源和低碳能源、二氧化碳捕获和储存以及生物化学/循环经济；通过研发和开放式创新开发新产品和服务（如磁核聚变）。

> 市场：合作开发减少排放的技术解决方案；通过可持续金融工具获得融资；通过卫星模式获得新资本。

> 韧性：通过情景研究和实际风险监测程序，设计抵御气候变化的资产。

▶ 案例点评：

国家碳化氢公司从市场、监管、科技、声誉到产品服务、资源效率等多个维度识别气候风险和机遇。例如对气候变化的关注和能源转型的影响可能导致其主要产品需求量和价格均下跌，收入减少。原油和天然气价格波动以及成品油和石油化工产品利润率变化的影响，可能会导致成本和利率波动。气候变化对资产的实际影响，则代表着气候变化的物理风险可能会使得资产受损。气候变化对供应链的实际影响，既可能使原材料供给紧张，影响生产排期，也可能导致原材料价格上升，带来成本影响。该公司在披露气候相关风险时，提供了必要信息，从收入、成本、资产、运营等角度，帮助读者理解气候相关风险如何可能影响公司的发展前景。国家碳化氢公司的信息披露符合披露准则的要求，能够详细描述会影响主体发展前景的气候相关风险和机遇，国家碳化氢公司可以给出更多详细的定量信息。

▶ 案例来源：

《国家碳化氢公司 2023 年年报》P122～138，P154，https：//www.eni.com/content/dam/enicom/documents/eng/reports/2023/Annual-Report-2023.pdf.

 案例编号：IFRS S2.10（a）-002

苹果公司

▶ 案例主题：

披露产品和服务作为影响主体发展前景的气候相关机遇

▶ 披露内容：

2020 年，我们宣布了到 2030 年在整个业务、制造供应链和产品生命周期实现碳中和的目标。我们的全球企业运营已经实现碳中和，我们的新承诺意味着到 2030 年，所有销售的苹果公司设备都将实现碳中和，气候影响净为零。每款苹果公司产品都代表着减少碳足迹的机会——即使是微

小的改变也能产生显著的成果。我们的碳足迹帮助我们找到降低产品设计碳强度的机会。我们优先考虑占碳排放量较大部分的材料和组件。这意味着我们对每个产品所做的选择可以成规模地减少我们的整体足迹。这些优先事项帮助我们的设计工作考虑材料效率，增加使用回收和可再生材料。

通过苹果公司绿色债券资助的一个项目例子是，我们与铝业公司以及加拿大和魁北克政府合作，投资 ELYSIS（力拓和美国铝业公司之间的合资企业），将专利技术商业化，消除传统能源的直接温室气体排放冶炼过程。这是世界上使用最广泛的金属之一的制造的革命性进步。自 2018 年开始合作以来，我们通过促进联合伙伴关系、提供初始资金和持续的技术支持，帮助加速了这项技术的开发。我们将继续支持该项目，并在 2022财年支付额外资金，以兑现我们最初的 1000 万美元承诺。

继我们于 2022 年春季宣布这样做之后，苹果公司在 2019 年从合资企业生产的第一批商业铝材中购买了使用 ELYSIS 铝材的 iPhone SE 设备，该铝材用于生产 16 英寸 iPhone MacBook Pro。这些产品中使用的商业纯铝是第一个在冶炼过程中不产生任何直接碳排放的产品。在过去的一年里，ELYSIS 还在其位于魁北克的工业研发中心不断取得进展，使该企业能够开始以工业规模生产商业纯原铝，并继续建造其更大的商业规模原型电池。

▶ 案例点评：

根据苹果公司公开的 2023CDP 报告，它把"产品与服务"识别为影响企业发展前景的气候相关机遇，该机遇位于价值链的上游。主要的驱动因素为"开发和/或扩展低碳排放商品和服务"。主要潜在财务影响是"降低间接（运营）成本"，时间范围是"中期"，影响程度是"中低"。在具体描述中，苹果公司指出，碳足迹有利于降低产品设计的碳强度，贡献其2030 年碳中和目标。苹果公司提到的另一个例子显示，通过投资某低碳铝业公司，加速低碳铝技术开发，有助于其实现低碳原材料的采购，降低产品碳足迹。苹果公司详细描述了气候相关机遇的信息。符合披露准则的要求。

▶ 案例来源：

苹果公司 2023 年 CDP 气候变化调查答卷（PDF），https：//www.apple.com/environment/pdf/Apple_CDP-Climate-Change-Questionnaire_2023.pdf.

案例编号：IFRS S2.10（a）-003

埃克森美孚公司

▶ 案例主题：

披露公开识别气候相关风险因素

▶ 披露内容：

埃克森美孚识别了四种与气候相关风险，会对公司未来发展产生影响，包括：净零情景转型、温室气体限制、技术和低排放解决方案和政策与市场开发。

净零情景转型：出于对气候变化风险的担忧，一些国家已经采取或正在考虑采取监管框架，以减少温室气体排放，包括生产和使用石油和天然气及其产品产生的排放，以及使用或支持不同的减排技术。埃克森美孚的能源转型战略能否成功，取决于埃克森美孚能否及时发现全球能源系统变化的关键信号，以及埃克森美孚能否在适当的发展阶段将投资引导到技术和业务上，从而最大限度地发挥埃克森美孚的竞争优势。

温室气体限制：大量政策旨在减少温室气体排放的政府行动包括采用上限和交易制度、碳税、碳基进口关税或其他贸易关税、最低可再生能源使用要求、限制性许可、增加里程和其他效率标准、强制销售电动汽车、强制使用特定燃料或技术，以及其他旨在支持向低排放能源过渡的某些技术的激励措施或强制措施。根据政策的制定和实施情况，这些政策可能会对埃克森美孚的投资回报产生负面影响，使埃克森美孚以碳氢化合物为基础的产品更加昂贵或降低竞争力，延长项目实施时间，减少对碳氢化合物的需求，并使碳氢化合物需求转向相对低碳的替代品。当前和未来的温室气体法规或政策也可能会增加埃克森美孚的合规成本，例如监测或封存排放物的成本。

技术和低排放解决方案：要实现减少温室气体排放并最终实现净零排放的社会目标，需要采用新技术来降低成本，提高替代能源的可扩展性，同时也需要采用碳捕集与封存（CCS）等技术。埃克森美孚成立了低碳解决方案（LCS）业务部门，以推进这些技术和项目的开发和部署，包括碳捕集与封存、氢、低排放燃料和锂、突破性能效流程、先进节能材料以及其他技术。公司的努力既包括内部研发，也包括与一流大学以及先进的低排放能源技术商业合作伙伴的合作。埃克森美孚未来的业绩和发展LCS业务、帮助各国实现减排目标以及成功完成能源转型的能力，在一定程度上取决于这些研究与合作的成功与否，也取决于埃克森美孚能否调整和应用现有业务模式的优势，以具有成本竞争力的方式提供未来的能源产品。

政策与市场开发：成功的能源转型还需要各国政府和全球经济私人参与者的适当支持。埃克森美孚在商业规模上开发和应用 CCS 及其他低排放能源技术的能力，以及埃克森美孚投资的 LCS 和其他新兴业务的增长和未来回报，将部分取决于政府支持政策和市场的持续发展。此外，限制碳氢化合物产品供应而不相应减少需求的政策和其他行动可能会产生难以预料的不利影响，包括商品价格波动加剧、商品价格大幅上涨和由此产生的通胀压力，以及地方或区域能源短缺。这些影响反过来可能会抑制经济增长，或导致不同行为者迅速或相互冲突地改变政策，从而对埃克森美孚的业务造成不利影响。

▶ 案例点评：

埃克森美孚从净零情景转型、温室气体限制、技术和低排放解决方案、政策与市场开发四个方面描述了气候相关风险，并分析风险对公司经营和发展可能带来的预期影响。埃克森美孚对风险的分析严格符合 IFRS S2 要求描述气候有关风险的要求，建议补充对潜在物理风险和气候有关机遇的识别。

▶ 案例来源：

《埃克森美孚公司 2023 年年报》P4-5，https：//www.annualreports.com/HostedData/AnnualReports/PDF/NYSE_XOM_2023.pdf.

4.1.2 风险类别

主体应针对识别的每项气候相关风险的类别进行说明，包括将某一项或多项风险认定为气候相关物理风险还是气候相关转型风险。气候相关物理风险是指由气候变化导致的风险，可能由事件驱动（急性物理风险），也可能由气候模式的长期转变导致（慢性物理风险）。急性物理风险源于天气相关的事件，如风暴、洪水、干旱或热浪。慢性物理风险源于气候模式的长期转变，包括降水和温度的变化可能导致海平面上升、水资源减少、生物多样性丧失和土壤生产力变化。气候转型相关风险是指向低碳经济转型带来的风险，包括政策、法律、技术、市场和声誉风险。

 案例编号：IFRS S2.10（b）-001

英国石油公司

▶ 案例主题：

披露对气候相关转型风险与物理风险的分类定义

▶ 披露内容：

在公司集团层面，确定了三种与气候相关的重大转型风险和机遇：

（1）碳氢化合物业务的价值可能会受到气候变化和能源转型的影响；

（2）通过转型引擎实现增长或交付预期回报的能力可能会受到能源转型的影响；

（3）实施战略的能力可能会受到对能源部门、气候变化和能源转型不断演变的态度的影响。

在公司识别的物理风险中，主要涉及恶劣天气，这些风险往往构成运营中安全风险和运营风险增加的潜在因素。另外，公司已经识别出淡水可用性的变化，这些变化对 BP 的一些运营构成风险。从长远来看，还可能面临其他形式的与气候相关的物理风险，例如与海平面上升、极端温度和洪水等变化相关的风险。

▶ **案例点评：**

英国石油公司在整合年报的 TCFD 章节中详细披露了气候转型风险和机遇，以及气候物理风险。气候转型风险和机遇主要考虑能源转型导致的政策、立法、消费者偏好或市场的变化对市场、价格，实现增长的能力，实施战略的能力。气候物理风险主要考虑由于设施损坏或供应链中断导致的生产、销售量的减少，以及极端情况下造成的生命或资产损失。由于气候变化对未来恶劣天气事件影响的不确定性，很难量化气候变化导致这些风险增加的潜在影响。对气候风险的分类符合 TCFD 的披露建议。

英国石油公司集团层面洞察到气候变化与能源转型带来的风险，也识别出恶劣天气、淡水变化及海平面上升等物理风险，对运营安全构成威胁。符合 IFRS S2 对于要求分类披露气候相关风险的要求，未来可以优化披露形式，通过图表的形式披露。

▶ **案例来源：**

《英国石油公司 2023 年年报》P60，https：//www.bp.com/content/dam/bp/business-sites/en/global/corporate/pdfs/investors/bp-annual-report-and-form-20f-2023.pdf.

案例编号：IFRS S2.10（b）-002

伊比德罗拉公司

▶ **案例主题：**

披露气候风险三维度：物理、转型和系统性风险

▶ **披露内容：**

伊比德罗拉将气候相关风险划分为三类，分别为物理风险、转型风险和系统性风险。

物理风险是指由于自然退化以及其导致的用于支持经济活动的生态系统服务损失，而给组织带来的风险。包括慢性物理风险（如侵蚀率上升导致大坝维护成本增加）和急性物理风险（如火灾、泄漏等极端事件）。

转型风险是指经济行为与环保目标的错位引发的风险，体现在主体在经济发展目标与其减少对环境负面影响的行动之间的不匹配。例如，法规和政策的变化、法律先例、技术或投资者观念和消费者偏好的转变。

系统性风险是指因整个系统失灵（而非个别部分失灵）而给组织带来的风险。这些风险通常涉及会间接导致重大失灵的临界点，即一个损失引发一连串其他损失，使系统无法运转。

▶ **案例点评：**

伊比德罗拉将气候相关风险划分为物理风险、转型风险和系统性风险，并进行了详细的介绍，物理风险源自自然退化致生态系统服务损失，转型风险则因经济行为与环保目标错位，系统性风险则指整个系统失灵引发的连锁反应。伊比德罗拉可在 3 类风险的基础上，进一步解释公司实际面临的风险示例。

▶ 案例来源：

《伊比德罗拉 2023 年社会责任报告》P82，https：//www.responsibilityreports. com/HostedData/ResponsibilityReports/PDF/OTC_IBDSF_2023.pdf.

案例编号：IFRS S2.10（b）-003

挪威国家石油公司

▶ 案例主题：

披露对物理风险和转型风险的分类

▶ 披露内容：

挪威国家石油公司从物理风险和转型风险两个角度评估气候风险。

转型风险：与公司在各种脱碳情景下的商业模式和投资组合的财务稳

健性有关，包括严格的法律法规要求、消费者需求偏好的变化、资产的激烈竞争、投资者和社会情绪变化等。

物理风险：可分为极端物理风险和慢性物理风险，指的是在不同的气候变化情景下，资产对气候相关风险的暴露程度和潜在脆弱性，如平均风速或风模式以及云覆盖的变化、海平面上升等。

▶ 案例点评：

挪威国家石油公司将气候相关的风险划分为物理风险和转型风险，并给出了定义和具体风险识别示例。符合 IFRS S2 要求披露主体对气候风险识别和分类的要求。

▶ 案例来源：

《挪威公司 2023 年年报》P163，https：//www.annualreports.com/Hosted Data/AnnualReports/PDF/equinor-asa_2023.pdf.

4.1.3　风险和机遇影响的时间范围

主体面临的气候相关风险和机遇可能会对未来发展前景产生正面或负面的影响。各项可持续相关风险和机遇对主体的影响可能不同，影响时间范围也可能不同。为帮助投资者、贷款人和其他债权人评估主体发展前景，主体应明确披露可合理预期的各项可持续相关风险和机遇的影响时间范围，披露可持续相关风险和机遇带来的预期影响是短期、中期还是长期的。

案例编号：IFRS S2.10（c）-001

法国电力集团

▶ **案例主题：**

评估并披露气候相关风险和机遇影响的时间范围

▶ **披露内容：**

法国电力集团针对不同类别气候风险和机遇影响时间范围的识别如下表所示。

风险或机遇类型和主要气候相关风险驱动因子	影响时间
剧烈自然因子 / 热浪	中期
剧烈自然因子 / 气旋、飓风、台风	短期
能源来源 / 参与碳市场	短期
能源来源 / 采用扶持性政策激励手段	短期
产品和服务 / 通过研发创新进行新产品或服务的开发	短期

▶ **案例点评：**

上表清晰展示了法国电力集团对气候风险与机遇的细致分类及其影响时间范围，从短期到中期的不同影响时段划分，有助于企业精准制定应对策略，整体而言，符合 IFRS S2 要求的明确主体识别的每项气候相关风险和机遇产生影响的时间范围。

▶ 案例来源：

《法国电力集团 2023 年 CDP 报告》C2.3-C2.4，https：//www.edf.fr/en/
the-edf-group/dedicated-sections/investors/financial-and-extra-financial-
performance/operational-performance.

案例编号：IFRS S2.10（c）-002

国家碳化氢公司

▶ 案例主题：

披露气候相关风险和机遇影响的时间范围

▶ 披露内容：

国家碳化氢公司（意大利埃尼公司）把欧盟排放交易计划（EUETS）
合规成本增加识别为发生在直接运营价值链环节的，具有潜在财务影响的
风险驱动因素。时间范围为短期，可能性为很有可能，影响程度为中等。

欧盟和英国排放交易体系合规成本的可能增加，是由排放配额价格的
可预测上涨和排放配额赤字的预期增长推动的。

欧盟排放交易体系修订版引入的新规则将有助于进一步减少免费配额
的分配，这是较低限额和更严格的排放基准的直接后果，可能会增加所涵

盖行业的赤字。这将进一步推高欧盟配额（EUA）价格。市场已经部分反映了新的 2030 年温室气体减排目标（2021 年 1 月至 2022 年 12 月期间，EUA 价格上涨了 140%）造成的预期供应紧张。

同样，英国政府将从 2024 年开始审查英国碳排放交易体系，旨在使其上限与 2030 年的温室气体排放目标（比 1990 年减少 68%）保持一致。这一变化也将收紧影响英国配额价格的市场。考虑到所有这些因素，欧盟和英国的 ETS 合规成本可能会在第四阶段（2021～2030 年）上升。因此，国家碳化氢公司位于欧洲并受欧盟和英国碳排放交易体系约束的设施可能面临失去对欧盟以外竞争对手竞争力的风险。此外，欧盟排放交易体系造成的间接成本补偿缺乏协调，可能会对欧盟内部各部门和国家之间的市场造成扭曲。然而，从中长期来看，碳边界调整措施可能会保障欧盟的竞争力。

2022 年，国家碳化氢公司运营的温室气体直接排放量中约有一半是在欧盟和英国的排放交易体系下排放的。在那一年，国家碳化氢公司运营了 36 个受欧盟和英国排放交易体系约束的设施，其中 31 个位于意大利，4 个位于英国，1 个位于法国。总的来说，意大利埃尼公司总共获得了 498 万份免费配额，覆盖了受欧盟和英国排放交易体系（1672 万吨二氧化碳）约束的 30% 的运营资产排放量。在意大利埃尼公司内部，电力部门在碳市场上的曝光率最高，因为它没有获得免费配额，占意大利埃尼公司运营资产排放量的 58%，受欧盟和英国碳排放交易体系约束。到 2026 年，即四年计划的最后一年，预计运营资产的排放量将比 2022 年增加 7%，而免费配额预计将减少 5%。

▶ 案例点评：

国家碳化氢公司在 CDP 报告中针对国家碳化氢公司识别的每项气候

相关风险和机遇，明确其可合理预期产生影响的时间范围。例如，由排放配额价格的可预测上涨和排放配额赤字的预期增长推动的欧盟和英国排放交易体系合规成本的可能增加，通常发生在短期；急性物理风险发生在中期；对产品和服务的需求增加导致收入增加和生产能力提高带来的收入增加发生在短期；通过研发和创新开发新产品或服务发生在中期等。

▶ 案例来源：

《国家碳化氢公司 2023 年 CDP 报告》P25，https://www.eni.com/assets/documents/eng/just-transition/2023/Eni-CDP-Climate-Change-Questionnaire-2023.pdf.

 案例编号：IFRS S2.10（c）-003

阳光电源股份有限公司

▶ 案例主题：

披露在不同碳排放量情境下气候物理风险的影响时间范围

▶ 披露内容：

阳光电源基于情景分析，对气候灾害（洪灾、热浪等）、气候变化（水

资源压力、海平面上升等）、政策及法规（碳价格上升、碳税等）和技术
（新再生能源技术等）等不同风险类别对企业经营活动和财务因素造成的
影响进行合理预期，并充分考虑在碳排放量分别处于低排放量（RCP2.6）
和高排放量（RCP8.5）情景之下的气候相关事项造成的影响时间范围和
影响强度。如极端天气会造成阳光电源业务停滞或延期，企业实现低排放
（RCP2.6）的气候情景时，极端天气对企业中长期业务连续性的造成中等
影响，而企业不采取任何减排措施，处于高排放（RCP8.5）情景之下，相
应风险则会在中长期对企业造成高强度影响。

风险分类	名称	描述	气候场景	时间维度	影响强度
气候灾害	洪灾	可能导致物理资产减值，影响物流运输可能导致运营效率降低，影响业务连续性。洪灾的出现可能导致粮食作物减产，提高劳动力成本	RCP2.6	短期	低
			RCP8.5	短中期	高
气候灾害	暴雪	暴雪出现可能导致物理资产减值，影响物流运输可能导致运营效率降低	RCP2.6	短期	低
			RCP8.5	短中期	高
气候灾害	热浪	可能导致工作环境变得不适宜，以及可能导致粮食作物减产，从而提高劳动力成本	RCP2.6	短期	低
			RCP8.5	短中期	高

注：此处截取《阳光电源 2021 年可持续发展报告》中的部分表格。

▶ **案例点评：**

阳光电源以列表的方式披露在气候灾害分类下，公司受到不同气候物
理风险在不同气候场景下的影响时间范围。披露方式清晰易理解，且表
明受到影响的时间范围经过了不同的气候情景分析。例如，在低排放量
（RCP2.6）和高排放量（RCP8.5）情景下，公司受到洪灾影响的时间范围

不同和影响强度不同。

 案例来源：

《阳光电源 2021 年可持续发展报告》P21-22，https：//pdf.dfcfw.com/
pdf/H2_AN202204191560245836_1.pdf?1650389365000.pdf.

案例编号：IFRS S2.10（c）-004

中信证券股份有限公司

▶ 案例主题：

披露气候相关事项的财务潜在影响的时间范围

▶ 披露内容：

中信证券针对极端天气事件、海平面上升和持续高温等气候问题带来急、慢性主体风险和环境及气候政策及法律带来的相关风险与机遇对企业造成的财务影响和影响时间范围进行预测。如海平面上升等慢性物理风险会对如农林业、旅游业等行业产生较大影响，导致特定行业成本上升和服务中断，增加违约概率，在中长期内对中信证券造成运营成本增加及投资组合价值下降等财务影响。

风险	具体描述	影响周期	潜在财务影响
急性实体风险	公司、客户及投资标的的实体运营单位可能面临因台风、洪水、暴风雨等极端气候灾害导致财产损失或运营中断	短期	强化极端气候灾害风险防范措施，开展应急救援能力培训。 管控业务活动中的气候风险。详情请见管理业务活动的 ESG 关键风险章节
慢性实体风险	海平面上升、持续性高温等长期的自然模式转变可能对与实物资产或自然资源等特定行业，如房地产行业、交通、能源、林业、农业和旅游业等影响较大，导致该特定行业成本上升和服务中断等，致使违约概率增加。 随着气候逐渐恶化，气候灾害发生概率增加，可能会影响部分客户及投资标的的市场估值	中期 长期	
政策及法律风险	环保及气候相关政策的不断出台与监管政策收紧会影响到公司、客户及投资标的的经营，传统行业例如钢铁、石化、火电企业等，可能会面临着生产成本上升、财务状况恶化的风险。 公司、客户及投资标的可能因无法满足政策和监管要求面临违约、处罚、诉讼等事件，并造成损失	中期 长期	结合监管要求，重点关注企业在生产经营过程中对外部环境带来的影响，在尽职调查中重点关注高环境风险领域项目的环境风险评分，并加强信用风险管理

注：此处截取《中信证券 2022 年社会责任报告》中部分表格。

▶ 案例点评：

　　中信证券以列表方式披露受到气候相关风险的影响周期（短期、中期、长期），以及在相应时间范围内，受到潜在财务影响的路径，包括固定资产贬值、投资价值下降，营业收入减少、信用风险上升等，这些均有可能发生在短期、中期和长期范围。

▶ 案例来源：

　　《中信证券 2022 年社会责任报告》P28，http：//www.citics.com/newsite/tzzgx/ggyth/gg/aggg/202303/P020230330810314200178.pdf.

4.1.4 "短期""中期""长期"的定义及与战略决策的联系

主体界定短期、中期和长期的时间范围应考虑现金流量、投资和业务周期、主体所在行业通常用于战略决策和资本配置计划的计划时间范围，以及财务报告使用者对该行业主体进行评估所使用的时间范围。

主体应披露可合理预期影响发展前景的气候相关风险和机遇影响的时间范围以及如何定义，包括"短期""中期""长期"，并说明这些影响的时间范围与其战略决策的计划时间范围之间的关联。

案例编号：IFRS S2.10（d）-001

英国石油公司

 案例主题：

披露短期、中期、长期的定义及与战略策略的联系

▶ 披露内容：

➢ 短期（至2025年）：与我们的近期业务和财务规划时间表保持一致。

➢ 中期（至2030年）：与我们的集团业务展望时间表保持一致，使我们能够超越短期目标进行思考，并在适当的情况下调整路线。

➢ 长期（至2050年）：利用情景帮助探索未来30年能源转型的广泛不确定性。

英国石油公司对短期、中期、长期时间作出了定义，划分了起始年份和截止年份，并给出了每一个时间段国家碳化氢公司的主要发展目标，详细可见下表。

项目	起始年份（年）	截止年份（年）	详情
短期	0	3	与近期的业务和财务规划时间范围保持一致
中期	3	8	与集团业务展望的时间范围保持一致，能够思考超越短期目标，并在适当的情况下调整航向
长期	8	28	使用场景来帮助探索未来 30 年围绕能源转型的广泛不确定性

▶ 案例点评：

英国石油公司定义短期为当前 0～未来 3 年，即 2022～2025 年，与财务规划时间表保持一致；中期为未来 3～8 年，即 2026～2030 年，与集团业务展望时间表保持一致；长期为未来 8～28 年，即 2031～2050 年，并使用情景分析的方法来应对长时间周期范围内存在的广泛不确定性。

英国石油公司对短期、中期、长期时间段的定义显示出公司对未来发展的明确规划和阶段性目标设定，符合 IFRS S2 的要求，虽然公司已经划分了时间段并给出了发展目标的大致方向，但可以考虑进一步增强具体性。例如，在描述每个时间段的发展目标时，可以加入一些关键绩效指标（KPIs）或具体的行动计划，以便投资者更好地评估公司的战略执行情况。

▶ 案例来源：

《英国石油公司 2023 年 CDP 报告》P13～14，https://www.bp.com/content/dam/bp/business-sites/en/global/corporate/pdfs/sustainability/group-reports/bp-cdp-climate-change-questionnaire-2023.pdf.

案例编号：IFRS S2.10（d）-002

国家碳化氢公司

▶ 案例主题：

披露对短期、中期和长期的定义

▶ 披露内容：

国家碳化氢公司对短期、中期、长期时间作出了定义，划分了起始年份和截止年份，并给出了每一个时间段国家碳化氢公司的主要发展目标。

项目	起始年份（年）	截止年份（年）	详情
短期	0	4	根据国家碳化氢公司每年滚动更新的4年战略计划，短期期限用于设定脱碳目标
中期	4	15	中期愿景用于制定中期脱碳目标和指标（2030年），以符合国家碳化氢公司实现碳中和的途径，并符合其商业抱负
长期	15	30	长期愿景用于定义能源业务的未来发展，并推动公司的业绩符合低碳轨迹，以实现2050年的净零排放。事实上，国家碳化氢公司的长期计划旨在保证业务组合的可持续性，到2050年，超过30年的时间，符合4年战略计划

▶ 案例点评：

国家碳化氢公司定义短期为当前0～未来4年，与公司每年滚动更新的4年战略计划保持一致；中期为未来4～15年，与公司2030年中期脱碳目标保持一致；长期为未来15～30年，与公司2050年净零排放的长期计划保持一致。

国家碳化氢公司清晰地披露了用于计划影响主体发展前景的气候相关风险和机遇的时间范围，明确了合理的预期。国家碳化氢公司的披露符合IFRS S2准则有关影响发展前景的风险和机遇的要求。

▶ 案例来源：

《国家碳化氢公司2023年CDP报告》P14，https：//www.eni.com/assets/documents/eng/just-transition/2023/Eni-CDP-Climate-Change-Questionnaire-2023.pdf.

案例编号：IFRS S2.10（d）-003

嘉吉公司

▶ **案例主题：**

嘉吉公司披露对短期、中期和长期的定义

▶ **披露内容：**

嘉吉公司划分了未来可持续发展规划的各个阶段，分为短期、中期和长期，具体定义见下表。

项目	起始年份（年）	截止年份（年）	详情
短期	0	3	符合每年审查的业务计划
中期	3	10	符合对公司的战略评估和资本配置
长期	10	30	长期的新兴趋势将在问题管理和风险管理中进行评估

▶ **案例点评：**

嘉吉公司披露其对于风险短期、中期、长期的界定，并解释该阶段目标内容，披露符合IFRS S2的准则披露可合理预期的会影响主体前景（包括商业战略、商业模式与价值链财务状况、财务业绩和现金流）的气候相关风险与机遇信息的要求。在此基础上，嘉吉公司可进一步说明这些定义如何与其用于战略决策的规划范围相联系，并丰富阶段发展目标。

▶ 案例来源：

　《嘉吉公司 2023 年 CDP 报告》P6，https：//www.cargill.com/doc/143218
1074504/cargill_cdpclimate_2023.pdf.

案例编号：IFRS S2.10（d）-004

荷兰皇家壳牌集团

▶ 案例主题：

壳牌公司披露对短期、中期和长期的定义

▶ 披露内容：

项目	起（年）	至（年）	解释
短期	0	3	制定了详细的财务预测，并使用它们来管理三年周期的业绩和期望。这些预测包括了满足短期目标所需的脱碳措施
中期	3	10	嵌入运营计划中，随着对客户的持续关注，在中期所需的投资和投资组合转移将从根本上重塑壳牌的投资组合。同时，现有的资产基础有望在这一时期为收入的这一转变提供融资现金流
长期	10		预计产品组合看起来会大不相同，以应对从以资产为基础的方法到以客户为基础的业务模式的转变

▶ **案例点评：**

　　壳牌在 CDP 报告中公开了短期、中期和长期的定义，以及在每一个时期内相应发展计划，符合 IFRS S2 对披露短期、中期和长期的有关定义和内容的要求。

▶ **案例来源：**

　　《荷兰皇家壳牌集团 2023 年 CDP 报告》P13-14, https://www.shell.com/sustainability/transparency-and-sustainability-reporting/performance-data/greenhouse-gas-emissions/_jcr_content/root/main/section_1654294871/simple_copy/text.multi.stream/1690290549709/b9538ef191288186ffa45797947d884c383da00b/2023-cdp-climate-change-shell-plc.pdf.

▶ 4.2　风险和机遇对业务模式和价值链的影响

　　主体应描述气候相关重要风险和机遇对商业模式和价值链当前和预期影响，以及气候相关风险和机遇在价值链中的集中点，如所处地理区域、所拥有的设施或资产类型等。

4.2.1　对业务模式和价值链影响的描述

　　在气候相关风险和机遇的影响下，随着全球向可持续发展转型，主体需要适应新的气候政策和技术标准，这些可能是由于政策变化、技术革新和市场情绪变化等因素带来的，从而可能导致主体面临新的市场准入条件、技术升级压力和消费者偏好的变化。同样，极端天气和自然灾害（如洪水、干旱、飓风等）可能导致主体的供应链中断、生产设施损坏、物流延迟等问题。因此，气候相关风险和机遇对主体的业务模式和价值链都可能带来影响，包括利用新技术和创新手段来降低碳排放、提高能源效率，并开发适应气候变化的产品和服务；选择环境友好的供应商、建立应急响应机制、采用绿色物流等措施方面。

主体应披露气候相关风险和机遇对其业务模式和价值链的当前和预期的影响，并对这些当前和预期的影响进行描述，包括影响的内容、范围、性质、程度等方面信息。

案例编号：IFRS S2.13（a）-001

英国石油公司

▶ **案例主题：**

披露为应对气候风险和机遇更新了价值链和业务模式

▶ **披露内容：**

英国石油公司正通过实施可持续采购政策与推动供应链转型，积极重塑其价值链与业务模式。该公司与主要供应商的合作已超越传统产品采购范畴，转而聚焦于共同推进可持续实践，旨在减少温室气体排放并提升产品循环利用率。在物流、公用事业及电动汽车充电器等关键领域，英国石油公司率先引入关键绩效指标，并设定具体减排目标，以此激励供应商积极参与应对气候变化与能源转型的努力。

▶ 案例点评：

英国石油公司的策略不仅促进了供应链整体可持续性的提升，还强化了与供应商之间的长期合作关系，共同构建了一个旨在促进绿色、低碳及循环发展的业务生态系统。英国石油公司的披露符合 IFRS S2 的准则要求，之后可以加入更多定量的描述。

▶ 案例来源：

《英国石油公司 2023 年 CDP 报告》P44，https：//www.bp.com/content/dam/bp/business-sites/en/global/corporate/pdfs/sustainability/group-reports/bp-cdp-climate-change-questionnaire-2023.pdf.

 案例编号：IFRS S2.13（a）-002

挪威国家石油公司

▶ 案例主题：

披露依据价值链对上游供应商提出可持续发展要求

▶ 披露内容：

挪威石油公司价值链的重要组成部分是由供应商根据挪威石油授予

的合同开展的活动。而且，挪威石油的目标是与符合价值观的供应商合作，并在健康、安全、可持续性和商业行为方面保持高标准，因此，挪威石油期望供应商在道德和合规、气候和人权方面有所表现。具体要求如下：

> ➤ 具有净零目标和近期减排目标；
> ➤ 公开披露 1 类和 2 类排放以及 3 类排放估算；
> ➤ 与供应商就排放信息披露和净零排放计划进行沟通；
> ➤ 根据挪威石油的要求向 CDP 项目报告。

▶ 案例点评：

挪威石油公司致力于与那些共享其价值观的供应商建立合作关系，并在健康、安全、可持续性以及商业行为等多个维度上设定并维持高标准。在气候方面的披露基本符合披露对价值链结构当期和预期影响的要求，建议未来补充关于挪威石油公司自身价值链受到影响的部分信息。

▶ 案例来源：

《挪威石油公司 2023 年年报》P58，https://www.annualreports.com/HostedData/AnnualReports/PDF/equinor-asa_2023.pdf.

吉利汽车控股有限公司

▶ **案例主题：**

披露气候相关风险和机遇对业务模式及价值链的影响

▶ **披露内容：**

转型风险类型	风险描述	对商业模式及价值链的当期及预期影响	潜在财务影响	风险举措管理及应对措施
科技	研发新技术（短中长）	▶ 前期需要更多的低碳技术投入 ▶ 前期技术研发进度低于研发预期，导致产品上线延期	▶ 研发投入增加 ▶ 预期的销售收入延迟，影响现金流和利润	▶ 以新能源架构研发新车型，降低开发时间及成本，并积极探索基于多种替代燃料的低碳技术 ▶ 针对性调节生产工艺线，有计划地实施工厂升级路线
	产品替代（短中）	▶ 新能源汽车转型，导致燃油车相关生产线和技术逐步淘汰	▶ 资产重估或减值	

注：此处截取《吉利汽车控股有限公司 2023 环境、社会及管治报告》的部分表格。

▶ **案例点评：**

  吉利汽车以列表的形式，披露了不同类型的气候风险、对业务模式和价值链的影响、潜在财务影响，以及风险应对举措。例如上表以科技为例，披露了技术研发带来的投入增加、研发进度低于预期等风险。在应对措施中，以新能源架构研发车型、探索多种燃料的低碳技术等内容，展现了气候转型风险对吉利汽车业务模式向新能源、多种替代燃料转型的影响。

▶◣ **案例来源：**

《吉利汽车控股有限公司 2023 环境、社会及管治报告》P38，http：//
www.geelyauto.com.hk/wp-content/uploads/2024/04/2024042600276_c-1.pdf.

4.2.2 在业务模式和价值链中集中的领域

主体应描述在业务模式和价值链中气候相关风险和机遇的集中领域，包括主体所处地理区域、所拥有的设施或资产类型或分销渠道等。

地理区域涉及主体所在地的天气条件、资源丰富程度、监管政策要求等。例如，不同地理区域的气候条件具有显著差异，极端天气事件如洪水、干旱和飓风等，可能对特定地区的业务运营产生严重影响。举例来说，农业企业可能因气候变化导致农作物减产或品质下降，而沿海地区的港口和航运企业则面临海平面上升和风暴潮所带来的威胁。

设施或资产类型涉及主体的业务模式和生产方式对资源产生的影响和依赖等。例如，位于高风险区域的化石燃料基础设施可能面临更高的维护成本和运营风险，而可再生能源设施则有可能因应对气候变化趋势而受益。此外，数据中心和通信设施在选址时也需要考虑气候因素，以避免自然灾害的潜在影响。

分销渠道涉及产品或服务从主体流向消费者所经过的各中间商联结起来的整个通道中，同样会受到气候相关风险和机遇的影响。例如，极端天气现象对原材料供应地及物流运输过程可能产生的不利影响，包括生产中断与交付延误等。

 案例编号：IFRS S2.13（b）-001

国家碳化氢公司

▶ 案例主题：

识别并披露价值链中气候相关风险和机遇的集中领域

▶ 披露内容：

国家碳化氢公司（意大利埃尼公司）识别的主要气候相关风险和机遇以及其对主要价值链的影响见下表所示。

风险/机遇类别	价值链位置	风险/机遇描述
法规调整风险	直接运营	欧盟和英国在应对气候变化方面正经历着显著的法律法规调整与碳定价机制的变革，这些变化对包括意大利埃尼公司在内的企业产生了深远影响。法律法规的调整主要体现在排放交易体系的不断收紧上。欧盟排放交易体系（ETS）的修订版引入了更为严格的规则，旨在通过减少免费配额的分配来降低排放上限并设定更严格的排放基准。这一举措预计将导致所涵盖行业的排放赤字增加，进而推高欧盟配额（EUA）的市场价格。市场已经对2030年温室气体减排目标带来的供应紧缩预期作出了反应，配额价格在近两年间大幅上涨。同时，英国政府也计划从2024年起对其排放交易计划进行审查，以确保与2030年的减排目标相一致，这同样预示着合规成本的上升
碳定价机制风险		碳定价机制的变化直接影响了企业的运营成本和市场竞争力。随着排放配额价格的上涨和免费配额的减少，意大利埃尼公司等企业在欧盟和英国排放交易体系下的合规成本显著增加。特别是对于那些没有获得免费配额或排放量较大的部门（如电力部门），其面临的碳市场风险尤为突出。此外，欧盟内部不同部门和国家之间在间接成本补偿方面的不统一，还可能引发市场扭曲，进一步加剧企业的竞争压力

续表

风险／机遇类别	价值链位置	风险／机遇描述
极端物理风险（洪水、恶劣天气）	直接运营	根据政府间气候变化专门委员会（IPCC）的最新评估报告和其他最新研究，气候变化的物理影响的强度和频率预计在未来会增加，这表明急性现象（短期内的极端天气条件，如飓风）和慢性现象（海平面上升、海岸侵蚀，其影响估计随着时间的推移会逐渐增加）可能会加剧，对工业资产以及生态系统和人口产生直接和间接的影响（如生物多样性的丧失、荒漠化和水资源紧张、移民和饥荒）
产品和服务机遇：产品和服务需求增加	下游	未来数年内，可再生能源发电将迎来前所未有的发展机遇。IEA预测，至2027年，可再生能源发电能力将激增2400千兆瓦，增速较上五年提升85%，占比也将增至38%。意大利埃尼公司通过旗下可再生能源子公司全面布局可再生能源领域，计划至2030年客户群超1500万，可再生能源发电能力稳步攀升至15千兆瓦。随着全球对清洁能源需求的增长，意大利埃尼公司通过国内外项目开发与收购，积极扩大业务版图，抢占市场先机，迎来前所未有的发展良机
产品和服务机遇：低排放商品和服务的开发和扩张		生物燃料在运输脱碳中作用显著，为各类型车辆提供低碳方案，且改装成本低。尽管成本高、原料供应受限，但生物燃料消耗量稳步增长，预计至2050年，在多种能源情景下均将保持强劲增长，尤其是先进生物燃料将成主流，助力净零目标实现。意大利埃尼公司凭借技术创新，提升生物精炼能力，转向可持续原料，加速生物燃料发展，为航空、海运等领域提供关键支持，推动全球运输业绿色转型
产品和服务机遇：研发创新开发新产品或服务	直接运营	低碳转型与技术创新并行，是能源行业迈向净零排放的关键。IEA报告指出，2050年净零排放需加速清洁能源创新，未来技术潜力巨大。意大利埃尼公司依托专有与突破性技术，以磁约束核聚变，致力于去碳化与能源转型。其战略聚焦于过程去碳化、循环生物产品、可再生能源与新能源及卓越运营，引领能源领域创新潮流，为未来能源格局奠定坚实基础

▶ 案例点评：

　　国家碳化氢公司对识别的主要风险和机遇进行分类，分别披露了该气

候相关风险或机遇影响价值链的集中领域（例如直接运营环节、下游等），符合披露准则的基本要求。国家碳化氢公司可以对其展开更加详细的定性或定量描述，补充影响的地理区域、设施或者资产类型。

▶ 案例来源：

《国家碳化氢公司 2023 年 CDP 报告》P25～37，https：//www.eni.com/assets/documents/eng/just-transition/2023/Eni-CDP-Climate-Change-Questionnaire-2023.pdf.

 案例编号：IFRS S2.13（b）-002

嘉吉公司

▶ 案例主题：

通过矩阵图披露气候相关风险的价值链集中领域

▶ 披露内容：

嘉吉公司识别了各类气候相关风险针对全流程价值链的主要影响环节，从原材料供应（上游），通过工厂的生产和运营（生产），最后通过鱼类到终端消费者（下游）。具体如下表所示。

项目	上游	生产	下游
商业道德	●	●	●
食品安全	●	●	●
健康与安全	●	●	●
过度捕捞	●		
森林采伐	●		
植物原料	●		
人权	●	●	
劳动实践	●	●	
气体及污水排放量		●	●
能源		●	
水		●	●
浪费		●	●
当地社区		●	●
饲料效率			●
动物健康			●
抗生素和药物			●
畜牧业和福利			●
农民生计			●
人类健康和营养			●

▶ **案例点评：**

　　嘉吉公司通过表格披露了气候相关风险在价值链上的集中领域（包括上游、生产、下游环节），直观地展现了不同风险对全流程价值链的重点影响环节。嘉吉公司的披露符合 IFRS S2 的准则披露气候相关风险和机遇在价值链中集中点的要求。在此基础上，嘉吉公司可进一步披露其所处地理区域、所拥有的设施或资产类型等，并对气候相关风险单独总结。

▶ **案例来源：**

　　《嘉吉公司 2023 年 ESG 报告》P86，https：//www.cargill.com/sustainability/doc/1432249635993/2023-esg-report.pdf.

案例编号：IFRS S2.13（b）-003

利宝相互保险

▶ **案例主题：**

披露气候相关机遇集中于信贷保险业务

▶ **披露内容：**

　　美国利宝相互保险公司（Liberty Mutual Group）为了应对商业银行

和公共机构对可再生能源项目日益增长的需求，利宝专业市场（Liberty Specialty Markets）团队与国际金融公司（IFC）合作开展无资金风险分担项目，为其提供非筹资信贷保险业务，助力国际金融公司为减缓气候变化提供资金支持相关的授信业务。自 2017 年签署首个风险分担计划以来，利宝互助基金的总参与额（5.05 亿美元）中约有 47%（2.39 亿美元）用于气候相关活动，包括气候减缓、气候适应和特殊气候活动。例如通过与利宝保险合作的风险项目，国际金融公司向一家非洲银行提供了 2 亿美元的优先贷款，以帮助其开发气候融资平台，为可再生能源项目提供贷款，并为扩大该银行的气候战略作出贡献。

▶ 案例点评：

利保相互保险公司披露了为需求不断增长的可再生能源项目提供的授信业务，并披露了约 47% 的资金用于气候相关活动，清晰说明了气候机遇对自身信贷保险业务的促进作用，符合 IFRS S2 准则的披露要求。

▶ 案例来源：

《利宝相互保险 2021 年气候风险管理报告》P11，https：//www.libertym utualgroup.com/documents/lm-tcfd-report-2021-1.pdf.

▶ 4.3　风险和机遇对战略和决策的影响

主体应披露在其战略和决策中，如何应对和计划应对气候相关风险和机

遇，包括主体如何实现其设定的任何气候相关目标以及法律法规要求其实现的任何目标。

4.3.1　在战略和决策中风险和机遇的应对

在应对气候相关影响计划方面，主体应披露其为应对气候相关风险和机遇，业务模式的当前和预期变化，包括资源分配。业务模式的变化包括碳排放、能源和水资源密集型业务运营战略或资产退役战略；供需变化或供应链变化引发的资源分配变动；通过资本支出或额外的研发支出拓展业务引起的资源分配变动；收购和撤资计划等。主体还应披露其当前和预期的直接缓解和适应措施，如通过优化生产工艺或设备、迁移设施、调整劳动力以及改变产品规格等；当前和预期的间接缓解和适应措施，如与客户和供应链合作等。

在应对气候相关影响计划目标方面，若主体制订了任何低碳经济转型计划，主体应披露其所制订的转型计划，包括制订转型计划时所使用的关键假设以及主体转型计划所依赖的相关信息。同时主体也应披露其计划如何实现其气候相关目标，包括温室气体排放目标。在披露转型计划相关信息时，主体可以披露如温室气体排放披露［IFRS S2.29（a）］与减少温室气体排放目标（IFRS S2.36）之间的联系；气候适应性评估（IFRS S2.22）等信息。

制订转型计划时所使用的关键假设是指主体预期会发生并因此纳入其低碳经济转型计划的信念、期望、假设或前提，如监管要求的预期或主体在其价值链中实施计划变革的能力。依赖性是指主体低碳经济转型计划实现所需的关键因素和条件，如主体实现其温室气体排放目标所必需的技术，或主体实施其低碳经济转型所需的最低资源可用性水平。

案例编号：IFRS S2.14（a）-001

阿彻丹尼尔斯米德兰公司

▶ **案例主题：**

> 披露鼓励供应链中的种植者实施再生
> 农业实践的战略，应对气候风险和机遇

▶ **披露内容：**

2022 年，阿彻丹尼尔斯米德兰公司启动了其"再生代"计划，以参与和鼓励其供应链中的种植者实施再生农业实践。在该项目的第一年，该公司超过了注册 100 万英亩土地的目标。2023 年，该公司扩大了其再生农业项目，覆盖了美国 18 个州和加拿大的 200 万英亩土地，并将该项目扩展到新的地区，在欧洲和南美启动了再生农业项目，目标是到 2025 年在全球覆盖 400 万英亩土地。

在再生农业实践中玉米、大豆、小麦和油菜等作物可在土壤中隔离碳元素，提供了一个对抗气候变化的机会。

▶ **案例点评：**

阿彻丹尼尔斯米德兰公司在其 2023 年年报中明确披露其"再生代"计划截至 2023 年完成的规模目标，以及设定的 2025 年目标。对标 IFRS S2准则要求，符合 IFRS S2 披露应对气候相关风险和机遇、业务模式的当前

和预期变化的要求。ADM 可进一步披露该计划产生的影响以及成果，即其计划如何实现其气候相关目标，包括温室气体排放目标等。

▶ 案例来源：

《阿彻丹尼尔斯米德兰公司（ADM）2023 年年报》，P113，https：//s1.q4cdn.com/365366812/files/doc_financials/2023/ar/adm-2024-proxy-2023-form-10-k.pdf。

 案例编号：IFRS S2.14（a）-002

法国电力集团

▶ 案例主题：

披露可再生能源技术和投资战略，应对气候风险和机遇

▶ 披露内容：

法国电力集团借助核能和可再生能源大力发展低碳电力，已实现96%供应电力的脱碳化，在 2050 年的碳中和目标的实现过程中发挥了主导作用。法国电力集团旨在加快除核船队之外的可再生能源的发展，保证安全、性能和竞争力。法国电力集团没有以单一的解决方案推动低碳电力，

而是构建了一套多元化组合技术：核能、水电、太阳能、陆上和海上风力发电、低碳热发电等手段。

法国电力集团拥有世界上唯一一个同类核发电船队，因此，其目标在于恢复现有机队的最佳运行发电性能水平，并能够在法国长期生产 360 至 400 太瓦时的核能发电。另外，法国电力集团通过加速多元化的可再生能源，实现极低碳生产的目标，涵盖水电、太阳能、陆上风能、海上风能等，这些清洁能源已经占据集团发电总容量的 1/4 以上。

如今，法国电力集团是可再生能源领域的主要参与者，确立了到 2030 年实现可再生能源（包括水电）装机容量 100GW 的目标。因此，EDF 集团正寻求不同的技术（陆上和海上风力发电、太阳能和水电）以及地理分布多样化，并定期投资于水电设施，以将经济、能源和环境绩效结合起来，加强水力发电。

▶ 案例点评：

法国电力集团在其 2023 年年报中明确披露其借助于核能和可再生能源进行低碳发电的方案模式，详细介绍其核能以及可再生资源发电的规模及发展目标。对标 IFRS S2 准则要求，法国电力集团符合 IFRS S2 披露应对气候相关风险和机遇，业务模式的当前和预期变化的要求。法国电力集团可进一步披露该计划产生的实际影响以及成果，即其计划如何实现其气候相关目标，包括温室气体排放目标等。

▶ 案例来源：

《法国电力集团（EDF）2023 年年报》P17，https://www.edf.fr/sites/groupe/files/2024-04/edf-urd-annual-financial-report-2023-en-updated-2024-04-11.pdf.

 案例编号：IFRS S2.14（a）-003

吉利控股集团

▶ **案例主题：**

披露应对气候风险和机遇的全链路碳中和战略

▶ **披露内容：**

吉利控股集团作为具有全球竞争力和影响力的智能电动出行和能源服务科技公司，积极承担环境责任，在应对气候变化方面进行了多元化的探索，致力于为汽车制造业及交通领域碳中和贡献力量。吉利控股制定了覆盖全价值链的碳中和战略，以实现2045年全链路碳中和的总体目标为主旨，在兼顾技术可行性、能源多样化和用户体验的基础上，构建"一个目标引领、两大能源驱动、三大碳中和场景、四大零碳路径"的碳中和总体战略路径，基于自主研发的全面有力的碳管理体系和科学先进的碳管理平台，扎实推动各层面各类型的减排举措落地，致力成为中国碳中和企业标杆。

▶ **案例点评：**

吉利控股集团披露应对气候变化的碳中和战略，涉及实现运营碳中和、零碳就绪、全链路碳中和的目标节点，以及各层面各类型的多维度减碳举措、路径、保障体系等，体现了该集团对于气候议题的战略重视。

吉利控股集团碳中和战略

▶ **案例来源：**

《吉利控股集团2022年可持续发展报告》P25，https：//zgh.com/wp-content/uploads/Geely-Holding-Group-Sustainability-Report-2022-ZH.pdf.

案例编号：IFRS S2.14（a）-004

嘉吉公司

▶ **案例主题：**

披露范围 3 的风险和机遇对供应链战略和决策的影响

▶ **披露内容：**

由于农业、食品和交通运输占全球总排放量的近 1/3，嘉吉公司相信，其全球供应链中蕴藏着巨大的减排潜力。嘉吉公司关注的范围 3 排放包括价值链全环节：从农民那里获得的所有农产品的碳足迹，与商品和产品运输相关的碳排放，以及与销售产品的使用相关碳排放。

嘉吉公司旨在到 2030 年将全球供应链排放量减少 30%，每吨产品减排 13%，为实现这一目标，嘉吉正在投资可扩展和可量化的产品和服务。作为农民和客户的合作伙伴，嘉吉优先考虑在供应链上寻找具有最大影响和变革的机遇，包括动物蛋白、农作物种植、水产养殖饲料和海洋运输。

其中，海鲜是蛋白质的重要来源，然而，用于水产养殖的饲料却属于相对碳密集型，其可持续性受到广泛关注。因此，嘉吉公司进一步推进可持续倡议，旨在将全球客户和供应商凝聚起来，共同生产可持续海鲜，将其环境负面影响降至最低。为实现到 2030 年将客户养殖海产品的碳足迹减少 30% 的宏伟目标，嘉吉公司不仅提供量身定制的减排指导方案，还积极支持渔民及水产养殖企业的转型升级，助力他们在增产增效的同时减少碳排放。另外，2023 年，嘉吉公司在英国的 8 个农场开展小麦和油菜籽种植项目试点，重点关注再生农业方法，极大地帮助客户了解了再生农业在减少其鱼饲料的碳足迹方面的潜力。嘉吉决定扩大规模，计划在英国联系更多农民加入减排行列，并向法国推广，2024 年的目标是减少 1 万吨二氧化碳的排放。

▶▶ 案例点评：

嘉吉公司披露了供应链上碳密集型的水产养殖对于自身范围 3 温室气体排放的影响，通过与供应链上农民和客户共同合作寻找减少碳足迹的解决方案，并通过生产可持续海鲜、引入再生农业等方式实现减排目标。嘉吉公司的披露符合 IFRS S2 准则披露气候相关风险和机遇对其战略和决策影响的要求。

▶▶ 案例来源：

《嘉吉公司 2023 年 ESG 报告》P16，https：//www.cargill.com/sustainability/doc/1432249635993/2023-esg-report.pdf.

案例编号：IFRS S2.14（a）-005

友邦保险

▶ **案例主题：**

披露将气候相关事务纳入 ESG 策略当中

▶ **披露内容：**

友邦保险应对气候变化引起的实验、过渡性及责任风险与机遇，以运营及投资组合低碳减排为目标，将气候相关事务纳入 ESG 策略当中，以实现气候承诺，为可持续发展倡议奠基。

我们通过下列举措，实现营运及投资组合脱碳的目标。

项目	管理脱碳	投资组合脱碳
举措	根据 SBTi 的方法制定目标，承诺友邦保险集团将实施净零排放	根据 SBTi 的方法制定目标，承诺友邦保险集团将实施净零排放
评估	为了履行 2050 年净零排放和科学基础减量目标的承诺，我们采取多项举措，包括根据 SBTi 的方法，计算我们营运所产生的排放基准，就减少温室气体排放设定明确的目标； 并评估各种可用于我们物业和公司车辆的减排措施	在一般账户投资组合由下至上的投资决策过程中，纳入及明确考虑包括气候在内的环境、社会及管治因素。有关决策由投资管治框架所推动，例如对一般账户投资组合实施环境、社会及管治评级评分卡等； 在一般账户投资组合内直接管理的股票及固定收益资产，从煤炭开采及燃煤发电的企业全面撤资，并且停止投资相关企业

续表

项目	管理脱碳	投资组合脱碳
转型	通过上述行动，确定可用于我们物业和公司车辆的减排措施，以实现脱碳和我们的近期科学基础减量目标	进一步将环境、社会及管治考虑因素融入一般账户投资组合由下而上的投资流程中，让我们持续投资于绿色金融及可再生能源；根据金融稳定委员会对 TCFD 所作出的建议，改善公开透明的气候相关披露

注：此处截取《友邦保险 2022 年环境、社会及管治报告》的部分表格。

▶ 案例点评：

友邦保险披露了令运营及投资组合脱碳的举措，从根据 SBTi 制定目标（承诺）、监控管理（评估）、实施行动（转型）三个方面将气候变化议题纳入 ESG 策略，符合 IFRS S2 的披露要求。

▶ 案例来源：

《友邦保险 2022 年环境、社会及管治报告》P119，https：//www.aia.com/en/esg/overview.

4.3.2　应对风险和机遇的资源配置现状和计划

主体应对和计划应对气候相关风险和机遇措施，包括碳排放、能源和水资源密集型业务运营战略或资产退役战略、开展研发以拓展业务、劳动力调整、产品调整等。为了实现这些措施，主体需要提供例如资金、人力等支持资源，应披露其应对和计划应对气候相关风险和机遇措施提供资源和计划提供资源。

案例编号：IFRS S2.14（b）-001

国家碳化氢公司

▶ **案例主题：**

披露加大低碳技术研发的资金资源配置以把握气候转型机遇

▶ **披露内容：**

国家碳化氢公司（意大利埃尼公司）为应对气候风险和机遇，正加大对低碳技术的资源配置，特别是在温室气体捕集与减排、甲烷制氢及排放控制领域。2022年，公司在脱碳研发上投入超1.14亿欧元，显示出对低碳转型的坚定承诺。未来四年（2023～2026年），国家碳化氢公司计划将研发总支出的70%以上（约6.67亿欧元）用于去碳化目标相关的研发（R&D）活动，涵盖减少运营碳足迹、循环经济、生物基新产品、可再生能源及磁约束聚变项目。特别是作为长期成功的关键，意大利埃尼公司将继续投资并深化与联邦核聚变系统公司（Commonwealth Fusion System，CFS）的合作，推动磁约束聚变技术的商业化进程，以期在未来能源市场中占据领先地位。

▶ **案例点评：**

国家碳化氢公司披露了2022年脱碳研发投入，以及未来四年的研发支出计划，有量化数据和具体领域内容，体现出为应对气候风险和机遇的低碳技术资源配置方面，国家碳化氢公司已制订计划并开展管理，符合IFRS S2的披露要求，可为投资者提供有效的决策信息。可以具体说明公司如何抓住低碳转型带来的机遇，将其转化为公司的竞争优势或市场地位的提升，并给出具体的实施计划和时间表。

▶ 案例来源：

《国家碳化氢公司 2023 年 CDP 报告》P46，https://www.eni.com/content/dam/enicom/documents/eng/reports/2023/Annual-Report-2023.pdf.

案例编号：IFRS S2.14（b）-002

中国平安

▶ 案例主题：

披露围绕气候相关风险及机遇调整战略部署和资源配置

▶ 披露内容：

中国平安预期气候变化相关风险与机遇，例如国家碳达峰碳中和目标和经济社会低碳转型趋势等，将会影响自身实现绿色发展，承诺在可持续发展理念的指引下，调整业务发展战略和资源配置，制定可持续保险战

略、责任投资战略、绿色金融发展战略和近零发展战略，以应对气候变化带来的各类风险和把握低碳发展和转型机遇，实现自身长期可持续发展。

▶ 案例点评：

中国平安披露了通过调整业务发展战略和资源配置，在可持续保险、责任投资、绿色金融、净零发展等领域应对气候相关风险和机遇，符合IFRS S2 的披露要求。

▶ 案例来源：

《中国平安 2020 年气候风险管理报告》P19，https：//www.pingan.com/app_upload/images/info/upload/7f14de5b-4373-4e05-a5c4-fd58828e68f6.pdf.

案例编号：IFRS S2.14（b）-003

法国电力集团（EDF）

▶ 案例主题：

披露通过碳价格信号引导项目投资和技术投资

▶ 披露内容：

法国电力集团（EDF）通过其战略规划和实际行动，展现了在实现

2050 年净零排放目标上的坚定承诺和前瞻性视野。这一目标的实现，离不开一个强有力的二氧化碳价格信号，它能够准确反映气候变化的外部成本，从而引导市场资金和技术流向更加低碳、环保的解决方案。

法国电力的投资项目在欧盟排放交易计划（EU-ETS）及英国 UK-ETS 等效的指引下，充分考虑了中长期发电项目的盈利能力与碳价格的关联。到 2040 年，法国电力集团在其情景中使用的碳价格范围为 40～180 欧元/吨二氧化碳，价格中值为 150 欧元/吨二氧化碳。

对于那些尚未建立明确碳定价机制的市场，EDF 同样重视技术的低碳属性，通过深入研究各国技术现状和未来发展趋势，选择最符合脱碳路径的技术进行投资。这种跨地域、跨市场的综合考量，体现了 EDF 在全球能源转型中的领导力和责任感。

▶ 案例点评：

法国电力集团（EDF）在其 2023 年年报中明确披露其由于碳价格不同而选择不同地区投资的方式，说明了碳价格对于集团投资的指导。对标 IFRS S2 准则要求，EDF 符合 IFRS S2 中应披露企业应对和计划应对气候相关风险和机遇措施，包括碳排放、能源和水资源密集型业务运营战略或资产退役战略、开展研发以拓展业务、劳动力调整、产品调整等的要求。EDF 可进一步披露碳价格指导投资的作用机制以及涉及的资源规模。

▶ 案例来源：

《法国电力集团（EDF）2023 年年报》P173，https://www.edf.fr/sites/groupe/files/2024-04/edf-urd-annual-financial-report-2023-en-updated-2024-04-11.pdf.

案例编号：IFRS S2.14（b）-004

路易达孚

▶ **案例主题：**

披露建立碳信用项目组合补偿或抵消剩余碳排放

▶ **披露内容：**

路易达孚公司建立碳信用项目组合，旨在补偿或抵消范围1、范围2和范围3之外的剩余碳排放。2023年，路易达孚投资组合中的亮点包括：

➤ 家庭用水过滤系统（肯尼亚）。

该项目向肯尼亚64万多户家庭分发净水器，显著改善居民饮水条件。家庭能够直接净化水源，有效去除细菌和有害物质，从而避免了以往因使用不可再生木材生火煮水而引发的森林砍伐及环境退化问题。预计该项目从2020年至2025年将产生220万吨二氧化碳当量的减排量。

➤ 农田管理优化（中国）。

该项目聚焦于河北省2万公顷退化耕地，引入再生农业实践，包括减少耕作频次和优化施肥策略等改进措施。该项目预计将在其20年的生命周期内减少超过240万吨二氧化碳。

▶ 案例点评：

　　路易达孚公司在其 2023 年年报中明确披露其在 2023 年关于减少碳排放方面的项目投资。对标 IFRS S2 准则要求，路易达孚公司符合 IFRS S2 披露企业应对和计划应对气候相关风险和机遇措施的要求。路易达孚公司可进一步披露该风险涉及的具体金额等详细信息。

▶ 案例来源：

　　《路易达孚公司 2023 年年报》P28，https：//www.ldc.com/wp-content/uploads/LDC_IR2023-Single-Pages_secured.pdf#page=14.

4.3.3　之前报告期间的计划进展情况

　　主体在以前报告期间考虑气候相关风险和机遇的影响，在战略和决策中若已开始或已完成气候相关风险和机遇的应对，则应披露定量和定性信息，以体现以前报告期间制订的气候相关风险和机遇应对计划的实现进展，并与当前报告期间披露的计划进展进行比较。

案例编号：IFRS S2.14（c）-001

路易达孚

▶ **案例主题：**

通过 CDP 问卷披露 1.5℃目标的完成情况

▶ **披露内容：**

2023 年 7 月，路易达孚公司首次通过 CDP 问卷报告全面展示了其在气候风险和机会、排放战略、公司治理、碳定价、范围 1、范围 2 和范围 3 排放清单和目标的详细信息。CDP 获得了"B"等级，彰显了路易达孚在气候变化应对上的良好管理能力和行业领先地位。

路易达孚公司进一步细化了其全球范围 3 的排放足迹计算，覆盖了广泛的温室气体类别，特别关注了土地使用变化导致的排放，与温室气体协议的最新、最佳实践指导相一致，并采用了更为精确的排放因子。不仅达到了农业部门路线图关于 1.5℃目标的最后期限要求，还提前一年完成了相关披露。

▶ **案例点评：**

路易达孚公司在其 2023 年年报中明确披露其 2023 年关于范围 3 排放方面的进展，并指出达到并提前一年完成了农业路线图关于 1.5℃目标的最后期限要求。对标 IFRS S2 准则要求，路易达孚公司符合 IFRS S2 披露企业以前报告期间考虑气候相关风险和机遇的影响，在战略和决策中若已开始或已完成气候相关风险和机遇的应对，则应披露定量和定性信息，以体现以前报告期间制订的气候相关风险和机遇应对计划的实现进展，并与当前报告期间披露的计划进展进行比较的要求。

▶ **案例来源：**

《路易达孚公司 2023 年年报》P27，https：//www.ldc.com/wp-content/uploads/LDC_IR2023-Single-Pages_secured.pdf#page=14.

案例编号：IFRS S2.14（c）-002

雀巢公司

▶ **案例主题：**

雀巢公司披露其农业再生产计划目标以及完成情况

▶ **披露内容：**

雀巢公司披露了在促进农业再生方面的实践：公司在责任采购方面取

得显著进展，确保原材料可追溯到原产地，且种植、养殖方法符合公司采购标准。雀巢确定了14种有特殊要求的优先原料：谷物、可可、椰子、咖啡、奶制品、鱼和海鲜、榛子、肉、家禽和鸡蛋、棕榈油、纸浆和纸、大豆、香料、糖和蔬菜。雀巢公司的目标是在2030年底前100%进行责任采购。目前，这一数字达到了36.2%。

▶ 案例点评：

　　雀巢公司披露关于农业再生产计划的目标确定和执行，在促进可持续农业发展上展现决心，责任采购比例逐年提升，正朝着2030年全面责任采购目标稳步前进。雀巢公司的披露符合IFRS S2披露企业以前报告期间考虑气候相关风险和机遇的影响，在战略和决策中若已开始或已完成气候相关风险和机遇的应对，则应披露定量和定性信息，以体现以前报告期间制定的气候相关风险和机遇应对计划的实现进展，并与当前报告期间披露的计划进展进行比较的要求。

▶ 案例来源：

　　《雀巢公司2023年年报》P14，https：//www.nestle.com/sites/default/files/2024-02/2023-annual-review-en.pdf.

▲ 4.4　风险和机遇对财务的影响

　　主体应披露气候相关风险和机遇对其报告期内的当期财务状况、财务绩效和现金流量的影响以及主体将这些风险和机遇纳入其财务规划考量预计对主体短期、中期、长期财务状况，财务业绩和现金流的预期影响。

主体应披露的定量和定性信息包括：（1）气候相关风险和机遇对其报告期内的财务状况、财务绩效和现金流量的当期影响；（2）已识别的气候相关风险和机遇中可能导致的下一财年相关财务报表中列报的资产和负债账面价值重大调整的风险和机遇信息；（3）结合主体管理气候相关风险和机遇的战略，预计其财务状况、财务绩效和现金流在短、中、长期内如何变化。气候相关风险和机遇的战略对主体财务状况的预期影响，应考虑如资本支出、重大收购或撤资、合资经营、业务转型和创新、进入新业务领域和资产处置等投资和处置计划、未按合同承诺的计划和实施计划的资金来源。气候相关风险和机遇的战略对主体财务绩效和现金流的预期影响包括低碳经济产品和服务带来增收、气候事件对资产造成物理损害所产生的成本、气候适应或减缓措施带来成本等。

同 IFRS S1 一样，主体在准备披露气候相关风险和机遇对主体的预期财务影响时，应在报告日期使用主体可获得的所有合理的和可支持的信息，无须投入过多的成本或努力，并使用与主体准备披露的技能、能力和资源相称的方法。如果主体确定存在以下一种或多种情形，都无须提供这些当期或预期影响的定量信息：（1）不具备提供定量信息的技能、能力或资源；（2）发现这些当期或预期影响无法单独识别；（3）在估计这些影响时发现量化的不确定性非常大，导致定量信息对于投资者、贷款人和其他债权人不可用。如果主体确定以上情况无须提供定量信息，主体应解释未提供定量信息的原因，并提供预期影响的定性信息，包括确定主体财务报表中可能受到气候相关风险和机遇影响的项目、小计和合计金额，以及与其他气候相关风险和机遇或因素对主体财务综合影响的定量信息，同样，如果这部分定量信息也不可用，则无须披露。如主体不符合上述情况需提供定量信息，主体可以披露单个金额，也可以披露某一金额范围。

4.4.1　对报告期间财务的影响

（1）报告期间财务状况、财务业绩和现金流量。

财务状况是主体经营活动的成果在资金方面的反映。财务业绩用于评价主体战略及其实施和执行是否正在为最终的经营绩效作出贡献。现金流量是指主体一定时期的现金和现金等价物的流入和流出的数量。财务状况更侧重于经营风险和状态评价；财务业绩更侧重于经营绩效和效果评价；现金流量用于运营、投融资业务的现金流动情况的反映。

在气候相关物理风险方面，极端天气、自然灾害及相关事件可能导致主体的资产损失等。例如，与气候相关的物理风险事件可能削弱借款人的偿债能力，导致抵押品损毁或贬值。这将增加银行的信用风险和市场风险。此外，极端天气和自然灾害还可能导致银行资产价值波动，市场风险增加，甚至引发流动性风险和操作风险。

在气候相关转型风险方面，气候政策转向、技术革新和市场情绪变化等因素可能导致主体运营成本增加、传统高耗能业务市场收益降低及资产贬值等。例如，高耗能产业可能会面临增加低碳清洁技术投入成本、监管压力和政策限制增强、生产和经营活动受限，以及产品市场收益降低等。

在气候相关机遇方面，随着清洁能源和环保产业在全球范围内受到越来越多的关注，其投资回报率也在不断上升。主体可以通过参与清洁能源项目、碳交易市场等渠道获得更高的经济收益；也可以通过引入绿色技术和实施环保措施来减少碳排放和降低能耗，这不仅有助于提升经济效益，还能显著提高企业的投资回报。

主体应披露这些气候相关风险和机遇对其报告期间财务状况、财务业绩和现金流量的影响。在提供定量信息时，主体可以披露单个数值，也可以披露某一数值范围。主体应说明气候相关风险和机遇是如何产生并对其财务状况、财务业绩和现金流施加影响的。

（2）下一年度报告期间资产和负债账面价值重要调整风险。

气候相关风险和机遇对于主体资产和负债账面价值都可能会带来影响，包括增值或减值等。针对影响其报告期间的财务状况、财务业绩和现金流量的气候相关风险和机遇，主体应披露这些风险和机遇将导致下一年度报告期间相关财务报表中列报的资产和负债账面价值存在重要调整的重大风险。

气候变化信息披露标准委员会（CDSB）为协助主体将气候变化信息纳入财务报表中披露，基于国际会计准则理事会（IASB）"气候信息应在财务报表中体现"的立场，以国际财务报告准则（IFRS）为基础，开发了《气候会计指南》（Accounting for Climate）。该指南对国际财务报告准则中财务报表列报（IAS 1）、准备金、或有负债和或有资产（IAS 37）、资产减值（IAS 36）地产、工厂和设备（IAS 16）四个科目准则中纳入气候变化信息的方法作出了指引，主体可以参考 CDSB 开发的《气候会计指南》披露上述信息。

案例编号：IFRS S2.15（a），16（a）-001

法国电力集团

▶ 案例主题：

披露遵循节能证书制度产生相关费用
对报告期间现金流量的影响

▶ 披露内容：

法国 2005 年 7 月 13 日实施的法律确认了一种节能证书制度，要求销

售达到一定量级的能源供应商（涵盖电力、天然气、热能、冷能、家用燃料油及汽车燃料等）承担节能责任。在该制度框架下，供应商需在特定周期结束时，出示与其强制性节能相匹配的节能证明，否则将会面临实施制裁。这些证书是通过直接或间接实施的节能措施获得，或从其他有义务或"合格的"经济行动者那里购买。

为了履行这一义务，法国电力集团采取了三大战略：支持消费者提升能源效率（例如，在2023年已完成的23.4万个改造项目）、资助国家批准的节能计划、从合格的主体处购买证书。

关于节能凭证的费用处理，法国电力集团将其计入当年度"其他营业收入与费用"中。超过年末累计债务的费用计入存货，节能凭证的存货可用于支付以后几年的债务。

如果获得的证书数量低于年末累计节能义务，则计提预计负债。该拨备的数额等于为消除与能源销售有关的义务而仍需采取的行动的成本。

▶ 案例点评：

法国电力集团在2023年年报中明确披露其因节能证书制度而产生的费用。购买证书的费用被计入"其他营业收入与费用"中。对标IFRS S2准则要求，法国电力集团符合IFRS S2中应披露气候相关风险和机遇对其报告期内的当期财务状况、财务业绩和现金流量的影响的要求。法国电力集团可进一步披露该项影响涉及的具体财务金额。

▶ 案例来源：

《法国电力集团（EDF）2023年年报》P389，https：//www.edf.fr/sites/

groupe/files/2024-04/edf-urd-annual-financial-report-2023-en-updated-2024-04-11.pdf.

 案例编号：IFRS S2.15（a），16（a）-002

荷兰皇家壳牌集团

▶ 案例主题：

披露法规管制风险对报告期内财务状况和现金流量的影响

▶ 披露内容：

当前法规管制使得 2022 年壳牌遵守欧盟排放交易计划（EU Emissions Trading Scheme，ETS）及相关计划的成本约为 4.93 亿美元。在生物燃料（29.18 亿美元）和可再生能源发电（5.94 亿美元）方案方面，还发生了 35.12 亿美元的费用。

▶ 案例点评：

壳牌集团公开了已经发生的气候相关风险对财务情况的影响。披露了气候转型风险即由于当前法律法规风险对财务方面的影响，符合 IFRS S2 要求披露风险对当前财务影响的要求，建议补充其他气候相关风险和机遇对当前财务的影响金额。

▶ 案例来源：

《荷兰皇家壳牌集团 2023 年 CDP 报告》P19，https：//www.shell.com/
sustainability/transparency-and-sustainability-reporting/performance-data/
greenhouse-gas-emissions/_jcr_content/root/main/section_1654294871/simple_
copy/text.multi.stream/1690290549709/b9538ef191288186ffa45797947d884c38
3da00b/2023-cdp-climate-change-shell-plc.pdf.

 案例编号：IFRS S2.15（a），16（a）-003

理光

▶ 案例主题：

披露气候变化相关机遇对其财务表现的影响

▶ 披露内容：

理光通过向客户提供减缓和应对气候变化的产品和服务，理光通过销
售环保办公设备和服务、传染病控制解决方案以及环境和能源业务所产生
的财务影响额约为 1 万亿日元。

理光集团的机遇 （与气候变化相关的贡献领域）	2021 年业绩
促进减缓气候变化	约 1 万亿日元

续表

理光集团的机遇 （与气候变化相关的贡献领域）	2021 年业绩
理光从 20 世纪 90 年代开始致力于环境管理，向客户提供有助于"减缓气候变化"的产品和服务。我们将继续追求能够为减缓气候变化作出贡献的产品和服务的极致节能性能	对社会脱碳有贡献的产品销售额：约 9300 亿日元； 基于 ESG 表现的重大商务谈判销售额：约 200 亿日元； 产品和零部件回收业务销售额：约 300 亿日元； 能源创造和节能业务销售额：约 200 亿日元； 创造和发展新业务，如硅涂层无底纸标签、成型 PLA 片材等环保产品的销售额：—
促进适应气候变化	约 900 亿日元
理光将努力开发有助于"适应"的产品和服务。这些产品和服务可以避免或减轻已经发生或预计在未来发生的气候变化的影响	支持新工作方式的解决方案的销售额（如 Scrum 包 *1、Scrum 资产 *1 和 WTA *2），包括约 460 亿日元的非面对面的传染病对策解决方案，如"远程办公全包方案"：约 900 亿日元； 创造和发展新业务，如染料敏化太阳能电池的销售额：—

*1：面向日本销售的中小企业包装解决方案；
*2：随时随地协同工作：将在欧洲销售的包装解决方案；
*3：能量收集：一种环境发电系统，利用周围环境中的光、热、振动来发电

▶ 案例点评：

　　理光公司以量化的方式披露了气候相关机遇对于报告期内（2021 年）减缓气候变化、适应气候变化两个领域的财务影响，主要体现在多元化的低碳产品销售收入上，符合 IFRS S2 要求披露风险对当前财务影响的要求。

▶ 案例来源：

　　《理光（Ricoh）2022 年气候风险管理报告》P23，https: //www.ricoh.com/-/Media/Ricoh/Sites/com/sustainability/environment/management/tcfd/pdf/TCFD_report_2022_en_web.pdf.

4.4.2　对短期、中期和长期预期财务的影响

　　企业应披露可合理预期的会影响实体前景（包括商业战略、商业模式与

价值链财务状况、财务业绩和现金流）的气候相关风险与机遇信息，使通用财务报告的用户能够了解气候相关的风险和机遇及其对企业未来前景造成的影响。企业应披露识别的每一个气候相关风险和机遇，具体说明气候风险的性质（转型风险或物理风险）；每个气候相关风险和机遇在短期、中期或长期内的合理预期影响。此外，企业定义、评估和规划短期、中期和长期的考虑因素众多，包括企业所处的行业以及相关的商业和投资周期，因此报告实体还应解释如何定义"短期""中期"和"长期"，以及这些定义如何与其用于战略决策的规划范围相联系。

 案例编号：IFRS S2.15（b），16（b）-(d)，17-21-001

英国石油公司

▶ 案例主题：

披露气候风险与机遇下对财务资本配置和融资的预期影响

▶ 披露内容：

在确定可能存在的气候相关风险和机遇后，英国石油公司公布了气候风险与机遇可能会对预期财务计划产生的影响，分别包括资本配置、融资和投资标准三个方面。英国石油公司认为，在未来会持续投入更多资金到风险应对和能源转型领域，且其融资能力在中短期不会受到太大影响，而且公司能够通过开发典型案例，将可持续发展融入投资管理过程，实现与目标战略的一致性。

对我们财务规划的影响

资本配置：我们计划投入足够的资本来执行战略，使我们能够减轻风险并抓住我们所发现的机会。作为年度规划流程的一部分，我们评估整个业务领域的资本分配，包括考虑市场演变。2024年2月，我们宣布预计2024年和2025年资本支出约为160亿美元；到2030年，规模将达到14亿~180亿美元。我们预计，到2030年，每年用于五个转型增长引擎的投资比例将比2024年有所增长。为了帮助保持适应转型步伐和获取机会的弹性，随着政策、技术和市场的发展，我们将继续灵活运用资本。

获得资本：虽然人们担心能源转型可能会影响银行或债务投资者为碳氢化合物活动提供资金的兴趣，但我们预计中短期内融资不会发生任何重大变化，而且我们的财务框架包括工作维持强劲的投资级信用评级，目标是在"A"范围内的信用指标上取得进一步进展。2022年，我们的净债务减少了超过90亿美元，并在2023年进一步减少了回购5亿美元。自2019年底以来，我们已回购约240亿美元短期现有债券，并发行了超过120亿美元、期限为20年或更长的新债券，使我们的债务期限增加了1倍多，达到10年以上。此外，我们继续拥有良好的进入商业票据市场的机会。在保持强劲的投资级信用评级的前提下，我们计划在2024年分配约20%的盈余现金流，以进一步强化资产负债表。我们提供了有关财务风险因素的更多详细信息，包括财务报表中的流动性风险。

▶ 案例点评：

英国石油公司精准把握气候相关风险与机遇，公布了对预期财务计划的深远影响，涵盖资本配置、融资能力及投资标准三大核心领域。公司公开其加大在风险应对与能源转型上的资本投入，符合IFRS S2对于要求分

类披露气候相关风险的要求，未来可以披露更多的定量信息，丰富其财务
策略计划。

▶ **案例来源：**

《英国石油公司 2023 年年报》P63，https：//www.bp.com/content/dam/
bp/business-sites/en/global/corporate/pdfs/investors/bp-annual-report-and-form-
20f-2023.pdf.

案例编号：IFRS S2.15（b），16（b）-（d），17-21-002

美国电话电报公司

▶ **案例主题：**

披露碳定价机制相关风险对现金流量的影响

▶ **披露内容：**

美国电话电报公司（AT&T）作为美国第二大移动运营商，为应对提
高温室气体排放价格并可能推高化石燃料能源或电力成本的气候相关政策
风险，通过以市场为基础的电力排放量（4539649 MT CO2e）和 2021 年区
域温室气体倡议每吨二氧化碳配额价格（$9.30/ton）的乘积计算出年度运
营成本将预计增加超过 4200 万美元。

▶ 案例点评：

　　美国电话电报公司披露了碳定价机制将带来运营成本增加，并利用排放量和当前市场碳配额价格估算出可量化的运营成本增长费用，对碳定价相关政策未来生效后带来的预期财务影响提供了可行的评估方法，符合 IFRS S2 的披露要求。

▶ 案例来源：

　　《美国电话电报公司（AT&T）2022 年 CDP 气候变化问卷》P18～19，https：//about.att.com/ecms/dam/csr/2022/2022Reporting/ATT-CDP-Disclosure-2022.pdf.

 案例编号：IFRS S2.15（b），16（b）-（d），17-21-003

国家碳化氢公司

▶ 案例主题：

披露气候转型机遇对未来现金流的影响

▶ 披露内容：

　　就收入而言，国家碳化氢公司的低碳和零碳活动将在 2035 年后产生正

的自由现金流，并在 2030～2050 年对集团现金流的平均贡献率达到 75%。国家碳化氢公司正在通过创造价值和支持客户减排来实现传统业务的转型和新业务的增长。另外，国家碳化氢公司的福利公司，集可再生能源、客户能源解决方案和广泛的电动汽车（EV）充电网络于一体，正在开发其可再生项目管道，2022 年已实现超过 6 亿欧元的备考息税折旧摊销前利润（EBITDA），预计到 2026 年这一数字将翻三番，达到 18 亿欧元，各业务线的贡献将保持平衡。

▶ 案例点评：

国家碳化氢公司在低碳和零碳活动方面不仅预测到这些活动将在未来产生显著的正向自由现金流，并计划通过实际行动推动传统业务的转型和新业务的增长。国家碳化氢公司在一定程度上符合 IFRS S2 关于气候相关风险和机遇的披露要求。公司明确指出了低碳和零碳活动对未来现金流的积极影响，可以补充在其他财务方面的预期估计影响。

▶ 案例来源：

《国家碳化氢公司 2023 年年报》P47，https://www.eni.com/content/dam/enicom/documents/eng/reports/2023/Annual-Report-2023.pdf.

▶ 4.5 战略和业务模式的气候韧性

主体应披露战略及其商业模式对气候相关风险的适应性信息，使通用财务报告使用者在考虑主体已识别的气候相关风险和机遇的同时，了解其战略和业务模式对气候相关变化、发展和不确定性的抵御能力。主体应使用气候相关情景分析，采用与主体自身情况相称的方法评估其气候适应性。

4.5.1　对报告日气候韧性的评估

主体应披露其在报告日对自身气候适应性评估相关信息，包括对其战略和业务模式影响的评估（如有）、评估其气候适应性时所考虑的重大不确定领域以及其在短期、中期和长期调整或适应气候变化的战略和业务模式的能力，使投资者、贷款人和其他债权人在考虑已识别的气候相关风险和机遇的同时，了解主体战略和业务模式对气候相关变化、发展和不确定性的适应性，即主体能否具备充分的能力以灵活应对气候相关风险和机遇。因此，主体在评估自身情况和确定气候相关情景分析方法时，应考虑其面临的气候相关风险和机遇。主体面临的气候相关风险或机遇越大，主体需要进行技术上更复杂的气候相关情景分析的可能性越高，通用财务报告使用者将获得更多的有效信息。此外，主体还应选取气候相关情景分析的适当方法，考虑其现有的内外部技能、能力和资源。如果主体具有相应的考虑其现有的内外部技能、能力和资源，主体应采用定量或技术复杂的气候相关情景分析方法。一些主体尚处于开展气候相关情景分析的起步阶段，这些主体则无须付出额外的成本和努力以进行复杂的情景分析。随着主体通过不断进行气候相关情景分析积累相关技能、能力和资源，主体需随时间的推移加强其气候相关情景分析的方法。

主体对其战略和业务模式影响的评估的披露需包括主体需要如何应对气候相关情景分析中确定的影响。主体在短期、中期和长期调整或适应气候变化的战略和业务模式的能力相关披露需包括：（1）主体现有财务资源的可用性和灵活性以应对气候相关情景分析中确定的影响，包括应对气候相关风险和利用气候相关机遇；（2）主体对现有资产进行重新部署、重新使用、升级或停用的能力；（3）主体当前和计划在气候相关的减缓、适应和气候适应性机会方面投资的效果。

主体应披露的气候适应评估信息包含定量和定性的信息。定量信息能提供更有力的评估依据，定性信息（包括情景叙述）无论是单独还是与定量数据相结合，都能够为主体的气候适应性能力评估提供合理和可支持的依据。当主体对其战略和业务模式影响的评估在涉及定量信息时，可以披露单一数值或区间范围。

 案例编号：IFRS S2.22（a）-001

荷兰皇家壳牌集团

▶ **案例主题：**

披露财务战略的气候韧性的评估及应对方法

▶ **披露内容：**

荷兰皇家壳牌集团（SHELL，以下简称壳牌）在气候影响背景下详细评估了其财务复原力，通过财务报表关键领域纳入气候因素，转化为精确的资产估值与负债计量。其财务报表基于合理假设，反映管理层对未来经济状况的审慎估计。壳牌运用多种外部气候情景进行敏感性分析，涵盖资产全生命周期，以一系列关键假设测试资产基础的韧性，包括商品价格、投资组合变化、搁浅资产风险、转型投资弹性、碳价及利润率敏感性、贴现率、需求、合同条件、税务回收、股息支付能力及特定业务领域的退役风险等多个维度，确保财务决策的稳健性。

▶ **案例点评：**

　　壳牌全面评估气候影响下的财务复原力，通过精细化财务报表将气候因素融入资产估值与负债计量，运用多情景敏感性分析保障资产韧性，确保财务决策稳健应对未来挑战。符合 IFRS S2 要求的披露气候韧性相关内容的要求。

▶ **案例来源：**

　　《荷兰皇家壳牌集团 2023 年年报》P95～96，https：//www.shell.com/ external-redirects/2023-annual-report-and-accounts/_jcr_content/root/main/ section/text.multi.stream/1710369727557/e2b2673f6f881b89f2afff2d2c4b81d4d e2cf5a1/annual-report-and-accounts-final-publication-2023.pdf.

案例编号：IFRS S2.22（a）-002

艾欧能源公司（E.ON）

▶ **案例主题：**

披露多种气候场景下的战略韧性评估结果

▶ **披露内容：**

　　艾欧能源公司展现了其组织战略的高度韧性，通过综合考虑多种与气

候相关的情景分析，包括旨在将全球气温升幅控制在2℃或更低水平的目标情景，如国际能源署（IEA）的过渡情景（如IEA步骤、SDS和NZE 2050）、物理气候情景（RCP 4.5、RCP 2.6、RCP 1.9和RCP 8.5），以及公司自设情景，来评估潜在的风险与机遇。2022年，E. ON专家进一步展开定性场景分析，探索了保守、激进和完全确定三种不同气候场景下这些因素对公司业务从当前至2050年的潜在影响。

2023年底的定性情景分析回顾表明：

➢ 电网业务：可以在一定程度上化解与气候相关的风险，同时受益于大规模电气化的重大机遇。

➢ 天然气业务：随着脱碳进程的推进风险增加，但氢气作为清洁能源的潜力为业务转型提供了新机遇。

➢ 电气化和天然气业务：电气化的正面机遇超过了天然气业务的风险，尽管市场波动仍然是一个不可忽视的风险来源。

➢ ESG需求：当前脱碳解决方案组合有效缓解了与客户ESG需求不匹配的风险。

➢ 运输电气化和太阳能增长：提供了显著的增长机会，但原材料短缺可能成为未来挑战。

▶ **案例点评：**

艾欧能源公司通过综合多种气候情景分析展现战略弹性，评估风险与机遇，年度回顾确认其战略有效性，计划持续更新分析以应对未来变化。披露了其应对不同气候影响的考虑范围以及相应的应对措施，反映其面对气候相关风险的韧性。对标IFRS S2准则要求，E.ON符合IFRS S2的准则披露企业能否具备充分的能力以灵活应对气候相关风险和机遇的要求。

▶ **案例来源：**

《艾欧能源公司为 E.ON 的脱碳战略和与气候相关的披露提供的支持文件》P19～20，https：//www.eon.com/content/dam/eon/eon-com/eon-com-assets/documents/sustainability/en/climate-related-disclosures/EON_2024_On_course_for_net_zero.pdf.

 案例编号：IFRS S2.22（a）-003

法国电力集团（EDF）

▶ **案例主题：**

披露两种情景下的战略韧性

▶ **披露内容：**

法国电力集团的情景分析提供了关于焦点问题的以下结果：

➤ 在 RCP8.5 情景下，热带地区基础设施（EDF PEI）及分销网络（Enedis）面临的急性风险强度与频率显著增加，导致整体风险水平上升。

➤ 未来海平面上升对海上设施的风险，EDF 集团正在建设的核电站设计都考虑到了气候影响研究的结果，特别是海平面上升和异常大浪的前景。

➢ 平均温度的升高、热浪的频率和强度的增加都与核产量减少的风险有关，在 RCP8.5 情景下尤为显著，同时伴随网络容量下降及野火风险增加。

➢ 干旱会导致水力生产减少和河流流量的变化。

➢ 净零排放（NZE）情景下，尽管二氧化碳价格上涨（2050 年预计达 250 美元／吨，高于 APS 情景的 200 美元／吨），但并未对集团造成重大负面影响，反而因其低碳电力生产的竞争优势被视为潜在机遇。

➢ 气候变化可能引发夏季电力需求上升（因空调使用增加）与冬季需求下降（因供暖减少）的相反趋势，但总体需求增长，特别是在净零目标下，为集团带来了发展机遇。

➢ 净零情景预示着终端能源组合的进一步电气化和可再生能源的快速部署，为集团开辟了新机遇。

▶ 案例点评：

法国电力集团披露其气候相关情景分析结果，回答了一系列备受关注的焦点问题，评估其影响反映其面对气候相关风险的韧性。对标 IFRS S2 准则要求，法国电力集团符合 IFRS S2 的准则披露企业能否具备充分的能力以灵活应对气候相关风险和机遇的要求。

▶ 案例来源：

《法国电力集团 2023 年 CDP 报告》C3.2b，https：//www.edf.fr/en/the-edf-group/dedicated-sections/investors/financial-and-extra-financial-performance/operational-performance.

4.5.2 气候相关情景分析的方式和时间范围

主体应采用与其进行气候相关假设情景分析时点情况相称的方法进行气候相关假设情景分析评估其气候适应性（IFRS S2.22），即主体应在每次进行气候相关情景分析时评估自身情况。例如，主体每三年进行一次气候相关情景分析以配合其战略规划周期，则主体在进行三年一次的气候相关情景分析时，重新考虑进行气候相关情景分析时间节点主体所面临的气候相关风险和机遇以及主体可用的技能、能力和资源。

⮂ 示例：气候情景分析步骤

气候相关风险与机遇的情景分析流程可归纳为六个步骤：确定风险因素及对象、收集历史数据、构建气候情景假设、搭建分析模型、进行情景分析和影响评估分析。

（1）确定风险因素及对象。

主体需基于自身对未来气候风险的预期及自身所处行业和业务的风险暴露情况明确分析目标和范围（时间范围、区域范围等）并明确最终受影响的对象（财务指标、商业战略等）。例如银行业关注气候风险因素带来的信用风险对中长期偿债能力的影响，高海拔地区农林行业关注于气候因素造成的业务持续性中断影响等。

（2）收集历史数据。

明确风险因素及分析对象后，需建立情景分析的参考基线，主体需要收集历史气候数据，包括温度、降水量、气压等气象参数及其他相关数据作为建立基线的参考。情景分析所需的数据可以通过气象站、卫星遥感、政府或机构统计数据网站及出版物等方式获取。

（3）构建气候场景假设。

气候情景假设是预测气候变化的前提，需要综合考虑人口增长、工业化

进程、土地使用变化、温室气体排放量的增减、气候政策变化、能源转型走向和经济走向等因素，并给出不同的情景假设。情景假设通常包含一个基准情景和多个反应基准情景在不同外部影响下的变化的情景（如低碳排放、中碳排放和高碳排放情景等）。

气候场景假设的搭建通常以IPCC提出的"代表性浓度路径"情景（RCP）和"共享社会经济路径"情景（SSP）、国际能源署（IEA）提出的"可持续发展情景"（SDS）和"2050净零排放"（NZE2050）等情景以及绿色金融网络（NGFS）发布的"有序情景""无序情景""温室世界"作为参考情景。

（4）搭建分析模型。

建立气候模型是预测未来气候变化的关键。根据情景假设，选取并建立适当的气候情景分析模型，如气候经济模型和气候财务风险传导模型等。气候财务风险传导模型通常将气候经济模型输出值（经气候风险因素调整后的公司财务指标）作为输入值，用以输出财务风险衡量指标，评估财务风险。主体在模型选取和搭建时需要注意模型的适用性、数据源，以及模型的偏差等因素。在建立传导和评估模型时，主体需明确气候相关风险到主体经营、财务风险的传导机制。

（5）进行情景分析。

根据情景假设，运行气候模型并分析得到气象参数或碳排放量变化趋势、极端气候事件的频率和严重性等定性或定量信息。主体应根据已有的行业数据或专家建议等方式，对情景分析结果进行校准。

（6）影响评估分析。

主体在校准数据的基础上，评估气候变化对主体造成的风险与机遇，并制定适应策略。如针对极端天气造成农业灾害风险制定相应的风险缓解措施等。

　　主体需要运用判断力来确定输入和分析选择，以选取恰当的气候相关的情景分析方法，使主体能够在不付出过多成本或努力的情况下，考虑到其在报告日可获得的所有合理和可支持的信息（包括源自外部来源或内部研发或内部自有的相关过去事件、当前状况和未来状况预测的定量或定性信息）。所需的判断程度取决于详细信息的可得性。随着时间跨度的增加和可用详细信息的减少，所需的判断程度也会增加。这就涉及气候相关情景分析所用的输入及相关假设以及如何进行气候相关情景分析作出分析性选择。

　　主体应披露其采取气候相关情景分析时使用的输入信息，包括：（1）气候相关情景分析中使用的气候相关假设以及假设的来源；（2）分析是否包括多样的气候相关情景；（3）分析中使用的气候相关假设情景与何种气候相关风险（物理风险或转型风险）有关；（4）主体所用假设情景中是否使用了与最新国际气候变化协议一致的气候相关假设情景；（5）主体认为其选择的气候相关假设与评估其对气候相关变化、发展或不确定性的抗御能力有关的原因；（6）气候相关情景分析中涵盖的时间跨度；（7）气候相关情景分析中涵盖的运营范围（如运营地点和业务单位）。这些主体在不付出额外成本或努力的情况下可以获得的输入信息可能是源自外部来源获取或内部开发的。例如，从权威来源公开获得的气候相关假设情景（如 IPCC 提出的"代表性浓度路径"情景（RCP）），描述了碳减排的未来趋势和通向可信结果的一系列路径；主体通过自身监测得出的温室气体排放数据等。主体在选择气候相关情景分析的输入时，应选择与自身情况相适应的输入，如与主体开展的特定经济活动和这些活动的地理位置相关输入。

　　主体应披露其采取气候相关情景分析时作出的主要假设，包括：（1）主体运营所在辖区的气候相关政策；（2）宏观经济趋势；（3）国家或地区层面的变量（如当地的天气模式、人口、土地利用、气候变化、基础设施和自然资源的可用性等）；（4）能源的使用和组合；（5）技术的发展。

　　主体在选择用于气候相关情景分析的情景、变量和其他输入时，可以使用具有合理和可支持的依据的一个或多个与气候相关的情景（包括国际和区域情景）。例如，主体业务集中在受到排放监管或未来可能受到排放监管的辖区内，其可能会决定使用与有序过渡到低碳经济相一致或与所在辖区对最新国际气候变化协议的承诺相一致的情景来进行分析。在其他情况下，面临更多气候相关物理风险的主体可能会决定使用考虑到当前政策的气候相关的本地化情景进行分析。

　　主体的气候适应性评估不仅要参考气候相关情景分析的单个输入信息，还要参考在综合这些输入信息进行分析时开发的信息。主体应优先考虑分析方法选择（例如，是使用定性分析还是定量建模），使其能够在不花费过多成本或精力的情况下，考虑主体在报告日期可获得的所有合理且可支持的信息。例如，如果主体能够在不花费过多成本或精力的情况下，纳入与特定结果（如1.5℃的结果）相关的多种碳价格路径，那么这种分析很可能会加强主体的气候适应性评估，前提是主体所面临的风险需要采用这种方法。

　　主体应披露其开展气候相关情景分析的报告期。由于主体采用的方法可能会随着时间的推移而改变，从一个报告期或战略规划周期到下一个报告期或战略规划周期，主体进行气候相关情景分析的方法可能有所不同。主体可能根据其战略规划周期，包括多年战略规划周期（例如，每三至五年）进行气候相关情景分析。因此，在某些报告期，如果主体不每年进行假设情景分析，主体气候相关情景分析方法的相关披露可能与上一报告期保持不变。主体至少应根据其战略规划周期更新与气候相关的情景分析。但是，主体对其气候适应性的评估必须每年进行一次，以反映气候不确定性对主体业务模式和战略影响的最新见解。因此，主体适应性评估的结果应在每个报告期进行更新。

案例编号：IFRS S2.22（b）-001

法国电力集团

▶ 案例主题：

披露使用耦合模型相互比较模型（CMIP）模拟物理风险情景并进行评估

▶ 披露内容：

　　法国电力集团在分析气候变化相关的物理风险时，采用了综合性和前瞻性的分析方式，主要包括以下几个步骤：

　　➤ 选择数据来源：法国电力集团利用了耦合模型相互比较项目（CMIP）的模拟数据，这些数据是气候科学研究中的重要资源，被广泛用于政府间气候变化专门委员会（IPCC）的评估报告中。CMIP模拟数据提供了关于未来气候变化情景的科学预测。

　　➤ 确定分析场景：为了覆盖不同排放水平下的未来气候变化情景，法国电力集团选取了多种代表性浓度路径（RCP）场景和最新的共享的社会经济路径与辐射强迫值（SSPx-YZ）情景。这些场景基于不同的社会经济发展路径和温室气体排放水平，用于评估不同情景下的气候风险。

　　➤ 更新与同步：法国电力集团在进行影响研究时，不仅参考了前一次（如CMIP5）的模拟结果，还及时更新了最新的CMIP6模拟数据，以确保分析的前沿性和准确性。同时，分析也与IPCC的最新评估报告（如AR6）保持同步。

　　➤ 关注核心指标：法国电力集团在分析中特别关注了辐射强迫值这

一关键指标，它反映了温室气体和气溶胶排放对气候系统的直接影响。此外，还考虑了土地利用变化等因素对气候风险的潜在影响。

➤ 风险评估与量化：通过对不同情景下气候变化趋势的模拟和预测，法国电力集团定量评估了与气候变化相关的物理风险（包括慢性和急性风险）。这种风险评估有助于企业识别潜在的风险点和脆弱性领域。

➤ 战略规划与适应性：基于风险评估的结果，法国电力集团可以制定相应的战略规划和适应性措施，以应对未来气候变化带来的挑战和机遇。例如，调整能源结构、提高能源效率、发展可再生能源等策略都可能在评估中得到体现。

获得的结果示例

使用国际耦合模式比较计划第五阶段（CMIP5）对舒兹（Chooz）核电站的预测结果表明：超过 10 天的热浪发生的频率将从 1981～2010 年的气候变化中大约每 200 年增加一次，增加到 2036～2065 年期间几乎每两年增加一次。这些结果是围绕该地区的宜居性而适应变化的系统方法的一部分。法国电力集团正在建设的核电站（弗拉兰维尔 3 号和欣克利 C 点）的设计都考虑到了气候影响研究的结果，特别是海平面上升和异常大浪的前景。例如，在英国萨默塞特郡的欣克利点 C 发电厂，已经修建了一堵 13.5 米的海堤，以应对未来 100 年内海浪高度估计增加到 4.6 米的问题。这个时间范围包括了该设施的运行和退役。在英国萨福克郡的齐泽维尔 C 地区，由于北海的潮差比布里斯托尔海峡要低，所以北海的海堤高度被设置为 10.2 米。

▶ **案例点评：**

法国电力集团（EDF）在其 2023 年年报中明确披露其应用 CMIP 模拟

物理风险情景并进行评估，并将模拟结果应用于决策中：基于对热浪发生频率的假设，在核发电厂周围修建海堤。对标 IFRS S2 准则要求，EDF 符合 IFRS S2 中企业应采用与其进行气候相关假设情景分析时点情况相称的方法进行气候相关假设情景分析评估其气候适应性（IFRS S2.22），即企业应在每次进行气候相关情景分析时评估自身情况的要求。EDF 可进一步披露其相关情景分析周期以及企业可用的技能、能力和资源。

▶ **案例来源：**

《法国电力集团（EDF）2023 年年报》P170，https：//www.edf.fr/sites/groupe/files/2024-04/edf-urd-annual-financial-report-2023-en-updated-2024-04-11.pdf.

 案例编号：IFRS S2.22（b）-002

武田制药

▶ **案例主题：**

披露对气候相关的物理风险和转型风险进行情景分析

▶ **披露内容：**

武田制药（Takeda）在《2020 财年气候风险分析》中，考虑 2030 年

和2050年两个时间段作为气候情景分析的时间范围。武田制药选取九个主要业务区域（根据财产价值核算约占武田拥有和租赁资产的91%）对其在每个时间段内现有的和新出现的与气候相关的风险和机遇以及对业务、战略和财务规划的影响进行评估。范围内的九个地区包含美国、巴西、瑞士、欧盟（爱尔兰、奥地利、比利时、德国）、中国和日本。武田制药确定并评估了由第三方顾问选择的三种国际公认的气候情景（积极缓解、"中间道路"缓解和无缓解）下的业务气候相关风险（转型风险和物理风险）。如基于联合国政府间气候变化专门委员会（IPCC）的气候情景，武田制药选取1℃情景（RCP2.6）、1.8℃（RCP4.5）情景和3.7℃情景（RCP8.5）三种情景对物理风险进行情景分析。

通过审查行业实践和气候相关出版物及公开数据，开展同行基准测试，并与跨地域和业务职能的内部利益相关者接触，武田制药确定了跨越两个时间范围和九个地域（美国、巴西、中国、日本、瑞士、爱尔兰、奥地利、德国、比利时）的六种风险类别和相关机会。

项目	积极减缓	中间道路减缓	不减缓
转型风险情景	国际能源署《世界能源展望》（IEA WEO）可持续发展情景（SDS）	既定政策情景（STEPS）[2020 IEA WEO]	当前政策情景（CDS）[2019 IEA WEO]
物理风险情景	政府间气候变化专门委员会代表性浓度路径（IPCC RCP）2.6	IPCC RCP 4.5	IPCC RCP 8.5

我们注意到，到21世纪末（2081～2100年），根据IPCC第五次评估报告《决策者摘要》RCP2.6、RCP4.5和RCP8.5情景下的全球平均地表气温变化分别是1℃（可能在0.3～1.7℃中浮动）、1.8℃（可能在1.1～2.6℃中浮动）和3.7℃（可能在2.6～4.8℃中浮动）。

▶ **案例点评：**

武田制药运用了国际公认的气候情景评估不同减缓力度下面临的气候转型和物理风险，评估范围跨越两个时间范围（2030 年和 2050 年）和九个地域（美国、巴西、中国、日本、瑞士、爱尔兰、奥地利、德国、比利时），符合 IFRS S2 的披露要求。

▶ **案例来源：**

《武田制药（Takeda）2022 年气候风险管理报告》P11～12，https：//assets-dam.takeda.com/image/upload/legacy-dotcom/siteassets/system/corporate-responsibility/environment/Takeda_2022_TCFD_Report.pdf.

 案例编号：IFRS S2.22（b）-003

复星集团

▶ **案例主题：**

披露气候情景分析关键假设及气候适应性评估结果

▶ **披露内容：**

复星国际定义并比较了两种气候情景：

"低排放"情景：具有雄心的气候行动使全球变暖被限制在1.5℃或远低于2℃。

"高排放"情景：由于没有额外的气候行动，21世纪末全球变暖超过4℃。具有雄心的气候行动带来变革性的政策措施、技术发展和市场变化，因此在低排放情景下我们更加关注转型风险，而物理风险在高排放情景下具有更高的重要性。

用于情景分析的数据和情景叙述主要取自NGFS的2050年净零情景和当前政策情景以及IPCC SSP 1-2.6和SSP 5-8.5情景的公开数据。

根据我们"力争于2028年实现碳达峰、2050年实现碳中和"目标年份，以及公开的气候情景数据，我们对2030年和2050年两个时间点进行了情景分析，情景分析范围包括其营运的健康、快乐、富足、智造四大板块。

情景分析结果

复星国际对低排放情景和高排放情景进行了分析与比较，得到了一组用于识别、评估转型和物理风险及机遇的情景参数。

风险类型	内容
在低排放情景下，我们预计本集团将面临更大的转型风险	随着各国制定出台越来越严格的气候政策及减碳要求，碳排放权市场可能面临供不应求的情况，我们基于IPCC的SSP 1-2.6情景推断未来碳价将大幅上升，到2050年时可能高达100美元/吨。同时，减碳要求也会对能源转型提出更高的挑战。我们参考NGFS2050年净零排放情景，预计新能源将在总能源消耗中占绝大多数，工业电价在未来亦将大幅提高。未来高额的碳价、电价以及能源转型所需投入的成本，可能会增加我们的财务支出，提升运营成本。 为应对该风险，本集团积极采取节能减排措施，推动能源转型，加快碳中和进展，以提高我们的气候韧性。此外，尽管在低排放情景下转型风险更为严峻，物理风险亦不能被忽视。在NGFS2050年净零排放情景下，即使采取积极的气候行动，中国因河流洪灾所受损失依然将有超过20%的提升，我们将通过建立预警及应急机制、加强设施建设、优化供应链管理等方式积极应对

续表

风险类型	内容
在高排放情景下，我们将更加关注物理风险	在急性风险方面，基于 NGFS 常规政策情景，我们预计到 2030 年和 2050 年，中国因河流洪灾造成的损失将分别提高 22.2% 和 62.4%，因飓风 / 热带气旋造成的损失亦将分别提高 5.6% 和 11.8%，这将对我们的资产、人员安全、生产以及物流造成巨大影响。在慢性风险方面，我们预计到 2050 年全球平均气温将上升超过 4℃，中国的平均气温亦将上升超过 2℃。此外，SSP5-8.5 情景显示，全年超过 41℃的极端高温天数将增加超过 30 天，将极大增加我们的能源需求，提高设备负荷，并对旅游等部分业务产生负面影响。为此，我们将建立数字化、智能化的预警机制，完善应急体系，加速更新升级低能耗设备设施并加大对新能源及储能的投入。此外，我们亦将推进基础设施建设，确保人员安全，并优化供应链分布，提升我们应对物理风险的韧性

▶ 案例点评：

　　复星国际对未来气候变化进行了情景分析，并基于情景分析结果，综合地评估其运营适应气候变化的韧性水平。

　　复星国际披露了其气候情景分析所采用的"低排放"和"高排放"两种气候情景并解释选择这两种情景的原因。两种情景覆盖了气候转型风险和物理风险，并参考了国际协议相一致的气候场景，保障了不同情景的可比较性。复星国际对低排放情景和高排放情景进行了分析与比较，得到了一组用于识别、评估转型和物理风险及机遇的情景参数。基于情景参数，复星国际进行了气候适应性评估并得出结论。例如，如在低排放情景下，未来高额的碳价、电价以及能源转型所需投入的成本，可能会增加其财务支出，提升运营成本；为应对该风险，复星集团积极采取节能减排措施，推动能源转型，加快碳中和进展，以提高气候韧性。该披露符合 IFRS S2 的披露要求。

▶ 案例来源：

　　《复星国际 2022 年气候相关财务信息披露报告》P38，40-41，https：//www.fosun.com/Upload/File/202308/3216301237f1423fa622f0f7e0f800ca.pdf.

案例编号：IFRS S2.22（b）-004

嘉吉公司

▶ 案例主题：

嘉吉公司披露使用气候相关情景分析的详细信息

▶ 披露内容：

嘉吉公司披露了关于气候相关风险分析的方式和范围，如下表所示。

气候相关情景	情景分析范围	情景温度标准	参数、假设、分析性选择
转型风险 定制转型风险	全公司	1.6~2℃	嘉吉公司对转型风险的评估是基于从物理气候情景 RCP2.6 确定的。
物理风险 RCP2.6	全公司	不适用	评估的主要定量指标是监管计划下的碳价格暴露率，还定性地评估了其他转型风险，如客户/消费者偏好的变化。 截止到2050年，每十年对风险进行评估
物理风险 RCP8.5	全公司	不适用	嘉吉公司选择该情景是为了测试在一个更温暖的世界中与气候相关的风险，尤其是物理风险。 评估了包括海平面上升、恶劣天气事件、干旱/水压力和炎热在内的物理风险对财务的影响。 风险评估主要基于资产价值。 到2050年，每十年对风险进行评估

▶ **案例点评**：

嘉吉公司披露其进行相关情景分析的详细信息，包括参数、方法等详细信息。嘉吉公司的披露符合 IFRS S2 的准则披露在每次进行气候相关情景分析时评估自身情况的要求。在此基础上，嘉吉公司可进一步披露当下情景分析面对风险时企业可用的技能、能力和资源。

▶ **案例来源**：

《嘉吉公司 2023 年 CDP 报告》P14，https：//www.cargill.com/doc/14321 81074504/cargill_cdpclimate_2023.pdf.

5

气候相关披露核心内容：风险管理

　　本章将围绕气候相关披露的战略方面要求进行解读。在风险管理方面，气候相关财务信息披露的目标是使通用目的财务报告使用者了解主体识别、评估、优先考虑和监控气候相关风险和机遇的流程，包括这些流程是否被整合到企业的整体风险管理之中，以及它们是如何实现这一整合的。主体应披露以下信息：

　　（1）主体用于识别、评估、优先考虑和监控气候相关风险的流程和相关政策，包括：①主体使用的输入值和参数，例如，数据来源和流程所涵盖的业务范围相关的信息；②主体是否以及如何使用气候相关情景分析来帮助识别其气候相关风险；③主体如何评估这些风险影响的性质、可能性和量级，例如，主体是否考虑定性因素、定量阈值或其他标准；④相对于其他类型的风险，主体是否以及如何考虑气候相关风险的优先级；⑤主体如何监控气候相关风险；⑥与上一报告期间相比，主体是否以及如何改变所使用的流程。

　　（2）主体用于识别、评估、优先考虑和监控气候相关机遇的流程，包括：①有关主体是否以及如何使用气候相关情景分析来帮助识别气候相关机遇；

②主体用于识别、评估、优先考虑和监控气候相关风险和机遇的流程在多大程度上以及如何被整合到企业的整体风险管理之中，并影响主体的整体风险管理流程。

IFRS S2 与 IFRS S1 的风险管理披露要求存在一致性，两者均规定了风险管理相关披露要求，旨在帮助主体更好地进行气候相关信息披露并确保披露内容保持一致性和可比性（IFRS S2. B71）。气候相关风险管理的信息披露侧重于帮助现有的和潜在的投资者、贷款人和其他债权人了解主体识别、评估、优先考虑和监测气候相关风险和机遇的流程，包括这些流程是否以及如何整合到主体的整体风险管理流程，并为整体风险管理流程提供信息（IFRS S2.24）。

本章内容结构与准则要求对应关系如表 5-1 所示。

表 5-1　本章内容结构与准则要求对应关系

节号	节标题	准则要求	目号	目标题	准则要求
5.1	风险管理流程和相关政策 [IFRS S2.25 (a)]	主体用于识别、评估、优先考虑和监控气候相关风险的流程和相关政策 [IFRS S2.25 (a)]	5.1.1	输入值和参数 [IFRS S2.25 (a)(i)]	主体使用的输入值和参数（例如，数据来源和流程所涵盖的业务范围相关的信息）[S2.25 (a)(i)]
			5.1.2	风险识别及情景分析 [IFRS S2.25 (a)(ii)]	主体是否以及如何使用气候情景分析来帮助识别其可持续相关风险 [IFRS S2.25 (a)(ii)]
			5.1.3	风险评估 [IFRS S2.25 (a)(iii)]	主体如何评估这些影响的性质、可能性和量级（例如，主体是否考虑定性因素、定量阈值或其他标准）[IFRS S2.25 (a)(iii)]
			5.1.4	风险优先级 [IFRS S2.25 (a)(iv)]	相对于其他类型的风险，主体是否以及如何考虑气候相关风险的优先级 [IFRS S2.25 (a)(iv)]

续表

节号	节标题	准则要求	目号	目标题	准则要求
5.1	风险管理流程和相关政策 [IFRS S2.25 (a)]	主体用于识别、评估、优先考虑和监控气候相关风险的流程和相关政策 [IFRS S2.25 (a)]	5.1.5	风险监控 [IFRS S2.25 (a) (v)]	主体如何监控气候相关风险 [IFRS S2.25 (a) (v)]
			5.1.6	流程改变说明 [IFRS S2.25 (a) (vi)]	与上一报告期间相比，主体是否以及如何改变所使用的流程 [IFRS S2.25 (a) (vi)]
5.2	机遇管理流程 [IFRS S2.25 (b)]	主体用于识别、评估、优先考虑和监控可持续相关机遇的流程 [IFRS S2.25 (b)]	—	—	—
5.3	与整体风险管理流程的整合 [IFRS S2.25 (c)]	主体用于识别、评估、优先考虑和监控气候相关风险和机遇的流程在多大程度上以及如何被整合至影响主体的整体风险管理流程 [IFRS S2.25(c)]	—	—	—

注：表 5-1 中"可持续相关风险和机遇"简称为"风险和机遇"，简称后术语指代含义不变。

如果主体对可持续相关风险和机会进行综合管理，则主体应提供包含气候相关风险管理信息（如管理气候相关风险和机会所采取方法的具体增量细节等）的综合风险管理披露，而不需要对每个可持续性相关风险和机会进行单独披露，以避免不必要的重复（IFRS S2.26，B71）。

▶5.1 风险管理流程和相关政策

主体应披露其在识别、评估、优先考虑和监测气候相关风险所采取的流程和相关政策，包括主体在风险管理流程中所使用的输入和参数、是否及如何采用气候情景分析进行气候风险识别以及如何评估气候相关风险的影响性质、可能性和程度等信息。

5.1.1 输入值和参数

主体应披露其在识别、评估、优先考虑和监测气候相关风险过程中所使用的输入值和参数。

案例编号：IFRS S2.25（a）（ⅰ）-001

荷兰皇家壳牌集团

▶ **案例主题：**

披露实现低碳管理和可持续发展
过程中输入的重要参数指标

▶ **披露内容：**

脱碳目标是壳牌业务规划流程的关键。该业务计划以内部和外部参数假设为基础，包括商品价格；精炼利润率；生产水平和产品需求；汇率；未来碳成本；资本投资计划时间表以及可能对自由现金流产生重大影响的风险和机遇。这些假设是根据假设情景以及内部估计和展望得出的，时间跨度越长，这些假设的不确定性就越大。

▶ **案例点评：**

壳牌公开了在实现低碳管理和可持续发展过程中输入的重要参数指标，包括其业务范围内涉及的相关信息，基本符合披露输入值和参数的要求，

还需进一步披露具有参考价值的不确定性事件的可能性、暴露于风险的频繁程度、不确定性事件产生的后果、风险影响程度等信息。

▶ **案例来源**：

《荷兰皇家壳牌集团 2023 年年报》P94，https：//www.shell.com/external-redirects/2023-annual-report-and-accounts/_jcr_content/root/main/section/text.multi.stream/1710369727557/e2b2673f6f881b89f2afff2d2c4b81d4de2cf5a1/annual-report-and-accounts-final-publication-2023.pdf.

 案例编号：IFRS S2.25（a）（i）-002

伊比德罗拉公司

▶ **案例主题**：

披露场景分析关键参数及其与集团
业务之间的对应程度

▶ **披露内容**：

伊比德罗拉披露了主要情景中涉及的关键参数，及其与集团业务之间的对应程度（中等或高等）。

场景关键参数	业务关键参数				
	总产量	消费者用电量	客户用电量	消费者天然气消费量	网络投资
最终电力需求	••	••	••	•	••
可再生能源装机容量	••	••			
太阳能光伏		•			
风能		•			
水力发电		•			
生物能源		•			
可再生能源占发电总量的百分比	•				•
国内总用电量			••		
建筑物天然气需求量				••	
电网年平均投资					••
最终天然气需求量			•	•	

注：• 表示关键参数与集团业务之间的对应程度为中等。

•• 表示关键参数与集团业务之间的对应程度为高等。

▶ 案例点评：

伊比德罗拉披露了评估气候相关风险与机遇过程各种情节下应用的重要参数及重要性等级，对标 IFRS S2 中要求披露参数及输入值的要求，基本符合了公开输入值参数，未来可以辅以更多的定量信息。

▶ 案例来源：

《伊比德罗拉 2023 年社会责任报告》P55，https：//www.responsibilityr eports.com/HostedData/ResponsibilityReports/PDF/OTC_IBDSF_2023.pdf.

5.1.2 风险识别及情景分析

主体应披露其是否以及如何使用气候相关情景分析来识别气候相关风险，包括：（1）所使用的情景（如 IPCC 提出的"代表性浓度路径"情景（RCP）和"共享社会经济路径"情景（SSP）、国际能源署（IEA）提出的"可持续发展情景"（SDS）和"2050 净零排放"（NZE2050）等情景）。（2）情景所需的参数、假设及分析因子，包含可能的时机假设，如碳排放路径下产品和服务演变、生产经营活动依赖的资源变化；具有潜在差异的假设，如横跨各区域、国家、地理位置、市场分布的输入参数上；主体对关键假设的敏感度。（3）使用的情景时间轴，包括短期、中期和长期，主体如何考量气候相关风险潜在影响的时间规划。（4）主体战略的韧性的信息，包含不同情景下战略绩效、价值链、资本配置政策、重点研发领域的潜在影响，以及对运营业绩和财务状况的潜在重大影响。

案例编号：IFRS S2.25（a）（ii）-001

英国石油公司

▶ 案例主题：

披露建立气候相关风险识别和评估的流程及情景分析使用的参数

▶ 案例点评：

英国石油公司在报告中披露了气候相关风险识别和评估的管理流程，包括财务重要性评估、财务影响评估、战略弹性评估，以及情景分析使用的参数，部分符合 ISSB 准则对于气候相关风险识别及情景分析的披露要求。

▶ 披露内容：

英国石油公司分三步评估了当前战略对不同气候相关情景的适应能力，其评估步骤如下：

（1）在总体财务框架背景下，定量评估财务重要性，以了解如果面临转型不确定性，可能面临的财务 / 战略影响的潜在规模，并考虑是否存在一个关键变量代表风险的主要转换驱动因素，如价格、利润或需求。

（2）定量评估 2030 年潜在转型暴露情景对每个业务领域的影响（2030年是英国电力公司规划范围内转型不确定性最大的时刻）：

①在每一个具有足够规模并确定了特定转型风险驱动因素的业务领域，针对转型风险驱动因素进行了情景分析，涵盖一系列转型路径。

②在剩余的业务领域，进行了简化的定量情景分析，测试"假设每个业务领域的预期 2030 年调整后的 EBITDA 减少到零的情景"的财务影响。

（3）最后，根据步骤（1）和步骤（2）的结果，我们确定了下行情景的可能后果足以危及集团战略弹性的业务领域——发现这种情况的唯一业务领域是石油和天然气生产及其对油价的敞口。对于这些业务领域，我们评估了 2025 年至 2030 年整个期间对英国石油公司战略弹性的潜在影响。

▶ 案例来源：

《英国石油公司 2023 年报》P63 ~ 64，https：//www.bp.com/content/dam/bp/business-sites/en/global/corporate/pdfs/sustainability/group-reports/bp-cdp-climate-change-questionnaire-2023.pdf.

案例编号：IFRSS2.25（a）（ii）-002

国家碳化氢公司

▶ 案例主题：

披露输入过第三方指数和IPCCRCP8.5情景进行风险识别和分析

▶ 披露内容：

国家碳化氢公司采用情景分析法对不同的物理风险和转型风险进行评估，涉及范围有全公司或商业活动。例如，国家碳化氢公司实施风险管理流程，评估气候相关急慢性有形风险，覆盖全资产组合及第三方资产。通过第三方指数和IPCCRCP8.5预测，基于多维度气候指标分析风险。对暴露资产评估减缓行动后残余风险，高风险资产将进一步深入分析并考虑设计基础检查。

▶ 案例点评：

国家碳化氢公司在报告中披露了通过第三方指数和IPCCRCP8.5情景进行气候相关物理风险和转型风险识别和分析，符合ISSB准则对于气候相关风险识别及情景分析的披露要求。

▶ 案例来源：

《国家碳化氢公司2023年年报》P38~41，https://www.eni.com/content/dam/enicom/documents/eng/reports/2023/Annual-Report-2023.pdf.

5.1.3　风险评估

主体通常使用气候相关情景分析对识别、评估气候相关影响。如主体采用气候情景分析进行风险评估，应披露输入数据源（影响性质、可能性和程度等方面参数）、涵盖的业务范围和假设中使用的详细信息。除了情景分析，风险评估方法还包括风险地图法、尽职调查法等。不论主体采取何种方法对气候风险的影响性质、可能性和程度进行评估，主体都应披露识别、评估气候相关风险的流程和相关政策，通过定量、定性或两者结合的方式，说明气候相关风险的影响性质、可能性和程度，并说明披露气候相关风险的方法，以及是否参考定性因素、定量阈值或其他标准。

案例编号：IFRSS2.25（a）(iii)-001

阿里巴巴集团控股有限公司

▶ **案例主题：**

   披露气候相关风险定期识别和评估的流程

▶ **披露内容：**

   2024 财年，气候变化工作组推动气候风险与公司全面风险管理的深度融合，完善气候风险在风险识别、评估、应对和评价等领域与全面风险管理的整合机制。

评估：

➢ 针对性地选择气候情景、时间范围等；

➢ 分析和比较不同情景下，短中长期业务运营及价值链中较显著的风险与机遇；

➢ 定性/定量评估气候风险和机遇的潜在业务和财务影响；

➢ 基于发生可能性和影响程度，对气候风险及机遇进行评估与定级。

▶ 案例点评：

阿里巴巴集团控股有限公司披露了气候相关风险的评估流程，优化气候风险在风险识别、评估、应对和评价等领域与全面风险管理的整合机制，符合 ISSB 准则对于气候相关风险评估的披露要求。

▶ 案例来源：

《阿里巴巴环境、社会和治理（ESG）报告 2024》P175，https://data.alibabagroup.com/ecms-files/1375187346/881e2b43-6aa1-4e34-946b-ea1b11b5109c/2024%20%E9%98%BF%E9%87%8C%E5%B7%B4%E5%B7%B4%E7%8E%AF%E5%A2%83%E3%80%81%E7%A4%BE%E4%BC%9A%E5%92%8C%E6%B2%BB%E7%90%86%EF%BC%88ESG%EF%BC%89%E6%8A%A5%E5%91%8A%20-0809.pdf.

案例编号：IFRSS2.25（a）（iii）-002

深圳市腾讯计算机系统有限公司

▶ **案例主题：**

披露利用气候风险筛选工具
分别评估转型和物理风险

▶ **披露内容：**

在气候变化的背景下，气候预测成为了提高适应性的重要手段。深圳市腾讯计算机系统有限公司（以下简称腾讯）也正在联合专注于自然灾害建模的领先科技公司，共同探索 AI 赋能的高阶气候预测模型，优化灾难模型和气候分析方法，助力企业和社会更好应对气候变化带来的风险。

伴随着数字化产品的迅速发展，社会对于数字基础设施的需求也在不断提升。由传统 IT 基础设施向云计算的转变，通过技术架构的变革，有效提高了资源利用效率，已经成为社会重要的减排抓手。在此基础之上，腾讯在数据中心的各项减排工作，优化能耗、提升可再生能源比例，不仅服务于自身运营及供应链碳中和的推进，更可以为社会提供低碳绿色算力，帮助我们客户减少自身碳足迹。

在未来的碳中和转型之路上，我们相信数字化大有可为，还有诸多广阔领域的助力点值得探索，数字化必将发挥更大的价值。比如，为了进一步提升效率、优化能耗，自动化在未来的产业中将扮演更加重要的角色；

在未来的能源系统中，光伏、风力发电等新能源天然带有随机、间歇和不稳定的固有特性，微网、储能等领域也发展迅猛，如何构建柔性可控的能源系统、更智能的能源消纳，在这些方向上，数字化都可以贡献独有的价值；当越来越多的企业加入低碳转型的行列之中，更准确的碳排放监测、更细致的能耗和碳资产管理，都是数字化未来的发展空间。未来我们也与各个产业互联网的伙伴紧密合作，携手探索数字化助力社会低碳转型的多样途径。

▶ 案例点评：

腾讯在报告中披露了如何探索基于 AI 赋能的高阶气候预测模型优化灾难模型和气候分析方法，通过数字化方式助力价值链上气候相关风险的定量评估，为节能减排提供有效工具，符合 ISSB 准则对于气候风险评估的披露要求。

▶ 案例来源：

《腾讯碳中和目标及行动路线报告》P22，https://www.tencent.com/attachments/carbon-neutrality/tencent-carbon-neutrality-report.pdf.

案例编号：IFRS S2.25（a）(iii)-003

嘉吉公司

▶ 案例主题：

利用情景分析工具评估其面临的物理及转型风险

▶ 披露内容：

物理风险案例研究：嘉吉公司意识到气候变化对其资产和经营业务的能力的物理风险，利用第三方软件工具来评估物理风险，以十年为尺度，评估了2050年前的气候相关风险，特别是RCP 8.5和RCP 2.6的中长期风险。基于评估结果，公司已对高风险设施进行优先级排序，并与相关部门合作，制定并实施针对性的缓解策略。

转型风险案例研究：嘉吉公司为了应对与气候变化相关的转型风险，启动专项评估流程，聚焦于亚洲和欧洲的蛋白质业务。评估结果显示，客户与消费者对动物蛋白需求的短期至中期变化成为关键过渡风险。通过深入分析，公司发现现有多个项目因设计上的优势，已有效降低了此风险。基于此发现，公司决定继续并加大对这些项目的投资力度，以进一步巩固其市场地位并适应未来变化。

▶ 案例点评：

　　嘉吉公司通过相关情景分析披露其在物理及转型风险评估方案。嘉吉公司的披露符合 IFRS S2 的准则披露企业应用气候相关情景分析对识别、评估气候相关影响的要求。在此基础上，嘉吉公司可进一步披露情景分析时需要输入数据源（影响性质、可能性和程度等方面参数）、涵盖的业务范围和假设中使用的详细信息。

▶ 案例来源：

　　《嘉吉公司 2023 年 CDP 报告》P8，https：//www.cargill.com/doc/143218
1074504/cargill_cdpclimate_2023.pdf.

5.1.4　风险优先级

　　主体在进行气候相关风险管理的过程中，也应该通过主体应综合评估这些风险发生的可能性和影响程度等方面，从而决定是否优先考虑某一可持续相关风险。同 IFRS S1 要求一致，主体应披露优先考虑气候相关风险的流程和相关政策，并披露是否以及如何确定优先考虑的气候相关风险，包括风险优先顺序评估方法、过程和结果，说明这些气候相关风险的优先考虑顺序。

案例编号：IFRSS2.25（a）（iv）-001

正大集团

▶ 案例主题：

披露气候相关风险优先级确定的流程及方法

▶ 披露内容：

正大集团已经确定了短期、中期和长期与气候相关的风险和机遇，并评估了这些风险和机遇的概率和对集团的影响。这些与气候相关的问题已被纳入正大集团的可持续发展框架和气候变化管理，以建立应对气候变化的能力。

评估周期的设计符合集团的可持续发展框架、气候风险评估和风险管理，每年或当组织发生重大环境/气候变化时评估组织的风险和机遇。

气候相关风险评估有助于正大集团了解气候相关风险和机遇对企业的影响，识别出对收入、支出、资产和负债价值、资本和融资，所有权分配的潜在财务影响，以推动围绕它们的具体行动，并采取相关步骤来处理这些风险和机会。

采用 2DS、IEA450、NDCs、RCP2.6 和 RCP8.5 的场景假设，评估了气候相关风险和机遇对企业的影响。这一分析的结果说明了气候影响对我们的企业至关重要，并进一步激励我们致力于气候管理。基于这些结果，我们制订了行动方案以减少温室气体排放、缓解和适应气候变化的影响。

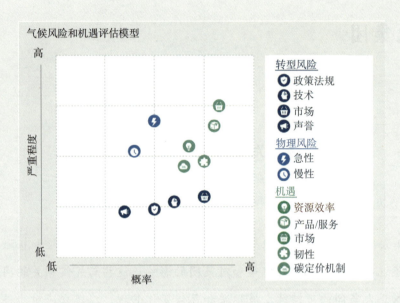

▶ **案例点评：**

　　正大集团披露了气候相关风险优先级确定的流程及方法，说明了气候相关风险优先级确定的流程，并披露如何基于严重程度和概率评估自身的转型风险、物理风险和机遇的优先级次序及优先事项，符合 ISSB 准则对于气候相关风险评估的披露要求。

▶ **案例来源：**

　　《正大集团气候相关风险管理报告》P13，https：//www.cpgroupglobal.com/storage/document/additional-topic-specific-reports/2022/cp-climate-related-risk-management-report-cn.pdf.

案例编号：IFRSS2.25（a）（iv）-002

香港信和集团

▶ **案例主题：**

披露气候相关风险评估和优先级确定的流程

▶ **披露内容：**

我们每年都会根据持份者参与活动的结果，检视并更新重要性评估。2024 年，我们采用全球报告倡议组织（GRI）的最新标准展开全面的重要性评估。我们亦采用"双重重要性"的概念，评估相关可持续发展议题对企业价值及整个价值链的经济、环境和大众（包括对人权的影响）所衍生的正面和负面影响。

在"研究—持份者参与—评估—确认"的气候相关风险管理流程中，评估包括：集团的高级管理人员于重要性评估讨论中，分析研究结果、持份者意见，以及根据各项 GRI 准则要求评估对可持续发展的影响。分析为报告影响排列出优先顺序，并为设定阈值奠定基础，以助其后界定重大议题。

我们按照"双重重要性"的概念，评估各项可持续发展议题对企业价值的正面和负面影响。我们征询了具财务专业知识的持份者，包括高级管理人员，以确定对业务财务影响最大的议题。

Critically
Important
极为重要

Sustainability Issues   可持续发展议题

Ethics and Integrity
道德与诚信
Sustainable Buildings
可持续发展建筑物
Urban Biodiversity
城市生物多样性

Climate Resilience
and GHG Emissions
气候抵御力和温室气体排放
Energy Consumption
and Efficiency
能源消耗和效益

Very
Important
非常重要

Sustainability Issues   可持续发展议题

Community
Investment and
Engagement
社区投资和参与
Customer
Satisfaction
顾客满意度
Cybersecurity
and Data Protection
网络安全与数据保护

Diversity and Equal
Opportunities*
多元与平等机会*
Economic
Performance
经济表现
Heritage
and Culture
文化传承
Investment in
Innovation
创新投资

Health and Safety*
健康及安全*
Material Use,Waste
Reduction and Management
物料使用、废物削减和管理
Sustainable and
Ethical Supply Chain
可持续和具道德的供应链
Training and
Development*
培训与发展*

Important
重要

Sustainability Issues   可持续发展议题

Forced and Child Labour*
强制劳工和童工*
Labour Practices
劳工实务常规

Water Consumption and Efficiency*
用水和用水效益*
Wellbeing*
福祉*

财务重要性：我们已识别并评估气候相关风险对建筑物、营运成本和物业价值的影响。专注提升气候抗御力和减碳对适应和减轻气候变化风险的影响，以及把握低碳经济转型所带来的机遇至关重要。

影响重要性：在气候抗御力和温室气体排放方面，致力减碳将有助于保护生态系统，以及社会和经济的健康。适当地管理气候相关风险将避免对大众、生态系统和经济的长远可持续发展造成影响。

1 Climate Resilience and GHG Emissions
气候抵御力和温室气体排放

We have identified and evaluated the impact of climate-related risks on our buildings, operating costs and property value evaluation.Focusing on climate resilience and decarbonisation is essential in adapting to and mitigating the impacts and seizing the opportunities stemming from support of the transition to a low-carbon economy.

我们已识别并评估气候相关风险对建筑物、营运成本和物业价值的影响。专注提升气候抗御力和减碳对适应和减轻气候变化风险的影响，以及把握低碳经济转型所带来的机遇就至关重要。

2 Energy Consumption and Efficiency
能源消耗和效益

With the regulatory landscape moving towards a low-carbon economy to meet decarbonisation goals, more stringent building codes on energy efficiency are expected.Focusing on energy efficiency solutions within our buildings and operations is therefore necessary to meet foreseeable regulatory requirements and avoid the costs of non-compliance. Energy efficiency solutions also offer opportunities to reduce operating costs and attract ESG-oriented tenants, residents and customers.

随着监管环境逐渐以低碳经济和实现低碳为目标，我们预期面对更严格的能源效益建筑规范。为满足可预见的监管要求并避免因不合规而产生的成本，我们必须专注发展建筑物和日常营运的能源效益解决方案。能源效益解决方案亦为我们提供机遇，降低营运成本和吸引同样关注环境、社会及管治的租户、住户和顾客。

3 Health and Safety
健康及安全

Maintaining a healthy and safe workplace is necessary to attract and retain industry talent. This enhances the productivity and morale of our workforce, as well as the quality and efficiency of our work.Additionally, robust health and safety standards avert potential injuries, disruption to operations, and impaired brand and reputation.

维持健康及安全的工作环境，对吸引和留住业界人才必不可少。这样，我们才能有效提升员工的生产力和士气，以及工作质量和效率。此外，严格的健康和安全标准亦可避免隐患、营运中断，以及品牌和声誉受损。

▶ 案例点评：

香港信和集团在报告中披露了基于影响重要性和财务重要性对气候相关风险在内的可持续相关风险进行评估和优先级排序的流程以及实施情况，符合 ISSB 准则对于气候相关风险优先级的披露要求。

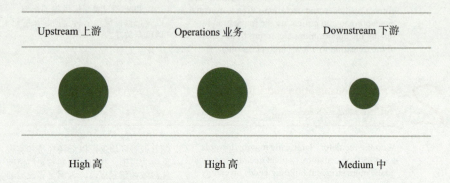

Value Chain Impacts 对价值链的影响

Upstream 上游	Operations 业务	Downstream 下游

High 高 High 高 Medium 中

▶ **案例来源：**

《香港信和集团 2023 年可持续发展报告》P24~31, https://web-me
dia.sino.com/20a53f0a-15c8-0029-b8df-e495023b403f/30632870-7777-4c35-
8367-9a7a8740ee73/EW00083-SR24.pdf.

5.1.5 风险监控

气候相关风险相较于其他可持续风险不确定性水平更高，因此主体在进
行气候相关风险管理时，更需要持续监测现有的气候相关风险变化及趋势。
同 IFRS S1 一致，主体应披露监测气候相关风险的信息。

英国石油公司

▶ **案例主题：**

披露气候相关风险优先级排序和监控的方法

▶ **案例点评：**

英国石油公司在报告中披露了气候相关风险优先级排序和监控的方法，包括根据风险评估结果以及战略规划、法律法规要求等方面进行风险排序，以及通过实施监测机制确保风险能够得到有效控制，符合 ISSB 准则对风险优先级和风险监控的披露要求。

▶ **披露内容：**

基于一系列缜密考量，涵盖风险评估的深度、既有风险管理措施的效力、既定战略与规划的契合度，以及法律与监管框架的遵循情况，英国石油公司对亟需优化的风险管理活动进行了系统而严谨的优先排序。针对每一项识别出的风险，精心设计了全方位的风险管理措施，明确界定了具体的缓解策略，并在合理范围内实施了严密的监测机制，以确保风险得到及时有效的控制。

英国石油公司依据评估得出的潜在影响程度与发生概率，将风险信息及其管理建议精准传达至相应层级的组织管理者（包括执行副总裁、高级

副总裁及副总裁），并寻求其正式批准与指导。此流程不仅确保了风险管理措施的科学性与合理性，也促进了组织内部对于风险管理工作的共识与协作，共同推动企业在复杂多变的市场环境中稳健前行。

▶ **案例来源：**

《英国石油公司 2023 年报》P74，https：//www.bp.com/content/dam/bp/business-sites/en/global/corporate/pdfs/sustainability/group-reports/bp-cdp-climate-change-questionnaire-2023.pdf.

 案例编号：IFRSS2.25（a）（iv）-002

国家碳化氢公司

▶ **案例主题：**

披露基于风险等级评估结果进行气候相关风险监控

▶ **披露内容：**

风险影响值根据 5 级评级表进行评估：1- 可忽略、2- 重要、3- 相关、4- 非常相关、5- 极端，并根据若干定量和定性指标进行衡量。指标包括以下方面：

（1）经济财务指标：基于净利润或现金流的减少。

（2）描述性定量指标：基于最高管理层管理风险的努力，可能涉及对战略的潜在审查。

（3）运营指标：基于日产量的减少或延迟生产。

（4）形象和声誉指标：基于对选定利益相关者造成负面影响的持续时间。

（5）环境指标：基于对环境和生态系统的影响。

（6）健康与安全指标：基于对埃尼公司和第三方人员或任何其他相关个人健康的影响。

（7）社会指标：基于对工业工厂附近的当地社区和居民造成的任何社会损害。

在最新的年度风险评估中，气候变化风险被确认为 25 分（固有级别），这是基于定性指标中登记的概率和影响方面的最高分，考虑到埃尼公司长期去碳化战略对埃尼公司业务模式和组织的全面影响。在其他层面，自 2020 年起，该风险被评估为"最高风险 1 级"（之前被评估为最高风险 2 级）。

▶ 案例点评：

国家碳化氢公司在报告中披露了通过定量和定性相结合的方法对风险影响和发生概率进行评级和打分，并根据风险监控结果采取针对性应对举措，符合 ISSB 准则对于气候相关风险监控的披露要求。

▶ 案例来源：

《国家碳化氢公司 2023 年 CDP 报告》P15～16，https://www.eni.com/content/dam/enicom/documents/eng/reports/2023/Annual-Report-2023.pdf.

案例编号：IFRSS2.25（a）（iv）-003

吉利控股集团有限公司

▶ 案例主题：

披露气候相关风险的监控机制和流程

▶ 披露内容：

气候风险管理和监测：

我们将气候变化风险管理全面融入集团运营的全价值链中，建立定时报告、及时反馈、按时检讨的工作机制。各业务单位定期向集团 ESG 工作组报告重大风险，ESG 工作组识别及评估已报告的重大风险后，及时分配资源以帮助各业务单位控制、缓解或解决相关气候风险，并跟进业务单位进展，ESG 工作组、可持续发展委员会定期检讨气候变化相关的风险与机遇，监督气候管理相关工作的实施。

▶ 案例点评：

吉利控股集团在报告中披露了气候相关风险的监控机制，在管理层建立了识别、评估、应对和监察流程，在治理层建立了定期检查和执行监督的机制，符合 ISSB 准则对于气候相关风险监控的披露要求。

《吉利控股集团 2023 年可持续发展报告》P46，https：//zgh.com/wp-content/uploads/Geely-Holding-Group-Sustainability-Report-2023-ZH.pdf.

案例编号：IFRS S2.25（a）（iv）-004

荷兰皇家壳牌集团

▶ 案例主题：

披露基于风险等级评估结果进行气候相关风险监控

▶ 披露内容：

风险监控在荷兰皇家壳牌集团（以下简称壳牌集团）中，作为 HSSE（健康、安全、安保与环境）和 SP（可持续发展绩效）控制框架的关键部分，通过一系列标准化流程和手册得到系统性实施。这一过程旨在确保气候变化风险得到全面、一致的管理和评估，主要通过以下几个关键步骤进行：

  ➤ 标准化指导：制定并维护相关标准和手册，为监测、沟通和报告

风险环境变化提供明确指导。这些文件不仅确保了壳牌公司对气候风险管理的统一性，还明确了风险所有者的角色和责任，以及适用的保证活动类型。

➤ 动态更新：定期审查并更新标准和手册，以反映气候变化风险的最新发展，包括不同地区不断变化的政策和能源转型速度的影响。这种灵活性确保了风险管理方法能够适应外部环境的快速变化。

➤ 项目层面的风险评估：在项目初期，气候相关风险的评估是投资决策的重要组成部分。对于大型或高风险项目，遵循壳牌的机会实现标准，确保在项目全生命周期内管理和提供机会的规则得到遵守。全球主题小组专家的协助进一步增强了项目在开发、实施和运营过程中的风险管理能力。

➤ 绩效标准与排放目标：制定内部碳绩效标准或行业基准，用于衡量项目的平均生命周期温室气体排放强度或能源效率。达到或超越这些标准的项目通常会设定更雄心勃勃的排放目标，并通过温室气体减排计划来确定这些目标的性质和实施路径。

➤ 管理层与董事会审查：管理层和董事会定期审查气候变化和能源转型的风险，以评估其对战略和运营层面的潜在影响。这些审查包括年度规划周期中的评估，旨在了解气候变化和温室气体排放如何影响能源转型的步伐、业务减排计划以及当前投资组合的价值。

➤ 内部论坛与跨部门协作：建立专门的内部论坛，跨组织层面地解决、监测和审查气候变化问题。同时，各业务和职能部门全年定期审查其风险概况、风险应对措施和保证活动，确保气候相关风险得到有效管理。

➤ 风险评估与应对措施：在更新过程中，业务和职能管理层会评估风险应对措施的有效性，特别是在应对气候变化和能源转型风险的四个子组成部分方面。这些评估结果用于更新壳牌的计划并指导日常运营决策，如维护计划和风险应对计划的制订。

▶ 案例点评：

壳牌集体通过一套综合性的风险管理流程，包括标准化指导、动态更新、项目评估、绩效标准、管理层审查、内部论坛协作以及风险评估与应对措施，来确保气候变化风险得到全面、有效的监控和管理，符合 IFRS S2 关于公开风险监控的基本要求，建议补充监控流程。

▶ 案例来源：

《荷兰皇家壳牌集团 2023 年年报》P101，https://www.shell.com/external-redirects/2023-annual-report-and-accounts/_jcr_content/root/main/section/text.multi.stream/1710369727557/e2b2673f6f881b89f2afff2d2c4b81d4de2cf5a1/annual-report-and-accounts-final-publication-2023.pdf.

5.1.6 流程改变说明

主体在对气候相关风险进行管理时，也应同可持续相关风险管理一样采用 PDCA 框架，充分考量内外部环境变化等因素，根据实际需要持续改进气候相关风险管理流程。如当期报告期间对气候风险管理流程进行改进，主体应进行相关信息披露。

案例编号：IFRS S2.25（a）（v）-001

中国工商银行股份有限公司

▶ **案例主题：**

披露气候相关风险的监控机制和流程

▶ **披露内容：**

中国工商银行将"气候风险管理"纳入全面风险管理体系，并在2021年对《全面风险管理规定》进行修订，将"气候风险管理"单列一节，明确职责及管理要求。

▶ **案例点评：**

中国工商银行在报告中披露了将"气候风险管理"纳入全面风险管理体系，即风险管理流程改变的情况说明，符合 ISSB 准则对于流程改变说明的披露要求。

▶ **案例来源：**

《中国工商 2021 银行绿色金融专题（TCFD）报告》P22，https：//v.icbc.com.cn/userfiles/Resources/ICBCLTD/download/2022/TCFD.pdf.

▶ **5.2 机遇管理流程**

气候机遇作为可持续机遇的一部分，同样需要考虑主体资源的有限性，需根据机遇的影响重要性确定优先考虑次序。同 IFRS S1 要求一致，主体应披露是否建立识别、评估、优先考虑和监测气候相关机遇的流程，如是应予以描述，并说明如何识别、评估、优先考虑和监测气候相关机遇，包括主体是否及如何利用气候相关情景分析为其识别气候相关机会提供信息。

 案例编号：IFRS S2.25（b）-001

中联资源股份有限公司

▶ **案例主题：**

披露气候相关机遇的识别、评估、优先级确定和监测管理流程

▶ **披露内容：**

中联资源股份有限公司将气候相关风险与机遇按照短期、中期、长期时间区间的定义，设定"0～2年"为短期，"2～10年"为中长期并据此进行气候风险与机遇评估。原则上每 3 年针对期后风险与机会进行鉴别、评估。气候机会类别包含资源效率、能源来源、产品与服务、市场以及组织韧性等。中联资源通过参与部门内部调查评估的方式对潜在的可能机会进行评估，并利用业务相关性、脆弱（机会准备）程度以及贡献程度三项

考量因素进行评估并绘制机会矩阵。中联资源通过为三项考量因素赋值（1～10分不等）对每一项因素的进行机会评分并通过计算暴露值确定每一项气候机遇的优先级：

机会准备脆弱程度 = 业务相关性 × 脆弱程度

机会准备贡献程度 = 业务相关性 × 贡献程度

暴露值 = 机会准备脆弱程度 × 机会准备贡献程度

暴露值结果大于 60 则定义为高机会，暴露值结果处于 21～59 区间则定义为中机会，暴露值结果小于 20 则定义为低机会。评估结果为高机会时必须进行财务影响评估并建立相应措施，中低机会需选择性进行财务影响评估并进行追踪观察。

风险与机会评估准则如下：

因子	风险因应		机会准备	
	分数	评分说明	分数	评分说明
业务相关性	1	与部门业务相关性低或无相关	1	与部门业务相关性低或无相关
	5	与部门业务相关性中等（配合其他部门执行项目）	5	与部门业务相关性中等（配合其他部门执行项目）
	10	与部门业务相关性高（风险或机会为部门涉及业务）	10	与部门业务相关性高（风险或机会为部门涉及业务）
脆弱程度	1	公司已建立相关机制因应该风险造成之全面影响	1	公司对于气候变迁机会尚未有任何方案
	3	公司已建立相关机制因应该风险造成之部分影响	3	公司对于气候变迁机会尚未有方案，但已有初步规划
	5	公司尚未建立机制进行风险因应，但已有相关计划	5	公司对于气候变迁机会已建立短期方案
	10	公司尚未建立机制进行风险因应，且无相关计划	10	公司对于气候变迁机会已建立长期方案
冲击/贡献程度	1	对于公司影响时间（风险）每年小于 1 个月	1	对于公司贡献时间（机会）每年小于 1 个月

续表

因子	风险因应		机会准备	
	分数	评分说明	分数	评分说明
冲击/贡献程度	3	对于公司影响时间（风险）每年介于1个月至3个月	3	对于公司贡献时间（机会）每年介于1个月至3个月
	5	对于公司影响时间（风险）每年介于3个月至6个月	5	对于公司贡献时间（机会）每年介于3个月至6个月
	7	对于公司影响时间（风险）每年介于6个月至12个月	7	对于公司贡献时间（机会）每年介于6个月至12个月
	10	对于公司影响时间（风险）为连续性	10	对于公司贡献时间（机会）为连续性

注：风险因应脆弱程度为业务相关性及脆弱程度2项因子之乘积；风险因应冲击程度为业务相关性及冲击程度2项因子之乘积。

机会准备脆弱程度为业务相关性及脆弱程度2项因子之乘积；机会准备贡献程度为业务相关性及贡献程度2项因子之乘积。

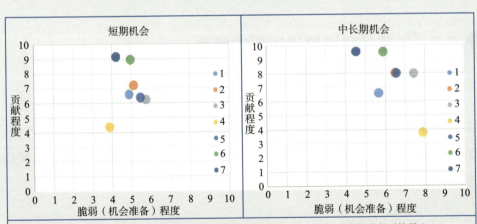

1. 建置相关优化系统（智能巡检系统、智能生产辅助监测系统）——AI及大数据分析系统导入；
2. 调整优化生产流程提高生产效率-调整优化生产流程提高生产效率；
3. 减少用水量和耗水量——持续强化制程用水/雨水/污水/场内煤灰回收利用，减少水资源及物料之耗用；
4. 使用高能源效率设备——增加原料加工初筛设备，提高破碎效率及减少物料回流，提高能源使用效率；
5. 使用低碳燃料或再生能源-使用天然气燃料降低碳排或导入再生能源使用；
6. 投资低碳技术回报（减量额度、碳费支出与扣减优惠）——申请环保署温室气体抵换项目，取得减量额度（碳权）；
7. 产品减碳效益可提升公司品牌形象——品牌受益于减碳趋势，可调整定价以增加利润。

▶ 案例点评：

　　中联资源在报告中披露了识别、评估和优先级确定气候相关机遇的管理流程，通过定性和定量结合的方式确定每一项气候相关机遇的优先级，符合 ISSB 准则对于机遇管理流程的披露要求。

▶ 案例来源：

　　《中联资源 2022 年气候风险管理报告》P8～9，12～14，https：//www. chc.com.tw/pdf/TCFD.pdf.

◀ 5.3　与整体风险管理流程的整合

　　与整体风险管理流程的整合方面，IFRS S2 同 IFRS S1 披露要求高度一致，区别在于 IFRS S2 聚焦于气候相关机遇主题。主体应披露识别、评估、优先考虑和监测气候相关风险和机遇的流程是否以及如何被整合到整体风险管理流程，实现整合的程度如何。

案例编号：IFRS S2.25（c）-001

吉利控股集团有限公司

▶ **案例主题：**

披露气候相关风险管理流程完全整合至整体风险管理流程

▶ **披露内容：**

全球气候变化在带来风险的同时，也伴随着企业发展的机遇。吉利控股集团深刻意识到气候相关风险与机遇对业务发展的长远影响。因此，我们将气候风险管理作为集团整体风险管理的重要组成部分，建立了完善的气候风险管理制度和机制，充分识别气候风险类别与评估风险影响程度，制定有针对性的气候风险应对措施，常态化跟踪与监督重大气候风险，做到能够防范气候风险发生、控制气候风险扩大和及时化解气候风险。

▶ **案例点评：**

吉利控股集团有限公司在报告中披露了将气候风险管理流程完全整合至企业的整体风险管理流程，包括风险识别、评估、优先级确定、监控和应对，符合 ISSB 准则对于气候相关风险和机遇管理流程整合至整体风险管理流程情况的披露要求。

▶ 案例来源：

《吉利控股集团2023年可持续发展报告》P46，https://zgh.com/wp-content/uploads/Geely-Holding-Group-Sustainability-Report-2023-ZH.pdf.

案例编号：IFRS S2.25（c）-002

阿里巴巴集团控股有限公司

▶ 案例主题：

披露气候相关风险和机遇管理流程
完全整合至整体风险管理流程

▶ 披露内容：

我们按照以下步骤开展气候风险与机遇管理工作：

阿里巴巴定期识别、评估和持续管理潜在气候风险，并将其纳入集团风险管理体系。2024财年，我们完善气候风险管理流程并进行应用。气候风险作为阿里巴巴集团全面风险管理的领域之一，遵循《阿里巴巴集团全面风险管理总纲》等管理原则和要求。2024财年，气候变化工作组推动气候风险与公司全面风险管理的深度融合，完善气候风险在风险识别、评估、应对和评价等领域与全面风险管理的整合机制。

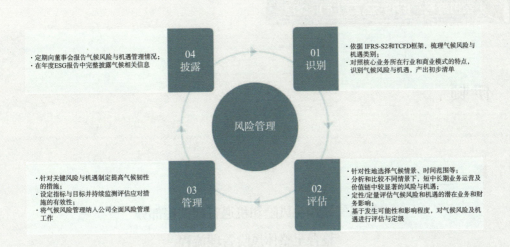

▶ 案例点评：

　　阿里巴巴集团控股有限公司在报告中披露了将气候风险和机遇管理流程完全整合至企业风险管理流程，包括风险和机遇识别、评估、管理（优先级确定与应对）和披露，符合 ISSB 准则对于气候机遇管理流程与整体风险管理流程整合程度的披露要求。

▶ 案例来源：

　　《阿里巴巴环境、社会和治理（ESG）报告2024》P175，https：//data.alibabagroup.com/ecms-files/1375187346/881e2b43-6aa1-4e34-946b-ea1b11b5109c/2024%20%E9%98%BF%E9%87%8C%E5%B7%B4%E5%B7%B4%E7%8E%AF%E5%A2%83%E3%80%81%E7%A4%BE%E4%BC%9A%E5%92%8C%E6%B2%BB%E7%90%86%EF%BC%88ESG%EF%BC%89%E6%8A%A5%E5%91%8A%20-0809.pdf。

案例编号：IFRS S2.25（c）-003

伊顿

▶ **案例主题：**

披露气候相关风险和机遇管理流程部分
整合至整体风险管理流程

▶ **披露内容：**

业务连续性管理：伊顿利用业务连续性框架，研究了气候相关物理风险如何影响运营。我们通过该流程已将许多风险，如飓风、高温、越来越不可预测的天气形态和洪水整合到业务连续性规划中。基于这次情景分析结果，伊顿计划将包括森林大火在内的额外风险都纳入其未来的规划中。我们业务部门的风险评估涵盖了气候相关的急性和慢性物理风险。伊顿通过其业务连续性管理（BCM）流程，为气候变化导致加剧的极端天气事件制订了风险缓解计划。伊顿的业务连续性管理（BCM）流程要求每个业务部门都有识别风险，为关键建筑和基础设施、设备、制造人员、工具、供应商、客户和信息技术建立缓解和恢复计划，为伊顿的关键资产和收入提供有效的缓解和恢复措施，同时保持竞争优势和价值系统的完整性。业务连续性管理（BCM）流程承担关键的投入和风险，并制定缓解和恢复战略来指导业务恢复工作。

▶ 案例点评：

　　伊顿在报告中披露了将气候相关风险和机遇管理流程部分整合至企业的整体风险管理流程，即将气候相关风险和机遇管理流程融入业务连续性风险管理流程中，符合 ISSB 准则对于气候相关风险和机遇管理流程整合至整体风险管理流程情况的披露要求。

▶ 案例来源：

　　《伊顿（Eaton）2023 年气候相关财务信息披露报告书》P11，https：//www.eaton.com.cn/content/dam/eaton/company/sustainability/files/eaton-tcfd-disclosure.pdf.

6

气候相关披露核心
内容：指标和目标

　　本章将围绕气候相关披露的指标和目标方面的要求进行解读。在指标和目标方面，气候相关财务信息披露的目标是使通用目的财务报告使用者了解主体在气候相关风险和机遇方面的业绩，包括其设定的任何气候相关目标和法律法规要求其实现的任何目标所取得的进展。主体应披露以下信息：（1）与跨行业指标类别相关的信息；（2）与特定业务模式、活动或表明主体参与某一行业的其他共同特征相关的行业特定指标；（3）主体为缓解或适应气候相关风险，或者利用气候相关机遇而设定的目标，以及法律法规要求主体实现的任何目标，包括治理机构或管理层用于衡量这些目标实现进展的指标。

　　主体应披露与一个或多个特定业务模式、活动或表明主体参与某一行业的其他共同特征相关的行业特定指标；在确定主体披露的行业特定指标时，主体应参考与《〈国际财务报告准则 S2 号〉行业实施指南》中所述披露主题相关的行业特定指标，并考虑其适用性。

　　本章内容结构与准则要求对应关系如表 6-1 所示。

表 6-1 本章结构与准则要求对应关系

章节号	章节标题	准则要求	目号	目标题	准则要求
6.1	跨行业指标与行业指标 [IFRS S2.28 (a), 29-31]	与跨行业指标类别相关的信息 [IFRS S2.28 (a), 29-31]	6.1.1	温室气体 [IFRS S2.29 (a)]	温室气体 [IFRS S2.29 (a)]
			6.1.2	转型风险 [IFRS S2.29 (b), 30, 31]	气候相关转型风险——易受气候相关转型风险影响的资产或业务活动的金额和百分比 [IFRS S2.29 (b), 30, 31]
			6.1.3	物理风险 [IFRS S2.29 (c), 30, 31]	气候相关物理风险——易受气候相关物理风险影响的资产或业务活动的金额和百分比 [IFRS S2.29 (c), 30, 31]
			6.1.4	气候相关机遇 [IFRS S2.29 (d), 30, 31]	气候相关机遇——与气候相关机遇相关的资产或业务活动的金额和百分比 [IFRS S2.29 (d), 30, 31]
			6.1.5	资本配置情况 [IFRS S2.29 (e)]	资本配置——为应对气候相关风险和机遇而发生的资本支出、融资或投资的金额 [IFRS S2.29 (e)]
			6.1.6	内部碳定价 [IFRS S2.29 (f)]	内部碳定价 [IFRS S2.29 (f)]
			6.1.7	薪酬 [IFRS S2.29 (g)]	薪酬 [IFRS S2.29 (g)]
			6.1.8	气候相关行业指标 [IFRS S2.28 (b), 32]	主体应披露与特定业务模式活动或表明主体参与某一行业的其他共同特征相关的行业特定指标 [IFRS S2.28 (b), 32]

续表

章节号	章节标题	准则要求	目号	目标题	准则要求
6.2	气候相关目标 [IFRS S2.28（c）]	主体为缓解或适应气候相关风险，或者利用气候相关机遇而设定的目标，以及法律法规要求主体实现的任何目标，包括治理机构或管理层用于衡量这些目标实现进展用的指标 [IFRS S2.28（c）]	6.2.1	主体设定及法律法规要求的目标（IFRS S2.33、36、37）	主体应披露其为监控实现战略目标的进展而设定的气候相关定量和定性目标，以及法律法规要求主体实现的目标，包括温室气体排放目标（IFRS S2.33、36、37）
			6.2.2	目标的设定、复核方法与进展监督（IFRS S2.34、36、37）	主体应披露关于其设定和复核每个目标的方法以及如何监控每个目标实现进展的信息（IFRS S2.34、36、37）
			6.2.3	业绩信息及趋势变化分析（IFRS S2.34、36）	主体应披露其每个气候相关目标实现情况的业绩信息以及对主体业绩趋势变化的分析（IFRS S2.34、36）

▶**6.1** 跨行业指标与行业指标

主体应披露监督管理气候相关风险和机遇的跨行业指标，即所有使用IFRS S2 进行可持续披露的主体均应披露这些跨行业指标类别相关信息。这些跨行业指标旨在向通用财务报告使用者提供通用信息，说明主体气候相关风险和机遇的主要方面和驱动因素，气候变化对主体的潜在影响，以及主体管理气候相关风险与机遇的目标及其进展情况，支持通用财务报告使用者评估主体在气候相关风险与机遇方面的业绩。

IFRS S2 明确了七个跨行业指标类别披露指标，包括：（1）温室气体绝对排放总量；（2）气候相关转型风险；（3）气候相关物理风险；（4）气候相关机遇；（5）为应对气候相关风险和机遇的资本配置情况；（6）内部碳定价；（7）与气候相关因素挂钩的高级管理人员薪酬设定情况。

在披露（2）气候相关转型风险、（3）气候相关物理风险和（4）气候相关机遇信息时，主体无须为获取信息或编制披露内容而付出过高的成本或精力。主体需确认其在报告日可获得的所有合理且可证明的信息，包括历史、当前和前瞻性信息，如对极端天气事件等过去发生的事件、事件对资产的影响等信息。主体披露的信息必须有合理依据支持，不得使用无法证实或不合理的信息，以夸大或低估易受气候相关风险影响的及与气候相关机遇的有关的资产或业务活动（IFRS S2.30）。

在披露除温室气体排放量之外的其他指标信息（即指标 b 到指标 g）时，主体应考虑：

（1）可合理预期会产生应用的气候相关风险和机遇的时间范围；

（2）主体商业模式、价值链中气候相关风险和机遇集中的领域，包括地理区域、设施、资产类型等；

（3）气候相关风险和机遇对报告期内主体财务状况、财务业绩和现金流的影响信息；

（4）这些信息与相关财务报表中披露的信息之间的联系，包括披露数据与假设的一致性，披露金额与财务报表中披露信息之间的联系。例如，一项气候风险预期将影响主体的某项资产账面金额，则应考虑所使用资产的账面价值是否与财务报表中包含的金额一致，并解释这些披露信息与财务报表中的金额之间的联系。主体可以交叉引用已经列入相关财务报表的信息（IFRS S2.31）。

6.1.1　温室气体

主体应披露在报告期间的范围 1、范围 2 和范围 3 温室气体排放量。主体运营辖区管辖当局对温室气体排放的披露要求可能与 IFRS S2 存在差异，例如仅要求披露范围 1 和范围 2 温室气体排放量，在这种情况下，主体仍需按照 IFRS S2 来披露范围 1、范围 2 和范围 3 温室气体排放量。

主体可使用《温室气体核算体系：主体核算与报告标准（2004 年）》（*GHG Protocol：A Corporate Accounting and Reporting Standard*（2004））计量主体温室气体排放，除非主体运营辖区管辖当局或主体上市的交易所要求使用其他方式衡量温室气体排放量。目前，巴西、印度、墨西哥、菲律宾和英国等司法辖区直接参照该标准进行温室气体测量，中国、澳大利亚、法国、日本、韩国等司法辖区要求主体根据国家测量标准测量温室气体排放。

按照上述要求，中国主体应按照国家发布的温室气体核算相关标准来披露温室气体排放数据。2013～2015 年，国家发展和改革委员会分三批发布了 24 个行业主体温室气体核算方法与报告指南，涉及行业包括发电企业、电网企业、钢铁生产企业、化工生产企业、电解铝生产企业、镁冶炼企业、平板玻璃生产企业、水泥生产企业、陶瓷生产企业、民航企业、石油和天然气生产企业、石油化工企业、独立焦化和煤炭生产企业、造纸和纸制品生产企业、其他有色金属冶炼和压延加工企业、电子设备制造企业、机械设备制造企业、矿山企业、食品、烟草及酒、饮料和精制茶企业、公共建筑运营单位（企业）、陆上交通运输企业、氟化工企业、工业其他行业企业。生态环境部于 2022 年发布了《企业温室气体排放核算与报告指南 发电设施》，2024 年 3 月发布了《企业温室气体排放核算与报告指南 铝冶炼行业（征求意见稿）》。上述行业的主体可参照有关指南进行范围 1、范围 2 温室气体排放核算。

我国尚未发布范围 3 温室气体排放核算相关指南，主体需要根据 IFRS S2 要求，参考世界资源研究所（WRI）和世界可持续发展工商理事会发布的《温室气体核算体系：主体价值链（范围 3）核算与报告标准》进行披露。范围 3 温室气体排放涵盖了从购买的商品和服务到产品使用或处置的整个价值链的间接温室气体排放，细分为包含上游排放与下游排放的 15 个类别。

1. 范围 1 温室气体排放

【定义】

范围 1 温室气体排放指由主体拥有或控制的来源所产生的直接温室气体排放，如由主体拥有或控制的锅炉、熔炉、车辆燃烧产生的温室气体排放，或由主体拥有或控制的加工设备进行化学生产产生的温室气体排放等。

【披露内容】

（1）主体应分别披露以下范围的二氧化碳当量（CO_2e）[①] 公吨数表示的范围 1 直接温室气体排放总量（不采取任何减碳努力（如使用碳信用额等）的温室气体排放量）：

① 合并会计集团（母公司以及其子公司），如采用《国际财务报告准则》的主体，其合并会计集团包括母公司及其合并子公司；

_____

① 二氧化碳当量（CO_2e）核算涵盖七种温室气体：二氧化碳（CO_2）；甲烷（CH_4）；氧化亚氮（N_2O）；氟代烷烃（HFCs）；三氟化氮（NF_3）；全氟碳（PFCs）；六氟化硫（SF_6）。

②合并会计集团以外的其他被投资方，如采用《国际财务报告准则》的主体，被投资方包括联营企业、合营企业、未合并子公司。

（2）主体应披露其用于衡量温室气体排放量的衡量方法、输入和假设及作出这些选择的原因。包括：

①主体根据《温室气体核算体系：主体核算与报告标准（2004年）》选用的范围1温室气体排放衡量方法（如权益份额法、控制权法等）及选择这一方法的原因；

②若主体不使用《温室气体核算体系：企业核算与报告标准（2004年）》衡量其温室气体排放，主体衡量其范围1温室气体排放所使用的方式方法及选用的原因；

③主体衡量其范围1温室气体排放时所采用的最能代表其活动的排放因子。

（3）主体应披露在报告期间，对其衡量方法、输入和假设作出的任何更改，以及作出这些更改的原因。

【计算方法】

（1）直接测量：如主体通过直接测量来衡量其温室气体排放量，主体必须使用报告日政府间气候变化专门委员会（IPCC）最新评估的100年时间跨度的全球变暖潜能值[①]（Global Warming Potential，GWP），将温室气体排放量转换为二氧化碳当量值。

（2）估算：如果主体使用排放因子估算其温室气体排放量，主体应使用最能代表自身活动的排放因子作为衡量其温室气体排放量的基础。

排放因子是量化每单位导致温室气体排放生产或消费活动的气体排放量的系数，能够将单位生产或消费活动数据转换为这些活动产生的温室气体排

[①] 全球变暖潜能值（GWP）是指在100年的时间框架内，某种温室气体产生的温室效应对应于相同效应的二氧化碳的质量，在测量温室气体排放量时通常作为温室气体成分的乘数以将其转换为标准化指标（二氧化碳当量）。

放量。如果主体正在评估其运输车队的范围 1 温室气体排放量，主体可以选择燃料消耗量或车队行驶距离作为活动数据并通过排放因子（每单位燃料消耗折合二氧化碳量或每单位行驶距离折合二氧化碳量）转化成二氧化碳排放数据。

排放因子可从多个已公布的来源估算，如国际能源机构或强制要求披露温室气体排放的司法管辖区的国家标准或政策。主体用来衡量其温室气体排放量的排放系数需根据其具体情况而定，因此 IFRS S2 并不限制或标准化排放因子，主体视自身情况选择并使用最合适的能具体地反映其产生温室气体排放的活动的排放因子即可。

（3）如果这些排放因子已将温室气体排放量转换为二氧化碳当量值，则主体无须使用基于报告日期政府间气候变化专门委员会最新评估的全球变暖潜能值重新计算排放因子。反之，主体则应使用该值进行估算。

2. 范围 2 温室气体排放

【定义】

范围 2 温室气体排放指由所购能源（电力、蒸汽、供暖或制冷等）产生的间接温室气体排放，例如能源供应商的温室气体排放。

【披露内容】

（1）主体应分别披露以下范围的二氧化碳（CO_2）当量公吨数表示的范围 2 间接温室气体排放总量：

①合并会计集团（母公司以及其子公司），如采用《国际财务报告准则》的主体，其合并会计集团包括母公司及其合并子公司；

②合并会计集团以外的其他被投资方，如采用《国际财务报告准则》的主体，被投资方包括联营企业、合营企业、未合并子公司。

（2）主体应披露其用于衡量范围 2 温室气体排放量的位置基准法的衡量方法、输入和假设及作出这些选择的原因。包括主体所采用的最能代表其活动的排放因子。

主体用于衡量范围 2 排放的方法通常有两种：市场基准和地域基准。两种方法都有其特性，并且可以提供不同的有用信息。但是如果不对测量范围 2 温室气体所采用的方法进行限制，由主体自行选择方法会对可比性造成一定影响，并且主体可能通过采用某一特定测量方法以获得并披露更积极的数据，导致披露数据可比性、真实性降低，存在"漂绿"风险。

虽然可以通过要求所有主体同时披露采用市场基准和地域基准方法得出的数据来解决，但是可能会给主体现行方法带来较大改变，造成额外的成本和资源支出。因此，IFRS S2 要求主体使用位置基准法测量范围 2 温室气体排放量，并提供相关披露信息。

（1）主体应披露在报告期间，对其衡量方法、输入和假设作出的任何更改，以及作出这些更改的原因。

（2）主体应披露相关合同文书的信息，若存在任何已签订的合同文书有助于投资者、贷款人和其他债权人了解主体范围 2 温室气体排放量。

合同文书是指主体与另一方签订的用于与能源生产属性捆绑的能源交易，或用于非捆绑式能源属性证书（EAC）交易的任何类型的合同。

3. 范围 3 温室气体排放

【定义】

范围 3 温室气体排放指范围 2 排放中未涵盖的、发生在主体价值链中的所有间接温室气体排放，包括上游和下游排放。具体参见附录一。

【披露内容】

（1）主体应披露以二氧化碳（CO_2）当量公吨数表示的范围 3 间接温室气体排放量并明确其类别；

不论主体采取何种测量方法，主体应说明其对《温室气体核算体系：公司价值链（范围 3）核算与报告标准（2011 年）》（*Greenhouse Gas Protocol:*

Corporate Value Chain（*Scope* 3）*Accounting and Reporting Standard*（2011））所描述的范围 3 温室气体排放类别中的哪些类别进行测量；

（2）主体应披露其用于衡量范围 3 温室气体排放量的位置基准法的衡量方法、输入和假设及作出这些选择的原因。

（3）主体应披露在报告期间，主体应披露在报告期间，对其衡量方法、输入和假设作出的任何更改，以及作出这些更改的原因。

当前测量技术发展迅速，主体使用的测量方法很可能会随着时间的推移而改变，因此主体应披露其衡量方法、输入和假设，包括衡量范围（价值链中的主体和排放类别等）等的任何更改及其原因。

此外，若主体报告期间存在以下重大事项或重大改变，应重新评估其整个价值链中所有受影响的气候相关风险和机遇的范围，包括重新评估其整个价值链中哪些主体和排放类别纳入其范围 3 温室气体排放的计量，并予以披露说明相关变化及变化原因。

（1）主体价值链发生重大变化（如主体价值链中的供应商作出的改变显著改变了供应商的温室气体排放量）；

（2）主体的商业模式、活动或主体结构发生重大变化（如合并或收购其他主体扩大原有价值链）；

（3）主体面临的气候相关风险和机遇发生重大变化（如主体价值链中的供应商受到了预期外的排放法规的影响）。

主体可以但不强制要求以比 IFRS S1.B11 所要求的频率更频繁地重新评估整个价值链中任何与气候相关的风险或机会的受影响范围。

【测量框架】

主体应使用能忠实反映测量结果的测量方法、输入和假设对范围 3 温室气体排放进行测量，并必须使用该主体在报告日期可获得的所有合理且可证明的信息，且无须付出不必要的成本或努力。

（1）测量方法。

范围 3 温室气体排放量的测量方法主要有两种：直接测量和估算。直接测量是指对温室气体排放的直接监测。

由于直接测量范围 3 温室气体排放可能存在挑战，主体也可以通过次级数据和行业均值对其范围 3 温室气体排放进行可靠估算。用于估算范围 3 温室气体排放量的两种输入通常包括代表主体导致温室气体排放的活动数据（如主体使用行驶距离作为活动数据来表示其价值链中的货物运输）和将活动数据转换为温室气体排放的排放因子（如主体将使用排放因子将行驶距离（活动数据）转换为温室气体排放数据）。

如果主体在进行一切合理的努力后，仍无法确定其范围 3 温室气体排放量，主体应披露其如何管理范围 3 温室气体排放。

（2）输入。

主体对范围 3 温室气体排放的衡量依赖于一系列输入。IFRS S2 并未对主体衡量范围 3 温室气体排放量所使用的输入值进行限制，但主体需使用下列识别特征对输入值和假设进行优先级排序，并根据管理层判断进行权衡取舍。

①基于直接测量的数据。

由于范围 3 温室气体排放的估算涉及基于假设和适当输入的数据近似计算，其准确性逊于直接测量的数据。直接测量的数据相对于估算的数据理论上可提供更加准确的依据，因此在其他条件相同的情况下，主体应优先考虑直接测量法。

②主体价值链中特定活动的数据。

主体可以通过范围 3 温室气体排放的原始数据、次级数据或两者结合的方式衡量其范围 3 温室气体排放。

原始数据指直接从其价值链的特定活动中获得的数据，包括价值链中供应商或其他主体提供的与主体价值链中特定活动相关的数据。例如，原始数据可以通过自电表读数、水电费账单或代表主体价值链中特定活动的其他方法（车辆里程数等）获得。原始数据可以从内部收集（如通过主体自身的记录），也可以从供应商和其他价值链合作伙伴处收集（如所购商品或服务的特定供应商排放因子）。来自主体价值链内特定活动的数据能更准确地反映主体的特定价值链活动，因此能为衡量主体的范畴3温室气体排放提供更好的依据。

次级数据指非直接从该主体价值链内的活动中获得的数据，通常由第三方数据提供商提供。次级数据包括源自已发布的数据库、政府统计资料、文献研究和行业协会获取的行业平均数据以及用于估算活动或排放因子的数据。此外，次要数据包括用于估计另一个活动的范围3温室气体排放量的来自特定活动的代理数据。如果主体使用次级数据来衡量其范围3温室气体排放量，则应考虑该数据在多大程度上忠实地反映了自身的活动。

在衡量主体的范畴3温室气体排放时，原始数据比二手数据更有可能代表主体的价值链活动及其温室气体排放。因此，在其他条件相同的情况下，主体应优先使用原始数据。

③如实反映价值链活动的管辖范围和所用技术及其温室气体排放的及时数据。

如果主体使用次级数据进行范围3温室气体排放测算，主体应优先考虑：

一是基于或代表数据所要代表的价值链活动中使用的技术的活动或排放数据。例如主体可能从其价值链活动中获得主要数据（如雇员差旅时使用的具体飞机型号、飞行距离和旅行舱位），然后使用代表这些活动产生的温室气体排放的次级数据，将主要数据转换成航空旅行温室气体排放的估计值。

二是基于或代表主体活动发生所在辖区的活动或排放数据。主体应优先考虑与其运营或活动发生所在辖区相关的排放因子，如在南美国家开设矿场的中国主体在使用次级数据测量范围3温室气体排放时，应当优先考虑运营

所在地南美国家的相关排放因子。

三是代表主体报告期内的价值链活动中的活动或排放数据。由于运营辖区及其监管要求和监测技术手段等存在差异，部分次级数据以年为单位进行收集（如每年收集一次）。因此，这些每年收集一次的数据很可能代表了主体当前的做法。然而，一些次级数据来自不同于主体自身报告期的其他报告期收集的信息。主体需要优先考虑能够代表其报告期内的数据。

四是经核查的数据。主体应优先考虑经过核查的范围3温室气体排放数据，经核查的数据包括经过内部或外部核查的数据。

数据核查可以通过多种方式进行，包括现场检查、审查计算结果或根据其他来源交叉检查。通过数据核查，可以向投资者、贷款人和其他债权人提供可以信服的具备完整性、中立性和准确性的数据。

然而，在某些情况下，主体需要付出额外的成本或努力才能核查相关数据。例如，由于数据量大或数据来自价值链中层级间隔较多没有直接互动的主体，导致主体无法获得一套完整的经核查的数据。若存在这种情况，主体可能需要使用未经核查的数据。

不论主体是否符合管辖当局或主体上市的交易所的要求使用《温室气体议定书》以外的方法来衡量其温室气体排放量或适用过渡性豁免措施，主体仍需应用范围3衡量框架对其所使用的输入和假设进行优先级排序。管理层需考虑相关的权衡取舍对优先级进行判断。例如，主体可能需要考虑及时数据与更能代表其价值链活动及排放所使用的管辖和技术数据之间的权衡取舍。较新的及时数据虽然更具备实时性，但可能无法提供的具体活动细节较少，包括价值链中使用的技术和生产经营活动的地点等。而能更加如实反映另一方面，不经常公布的较早数据可能被认为更能代表具体活动及其温室气体排放。

4. 范围 3 温室气体排放——投融资排放量

若主体生产经营活动包括参与一项或多项资产管理、商业银行或保险相关的金融活动，主体应披露其融资排放的补充信息。

与温室气体排放相关的气候风险和机遇同样会对参与金融活动的主体造成影响。温室气体排放量较高的交易对手、借款人或被投资方可能容易受到与技术变革、供需变化和政策变化相关风险的影响，进而对为这些主体提供金融服务的金融机构带来信用风险、市场风险、声誉风险以及其他金融和运营风险。例如，金融机构在为受到日益严格的碳税、燃料效率法规或其他政策影响的客户提供投融资服务时，客户可能会因为碳税增加导致成本增加盈利能力及偿债能力下降，进而对金融机构造成信用风险；技术变革也同样可能会产生信用风险。金融机构向化石燃料等碳减排重点行业项目提供投融资支持，可能会由于被投行业碳排放居高不下，背负连带责任产生声誉风险。

越来越多的参与金融活动的主体，包括商业银行和投资银行、资产管理公司和保险主体，通过测量其融资的排放量来监控和管理此类风险。投融资排放量可作为体现主体面临的气候相关风险和机遇指标，以及主体可能需要如何随着时间的推移调整其金融活动的衡量标准。

【披露内容】

主体在披露其融资排放信息时，除按照上述要求披露相关信息外，还需按照下列要求披露相关补充信息。

资产管理

参与资产管理活动的主体应披露：

（1）其以二氧化碳（CO_2e）当量公吨数表示的范围 1、范围 2 和范围 3 温室气体绝对融资排放总量。

（2）其范围 1、范围 2 和范围 3 温室气体绝对融资排放总量分别涵盖的资产管理（AUM）规模（以主体财务报表的列报货币表示）。

（3）融资排放计算中涵盖的主体总资产管理规模的百分比。如果百分比小于100%，主体应披露未纳入计算的资产类型和相关的资产管理规模等相关信息。

（4）计算融资排放所使用的方法，包括主体根据投资规模确定其排放份额所使用的分配方法。

商业银行及保险公司

参与商业银行及保险业相关活动的主体应披露：

（1）基于资产类别分类的每个行业的范围1、范围2和范围3温室气体排放量的绝对融资排放总量。

主体可使用全球行业分类标准（Global Industry Classification Standard，GICS）的6位行业级代码对其交易方进行分类，以反映报告日期可用的分类系统的最新版本。

应披露的资产类别包括贷款、项目融资（银行业适用）、债券、股权投资和未提取的贷款承诺。如果主体计算并披露了其他资产类别的融资排放，则应解释纳入这些额外的资产类别的原因。

（2）按资产类别划分的各行业总风险敞口（以主体财务报表列报货币表示）。

对于融资形成的总风险敞口，无论财务报告遵循《国际财务报告准则》，还是其他公认会计原则编制，均应按扣除坏账准备前（如适用）的融资账面金额计算；对于未提用的贷款承诺，主体应将承诺金额与已提用部分分开披露。

（3）融资排放计算中涵盖的主体总风险敞口的百分比。

如果融资排放计算中涵盖的总风险敞口百分比低于100%，主体应披露未纳入计算的资产类型等信息。对于已放款金额，从事商业银行活动的主体应从总风险敞口中剔除风险缓解措施带来的所有影响（如适用）。主体应单独披露其未提取的贷款承诺在融资排放量计算中所占的百分比。

（4）主体用于计算其融资排放的方法，包括主体用于根据其总风险大小确定其排放份额的分配方法。

5. 温室气体排放强度

【计算公式】

温室气体排放强度＝绝对温室气体排放量/组织特定指标[①]

【披露内容】

排放强度指标与温室气体绝对排放量结合披露，有助于全面反映主体在一段时间内的温室气体排放情况。例如，主体温室气体绝对排放量可能会随着其业务的扩大而增加，但与此同时，排放强度也可能会因为主体效率的提高而下降。如存在相似的情况，仅披露主体温室气体绝对排放量可能无法体现主体在业务运营中实现的温室气体减排。

由于计算温室气体排放强度相关的分母往往取决于多个因素，包括主体所处行业、业务模式以及用户的偏好等，制定单一的标准化方法来计算强度指标是不适当的。当前投资人、贷款人和其他债权人通常自行计算或从第三方提供商处获取排放强度相关信息。基于 IFRS S2 披露的温室气体绝对排放量和其他信息（包括主体财务报表中已有的财务数据），投资人、贷款人和其他债权人可以自行计算排放强度，因此 IFRS S2 不强制要求主体披露其排放强度。

主体在符合以下一项或者多项条件时，必须披露该指标：

（1）排放强度指标是重要信息；

（2）企业治理机构或管理层使用该指标来管理其气候相关风险和机遇。

---

① 组织特定指标包括：产品单位；产量（公吨、升、兆瓦）；规模大小（占地面积）；全职员工数；货币单位（收入或销售额）等。

案例编号：IFRS S2.29（a）-001

沃达丰集团

▶ **案例主题：**

披露范围 1、范围 2、范围 3 温室气体排放及计量方法

▶ **披露内容：**

披露范围 1、范围 2、范围 3 温室气体排放量与排放强度

价值链温室气体排放量					
百万吨二氧化碳当量	2020 年	2021 年	2022 年	2023 年	2024 年
持续经营业务范围 1 排放总量	0.26	0.26	0.25	0.25	0.26
持续经营业务范围 2 排放总量（基于市场的方法）	1.44	1.06	0.77	0.66	0.43
持续经营业务范围 3 排放总量	5.05	6.01	6.91	6.92	6.07
持续经营业务范围 1、范围 2、范围 3 排放总量	6.75	7.33	7.93	7.83	6.76
已终止业务范围 1 排放总量	0.05	0.04	0.01	0.01	0.01
已终止业务范围 2 排放总量（基于市场的方法）	0.13	0.00	0.00	0.00	0.01
已终止业务范围 3 排放总量	1.13	1.01	1.12	0.89	0.77
已终止业务范围 1、范围 2、范围 3 排放总量	1.31	1.05	1.13	0.90	0.79
范围 1 排放量合计	0.30	0.30	0.27	0.26	0.27
范围 2 排放总量合计（基于市场的方法）	1.58	1.06	0.77	0.66	0.44

续表

价值链温室气体排放量					
百万吨二氧化碳当量	2020 年	2021 年	2022 年	2023 年	2024 年
范围 3 排放总量合计	6.17	7.02	8.02	7.80	6.84
范围 1、范围 2、范围 3 排放总量合计	8.05	8.38	9.06	8.73	7.55

范围 3 排放					
百万吨二氧化碳当量	2020 年	2021 年	2022 年	2023 年	2024 年
购买的商品和服务合计	1.18	1.33	1.44	1.43	1.48
资本货物合计	0.53	0.69	0.83	0.83	0.68
燃料和能源相关活动合计	0.63	0.61	0.82	0.75	0.61
运输和配送合计（上游和下游）	0.09	0.11	0.11	0.10	0.10
运营中产生的废物合计	0.00	0.00	0.00	0.00	0.00
差旅合计：	0.06	0.00	0.01	0.02	0.02
航空旅行	0.05	0.00	0.01	0.01	0.02
其他差旅	0.01	0.00	0.00	0.01	0.00
员工通勤合计	0.07	0.04	0.05	0.06	0.06
上游租赁资产合计	0.34	0.33	0.42	0.38	0.39
售出产品加工合计	—	—	—	—	—
售出产品使用合计	1.35	1.38	1.40	1.13	0.84
售出产品报废处理合计	0.00	0.00	0.00	0.00	0.00
下游租赁资产合计	0.00	0.00	0.00	0.00	0.00
特许经营合计	0.13	0.14	0.12	0.09	0.10
合资企业和联营企业合计	1.79	2.39	2.82	3.02	2.57
范围 3 排放合计	6.17	7.02	8.02	7.80	6.84

续表

范围 3 排放					
百万吨二氧化碳当量	2020 年	2021 年	2022 年	2023 年	2024 年
持续经营业务范围 3 合计	5.05	6.01	6.91	6.92	6.07
已终止业务范围 3 合计	1.13	1.01	1.12	0.89	0.77

➤ 披露温室气体排放计量方法

我们的温室气体排放报告方法是根据以下标准和指南制定的：《温室气体议定书》标准和指南，包括《企业标准》（修订版）、《范围 2 指南》、《范围 3 计算指南》、《企业价值链（范围 3）标准》、《RE100 技术标准》（2022 年 12 月）、《气候披露标准委员会气候变化报告框架》（2022 年 1 月）。下表是范围 3 排放量计量的详细方法披露内容。

范围 3 类别	含义	计算方法
1. 购买的商品和服务	沃达丰购买的商品和服务的开采、生产和运输产生的排放量（通过运营支出）	我们使用混合方法来计算范围 3 的 1 类排放量。 对于大多数采购的商品和服务，我们采用基于支出的方法，即我们将每个产品类别的采购支出乘以相应的环境扩展投入产出（EEIO）排放因子（来自第三方 EEIO 数据集）。 对于所购商品的子集，即从原始制造商处购买并零售给买家的手机设备，我们采用针对特定商品的方法，即所购商品的单位数乘以相应的"从摇篮到大门"产品碳足迹（PCF）。PCF 数据来自 EcoRating 数据集。 对于从 10 家服务型供应商处采购的一组采购服务，我们采用供应商特定方法，即我们将每个供应商的采购支出乘以供应商的组织碳足迹强度（基于市场的范围 1 和范围 2 加上上游范围 3 排放量），以 tCO2e/mUSD 为单位，通过公开发布的 2022 年气候信息披露项目（CDP）披露。 今年对方法所做的更改包括： ▶ 改进了 EcoRating PCF 数据的映射（根据存储容量和手机类型，例如智能手机或功能手机）应用于使用特定产品方法计算排放量； ▶ 改进了产品类别和 EEIO 排放因子之间的映射，以使用基于支出的方法计算排放量； ▶ 提高了设备购买量数据的准确性和完整性； ▶ 如果支出项目与上游或下游物流服务相关，则将支出数据从类别 1 和 2 重新分类到类别 4

续表

范围 3 类别	含义	计算方法
2. 资本货物	沃达丰购买的资本货物的开采、生产和运输产生的排放（通过资本支出）	我们使用基于支出的方法来计算所购买资本货物的排放量。每种资本商品的资本支出乘以相应的 EEIO 排放因子（来自第三方 EEIO 数据集）。 今年该分类的评估方法没有重大变化
3. 燃料和能源相关活动	沃达丰购买的燃料和能源的开采、生产和运输中尚未包含在范围 1 和范围 2 中的排放物。它包括输配电产生的排放	上游燃料和能源排放的计算方法是将上游井到油箱（WTT）和输配电（T&D）排放的 BEIS 排放因子应用于沃达丰的燃料和能源消耗数据。国际能源署（IEA）排放系数适用于国际电力消耗。 今年对方法的更改包括： ▶ WTT 非英国（海外）电力的 T&D 排放因子由碳信托提供，他们根据 BEIS 推荐的方法进行计算。这是因为此发射因子不再作为 BEIS 发射因子集的一部分提供； ▶ 今年，沃达丰开始通过其在西班牙的能源零售业务向客户销售可再生电力。与销售电力相关的生命周期排放量计入此类别，并使用 BEIS 和 IEA 排放系数计算
4. 上游运输和配送	沃达丰购买的产品在我们的一级供应商的制造地点和我们自己的运营之间运输和分销产生的排放	今年，我们引入了一种混合方法来计算范围 3 第 4 类排放量。 对于从原始制造商处购买并零售给客户的手机设备，我们继续使用原来的方法来计算这些排放。对于这些，我们根据案头研究估算所购产品的重量，并将其乘以中国（代表我们大多数产品的原产地）与购买商品的前五个国家 / 地区（代表我们大多数产品的市场目的地）之间的距离。假设 5% 的空运和 95% 的航运模式拆分，并应用货运的平均 BEIS 排放因子来估计排放量。 对于所有其他购买和销售的商品，今年我们使用基于支出的方法估算了相关的运输和配送排放量。以前，这些支出对类别 1 和类别 2 有贡献。今年，我们将这笔支出重新归类为第 4 类，并使用特定物流、运输和分销的单独 EEIO 因子来计算这些排放量。这些估计值考虑了运输和分销，无论它是上游（第 4 类）还是下游（第 9 类）。因此，第 9 类排放量属于该类别。 我们目前不会将与购买服务的运输和分销相关的排放数据与用于计算相应第 1 类排放量的 CDP 数据分开。因此，这些都在我们的 1 类排放中
5. 运营中产生的废弃物	我们活动产生的废弃物的处置和处理产生的排放物	排放量的估算方法是将 BEIS 排放系数应用于我们所有运营公司运营产生的废弃物吨数（不包括我们产品中的消费后废弃物）。如果无法获得实际废物吨数，则根据我们英国运营公司的实际吨位数据，通过推断每个全职等效（FTE）员工的废物吨位估计值来估算。 今年对方法所做的更改包括： ▶ 提高废物吨位数据的准确性和完整性（以减少输入数据集中外推的使用）

续表

范围 3 类别	含义	计算方法
6. 商务旅行	员工乘坐商务相关航班（航空旅行）和公路和铁路商务相关旅行的排放物	航空旅行排放量的计算方式为：旅行距离乘以相应机票舱位和飞行时间的航空旅行排放系数。排放因子来自 BEIS 排放因子。适用的排放系数来自 BEIS，适用于国内（英国内部）、国际（非英国）以及长途和短途（往返英国）航班。旅行距离的数据被提取到 Vodafone 的第三方旅行预订提供商的数据库中。在报告期内，包括预订的去程日期为去程航班的去程和返程航段的距离数据。 铁路旅行排放量的计算方法是将行驶距离乘以 BEIS 铁路旅行排放系数。 其他商务旅行排放量是根据 Vodafone 的支出（道路、公共汽车和出租车旅行）计算的，该支出通过我们的差旅费用系统衡量，乘以相应的 EEIO 转换系数。 今年对方法所做的更改包括： ▶ 提高航空旅行预订数据集的准确性和完整性； ▶ 根据距离数据而不是支出计算铁路旅行排放量
7. 员工通勤	在报告年度内，员工在家和工作场所之间的交通	排放量的估算方法是将每个国家的员工总数（平均 FTE）乘以估计每天的平均旅行距离、每年的估计工作天数、估计每周在办公室工作 3 天、估计通过特定旅行方式旅行的比例以及运输方式的 BEIS 排放系数。在可能的情况下，我们将这些估计数据替换为使用员工调查的实际数据估计的员工通勤排放量（我们今年在葡萄牙的运营公司就是这种情况）。 我们的估计目前不包括在家工作的排放量。 今年对方法所做的更改包括： ▶ 考虑到估计每周平均 3 天在办公室工作，以考虑沃达丰的混合工作模式（没有与在家工作相关的员工通勤排放）
8. 上游租赁资产	运营 Vodafone 租赁的资产，包括第三方网络站点。这包括从铁塔公司租赁的相关场地	Vodafone 价值链中最重要的上游租赁资产是从第三方塔公司租赁的无线电基站站点。在这些租赁地点中的大多数，Vodafone 拥有并运营无线电设备。沃达丰拥有和运营的设备消耗的电力属于我们的运营控制范围，因此被计入我们的范围 2 排放。这些租赁地点的辅助设备（或"无源"设备）由第三方房东拥有和运营，其能耗不在沃达丰的运营控制范围内，因此会导致沃达丰的范围 3 第 8 类排放。这些发射的估计值是根据租用的无线电基站站点的数量乘以无源设备的估计平均能耗，再乘以与站点位置相对应的基于位置的发射系数来估计的。无源设备的估计平均能耗基于 Vodafone（通过 Vantage Towers）拥有和运营的无线电基站站点的无源设备的能耗数据（电力和柴油）。请参阅上文与 Vantage Towers Group 相关的投资组合变化。 今年对方法所做的更改包括： ▶ 更新每个基站无源设备的估计平均能耗； ▶ 提高我们计算中使用的租赁基站数量的完整性和准确性

续表

范围 3 类别	含义	计算方法
9. 下游运输和配送	将售出的产品从销售点运输给客户	如果已售产品的运输费用由 Vodafone 支付（通过从第三方物流供应商处购买服务），则相应的排放量计入范围 3 第 4 类。基于下游运输和分销活动（通常发生在国内）与上游运输和分销活动（通常涉及国际货运）相比不显著，因此该类别的排放量尚未分类，以将下游运输和分销与上游运输和分销分开。 因此，没有针对该类别的排放报告
10. 已售商品的加工	已售产品的下游加工（使用前阶段）	沃达丰不销售使用前需要进一步处理的产品。因此，这类排放是无关紧要的，也没有针对该类别的排放报告
11. 已售产品的使用	使用 Vodafone 销售的商品和服务所产生的排放，主要来自网络设备（如路由器）使用的能源，以及为移动设备充电所需的能源	这些排放物包括使用 Vodafone 销售的电子设备（包括手机、固定线路设备（如宽带路由器）和其他电子设备）所需的电力排放物。排放量的计算方式为：设备数量乘以每台设备的估计平均生命周期能源使用量，再乘以产品销售国家/地区基于位置的排放系数。移动电话手机的估计平均生命周期能源使用量来自 EcoRating 数据集（如果有），或者来自对类似设备能源使用公开信息的案头研究。对于所有其他设备，使用阶段的耗电量是根据类似产品的平均能源使用量的代理（基于公开信息）估算的。 这些排放不包括使用沃达丰销售的 SIM 卡产生的排放，因为 SIM 卡可用于各种耗电量的设备，并且本身不会产生排放。 今年，沃达丰开始通过其在西班牙的能源零售业务销售可再生电力。零排放与使用已售电力有关，因为它与 100% 可再生电力相匹配。与能源相关的排放（来自发电、输电和配电）被归入第 3 类。 今年对方法所做的更改包括： ▶ 使用 EcoRating 的手机使用阶段的用电量数据乘以基于位置的排放系数（而不是使用上一年报告中使用的使用阶段碳足迹数据）； ▶ 改进了设备销量数据和产品类别映射（到能源使用数据）的准确性和完整性
12. 已售产品的报废处理	废弃物处理和处理报告公司销售的产品在其使用寿命结束时	这些排放量的计算方法是：报废处理渠道销售的产品的估计重量（基于废弃电子回收率与垃圾填埋量之比），乘以每个报废渠道的相应 BEIS 排放系数。废旧电子产品回收率与垃圾填埋场的平均回收率是根据我们四个市场（德国、英国、意大利、西班牙）的平均回收率计算的，该比率基于对公开信息的案头研究
13. 下游租赁资产	使用租赁给第三方的产品或设备产生的排放物	我们尚未对下游租赁资产进行全面盘点，或评估这些排放对范围 3 总排放的重要性。我们的下游租赁资产可能包括 Vodafone 运营控制下的塔上空间，这些空间被出租给其他运营商。因此，没有针对该类别的排放报告

续表

范围3类别	含义	计算方法
14. 特许经营权	在报告年度内经营特许经营权，不包括在范围1或范围2中	沃达丰拥有运营控制权的零售店（包括能够指定店内安装的设备及其运营方式，无论该店是沃达丰拥有还是租赁）都属于我们的运营控制范围，因此被计入我们的范围1和范围2排放。 Vodafone 在其一些市场采用特许经营模式，在这些市场中，零售店不受 Vodafone 的运营控制，并且运营商店所需的能源主要由第三方特许经营商的决定决定。这些特许零售店不在 Vodafone 的运营范围内，因此被计入我们的范围3排放。这些排放量的计算方法是将每家零售店的平均能源使用量（基于德国零售店的平均电力和天然气使用量）乘以该国相应的 IEA 和 BEIS 排放系数，再乘以每个市场的特许零售店数量。 今年对方法所做的更改包括： ▶ 提高特许零售店数量数据的准确性和完整性（在 Vodafone 的运营控制之外）
15. 投资	沃达丰通过投资沃达丰具有重大影响力的共同控制的合资企业和联营公司而资助的活动的排放量	合资企业和联营公司的排放量是根据沃达丰的股权以及公司范围1和范围2排放的相应比例计算的。在2023财年，这些投资包括澳大利亚、荷兰、印度、埃塞俄比亚、肯尼亚的网络运营商以及印度、意大利和英国的基础设施合作伙伴。 公司的碳排放量基于最新的年度碳足迹数据，这些数据要么通过与被投资公司合作直接提供给沃达丰，要么来自公开披露的最新可用报告年度的公司碳报告。被投资公司年度范围1和范围2排放总量的一部分是根据我们截至报告期末的股权份额报告的。 今年方法的变化包括： ▶ 在沃达丰集团的范围3类别15排放量的计算中排除被投资公司估计或推断的范围3排放量，以与温室气体核算体系企业价值链（范围3）标准保持一致； ▶ 通过尽可能获取更新的数据并与我们的被投资公司合作伙伴一起验证这些数据，提高这些估计数据的准确性和完整性

▶ **案例点评：**

    沃达丰集团在2024年年度报告中详细披露了温室气体排放量数据，包含连续5年的范围1温室气体排放量、范围2温室气体排放量、范围3温室气体排放量及15类别具体排放量、单位营业收入的温室气体排放强度。

    报告中详细披露了温室气体排放量计量所采用的标准为《温室气体议定书》及其发布的具体计量方法指南，并符合国际气候组织（The Climate

Group）与碳信息披露项目（Carbon Disclosure Project，CDP）发起的《全球企业可再生能源倡议》、气候披露标准委员会发布的《气候变化报告框架》。报告中还就范围1、范围2、范围3温室气体排放计量的具体范围、计量方法、输入值与假设及其变更情况进行了详细披露。

▶ 案例来源：

《沃达丰集团年度报告2024》《沃达丰集团2024ESG绩效表》《沃达丰集团2024 ESG方法》，ESG reporting：Our disclosures | Vodafone IR.

案例编号：IFRS S2.29（a）-002

特斯拉公司

▶ 案例主题：

披露范围1、范围2、范围3温室气体排放及计量方法

▶ 披露内容：

特斯拉参考了世界资源研究所（WRI）和世界可持续发展工商理事会（WBCSD）的《温室气体核算体系：企业核算与报告标准（修订版）》以及《温室气体核算体系范围2指南——温室气体核算体系企业标准修正

案》（合称"温室气体核算体系"）的原则和指导，以便为评估、计算和报告温室气体排放量的标准提供指导。

温室气体排放

范围1、范围2排放量（百万公吨二氧化碳当量）	2022		2021	
	范围1	范围2	范围1	范围2
制造	148000	305000	124000	342000
SSD	27000	74000	31000	35000
其他	27000	29000	30000	26000
合计	202000	408000	185000	403000

温室气体排放量（百万公吨二氧化碳当量/车）	2022	2021
	0.35	0.50
同比制造减排量/车	−29%	

范围3排放量（吨二氧化碳当量）	2022	2021
类别1：外购商品和服务	22334000	
类别3：燃料和能源相关活动	227000	
类别4：上游运输和配送	557000	
类别5：运营中产生的废弃物	478000	
类别6：商务旅行	37000	
类别7：员工通勤	608000	
类别8：上游租赁资产	77000	
类别9：下游运输和配送	2373000	
类别11：已售产品的使用	3409000	1954000

关于范围1温室气体排放：

➢ 固定燃烧源（天然气）：

固定设备和机器的燃烧。

全球天然气使用数据的来源：从第三方供应商处获取的每月公用事业发票。如果没有每月使用数据，特斯拉会通过每平方英尺的年度天然气使用率来估计天然气使用量，而该使用率是根据2022年类似地理位置和场所的实际每月天然气使用数据来确定的。确定使用率后，用其乘以场所建筑空间面积（平方英尺数）即可得到用量。

排放因子：

美国（U.S.）

美国国家环境保护局（EPA）

2022年温室气体清单的排放因子。

➢ 固定燃烧源和移动燃烧源（丙烷、柴油和汽油）：

应急和便携式发电机、动力工业车辆（如叉车）、临时空间加热器和其他便携式设备（如园林绿化设备）的燃烧。

丙烷、柴油和汽油使用数据的来源：从第三方供应商处获取的发票和燃料报告。

排放因子：美国国家环境保护局 2022 年温室气体清单的排放因子。

➢ 制冷剂逸散到大气中产生的温室气体排放：

制冷、空调或类似设备在使用寿命内因制冷剂泄漏和维修产生的逸散性排放。

逸散数据的来源：从购买和／或安装的制冷剂再加注的发票和供应商报告。

➢ 制冷剂逸散排放因子：

美国国家环境保护局 2022 年温室气体清单的排放因子。

政府间气候变化专门委员会 2013 年第五次评估报告。

2014 年霍尼韦尔案例研究。

➢ 车队移动燃烧消耗（柴油和汽油）：

特斯拉的道路和非道路车辆运行产生的燃烧消耗。

柴油和汽油使用量（体积）收集自特斯拉车队管理合作伙伴发放的燃油卡。

特斯拉道路车辆的行驶里程收集自每辆车的里程表读数和实时遥测数据。

特斯拉将全球的车辆按类型进行了分类：柴油中型和重型车辆、汽油乘用车、汽油轻型卡车、汽油重型车辆和非道路工业／商业设备。

为运营而临时增加的轻型车辆被归类为"其他"，针对此类车辆的计算仅限于二氧化碳排放量，因为特斯拉没有关于租用车辆类型和行驶里程的详细信息。

二氧化碳排放量的计算方法是用相关排放因子乘以截至 2022 年 12 月 31 日的全年特斯拉道路和非道路车辆消耗的柴油和汽油量。

▶ **案例点评：**

特斯拉在其 2022 年影响力报告（Impact Report）中，明确披露了价值链活动所产生的范围 1、范围 2 的排放量，如销售产品、提供车辆服务、储存车辆服务所需的零部件以及运送车辆所产生的范围 1 温室气体排放量为 27000 公吨二氧化碳当量，范围 2 温室气体排放量为 74000 公吨二氧化碳当量；同时，也根据《温室气体议定书》类别划分，详细披露其范围 3 温室气体的类别及其排放量，如类别 6：商务差旅产生的范围 3 温室气体排放量为 37000 公吨二氧化碳当量。

特斯拉对其衡量温室气体排放的方法、输入进行了披露。特斯拉采用《温室气体议定书》及原始数据对其温室气体排放进行测算。例如，报告中详细披露了测算范围 1 温室气体排放时所采用的活动数据来源和排放因子。如在测算固定设备和机械天然气燃烧产生的范围 1 温室气体排放时，特斯拉说明其所采用的全球天然气用量数据来自第三方供应商提供的每月公用事业发票。如果没有相应使用数据，特斯拉会根据地理位置和场地类型相似的场地在 2022 年每月实际天然气使用数据，确定每平方英尺的年度天然气使用率，并将该比率乘以场地建筑面积，以此估算天然气使用量。所采用的排放因子来源包括：美国（U.S.）环境保护局（EPA）2022 年温室气体清单排放因子。

▶ **案例来源：**

《特斯拉 2022 影响力报告》P207～224，tesla.com/ns_videos/2022-tesla-impact-report.pdf.

案例编号：IFRS S2.29（a）-003

苹果公司

▶ **案例主题：**

披露范围 1、范围 2、范围 3 温室气体排放及计量方法

▶ **披露内容：**

		财年				
		2019	2020	2021	2022	2023
公司运营排放（吨二氧化碳当量）²	总排放量	573730	334430	166380	324000	324100
	范围1	52730	47430	55200	55200	55200
	天然气、柴油、丙烷	40910	39340	40070	39700	35300
	车队	6950	4270	12090	12600	17000
	其他排放³	4870	3830	3040	2900	2900
	范围2（基于市场）⁴	0	0	2780	3000	3400
	电力	0	0	0	0	0
	蒸汽、供暖和制冷⁵	0	0	2780	3000	3400
	范围3	521000	287000	108400	265800	412800
	商务差旅	326000	153000	22850	113500	225700
	员工通勤⁶	195000	134000	85570	134200	164100
	上游影响（范围1）	0	0	0	10600	18300
	居家办公（基于市场）	0	0	0	7500	4700
	输电和配电损耗（基于市场）	N/A	N/A	N/A	N/A	N/A
	第三方云服务（基于市场）	0	0	0	0	0
	碳清除					
	企业碳补偿⁷	0	−70000[10]	−167000[9]	−324100[8]	−471400
产品生命周期排放（吨二氧化碳当量）[11]	总排放量（范围3）	24460000	22260000	20280000	23020000	15570000
	制造（被购买的商品和服务）	18900000	16100000	16200000	13400000	9400000
	产品运输（上游和下游）	1400000	1800000	1750000	1900000	1500000
	产品使用（使用已售出的产品）	4100000	4300000	4990000	4900000	4600000
	产品报废处理阶段	60000	60000	80000	80000	70000
	碳清除					
	产品碳补偿	0	0	−500000[12]	0	−13500
范围3总排放量（公司和产品）（吨二氧化碳当量）		24980000	22550000	23128400	20545800	15980000
碳足迹总量（补偿前）（吨二氧化碳当量）[13]		25100000	22600000	23200000	20600000	16100000
碳足迹净量（计入补偿后）（吨二氧化碳当量）[12]		25100000	22530000	22530000	20300000	15600000

苹果公司参照《温室气体核算体系：企业核算与报告标准》来计算价值链排放。《温室气体核算体系》目前将范围1排放定义为由公司拥有或控制的来源产生的直接温室气体排放，将范围2排放定义为公司所消耗的外购电力、蒸汽、供暖和制冷产生的间接温室气体排放，并将范围3排放定义为报告公司价值链中产生的所有"其他间接排放"，包括上游和下游排放。苹果公司为其排放设定了运营边界，并排除了《温室气体核算体系》定义的以下范围3类别，这些类别目前共占苹果公司2015基准年范围3排放的不到10%："资本品"和"运营产生的废弃物"，前者因数据可用性有限而限制了苹果公司对相关排放的影响能力，后者产生的排放则可忽略不计。

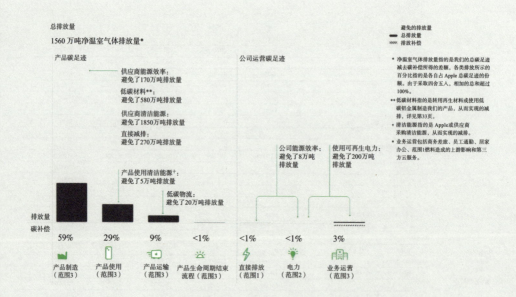

苹果公司计算整个价值链中的碳足迹，从采购材料到产品报废，将直接排放和产品相关排放包括在内。苹果公司的碳足迹范围与温室气体（GHG）核算体系框架一致，包括与苹果公司相关且数据可用的重大排放。

苹果公司的碳足迹包括直接范围 1 排放；来自外购电力、蒸汽、加热和冷却的间接范围 2 排放；来自被购买的商品和服务、运输和分销、商务差旅、员工通勤、产品使用和产品生命周期结束的间接范围 3 排放。

苹果公司的碳足迹基于世界资源研究所（WRI）的温室气体（GHG）核算体系、ISO 14040/14044 等国际公认的标准计算得出。提高碳足迹计算准确度无法一蹴而就。随着了解的深入，苹果公司随时优化碳模型并调整气候目标路线图。例如，出于对准确性和透明度的追求，苹果公司定期优化产品生命周期评估模型，并调整数据来源。苹果公司最近获得了更加细化的数据，总结了销售和使用苹果公司产品的国家和地区，从而运用更精细的电网排放因子来测算产品使用阶段的碳足迹。最终结果表明，苹果公司 2021 年的碳足迹有所增长。而如果使用与 2020 年相同的数据粒度和模型，就会发现 2021 年因使用苹果公司产品而产生的温室气体排放量较前一年有了 2.5% 的降幅。

随着数据来源的改进和业务的发展，苹果公司还会定期重新审视碳足迹范围。例如，自 2020 年 4 月起，苹果公司已实现公司运营排放的碳中和。2022 财年以来，苹果公司扩大了足迹范围，计入了与居家办公、第三方云服务、输电和配电损耗相关的范围 3 排放，并计入了范围 1 燃料的上游影响。

▶ 案例点评：

苹果公司在 2024 年环境进展报告中，明确披露了过去五年内，包括公司运营排放、产品生命周期排放、范围 3 总排放量（公司和产品）、碳足迹总量、碳足迹净量在内的温室气体排放量。如天然气、柴油、丙烷、车队、研发过程中的排放以及制冷剂泄漏所产生的范围 1 温室气体排放

55200 吨二氧化碳当量；电力、蒸汽、供暖和制冷所产生的范围 2（基于市场）温室气体排放 3400 吨二氧化碳当量。同时，苹果公司也根据自身温室气体排放量的目标和进展情况，扩大了范围 3 的核算范围，涵盖了商务差旅、员工通勤、上游影响（范围 1）、居家办公（基于市场）、输电和配电损耗（基于市场）、第三方云服务（基于市场）、制造（被购买的商品和服务）、产品运输（上游和下游）、产品使用（使用已售出的产品）、产品报废处理阶段所产生的温室气体排放，总计 15980000 吨二氧化碳当量。

　　苹果公司对其衡量温室气体排放的方法、数据进行了准确、透明、详尽的披露。苹果公司会随时关注数据来源的改进和业务的发展，定期重新审视碳足迹范围，定期优化产品生命周期评估模型，并调整数据来源。苹果公司建立了产品温室气体生命周期评估（LCA）方法，模型涵盖了产品制造、运输、使用以及报废等全生命周期。在对产品生命周期进行评估时，苹果公司使用 2023 年 IPCC 第六次评估报告（AR6）的 100 年时间跨度全球暖化潜力值（GWP 100）来计算温室气体排放情况，其中包括生物碳。由于温室气体排放的建模存在固有的不确定性，主要原因是数据具有局限性，苹果公司致力于构建科学、完整的数据基础。对于苹果公司温室气体排放的主要构成来源，苹果公司会根据自己特定的参数，开发基于过程的详细环境模型来解决这种不确定性。而对于苹果公司碳足迹中的其余要素，则依靠行业平均数据和假设进行评估。此外，苹果公司排放量数据均通过 ISO 14064 标准进行核算和验证，每年亦会委托独立第三方机构对综合碳足迹、碳排放等的评估方法及数据进行核查，确保其准确性。

▶▶ *案例来源*：

《苹果公司 2024 年环境进展报告》P76 ~ 95，https：//www.apple.com.
cn/environment/pdf/Apple_Environmental_Progress_Report_2024.pdf.

6.1.2　转型风险

主体应披露其易受气候相关转型风险影响的资产或业务活动的金额（数量）和百分比。转型风险指主体向低碳经济转型的风险，涉及广泛政策、法律、技术和市场变化，可划分为政策及法律风险、技术风险、市场风险和信誉风险，具体风险因主体所在的管辖区而异（见表 6-2）。

表 6-2　转型风险的潜在财务风险示例

转型风险类别	潜在财务风险示例
政策及法律风险	合规成本增加，如按照政策要求改变工艺流程增加的经营成本； 资产损失增加，如资产搁浅、计提资产减值损失等； 经营成本增加，如产品被迫退出市场的损失等
技术风险	资产损失增加，如新技术出现导致现有设备、工艺被淘汰； 经营成本增加，如新技术的研发支出、新工艺流程的人员培训成本等
市场风险	经营收入减少，如消费者减少高碳消费导致营业收入下降等； 生产成本增加，如采购成本上升导致更高的生产成本等
信誉风险	营业收入减少，如市场对高碳产品的需求减少等； 融资成本增加，如金融机构对高碳主体的融资约束增加等； 工资成本增加，如难以保留有环保责任感的员工等

 案例编号：IFRS S2.29（b），30，31-001

英国石油公司

▶ **案例主题：**

披露气候转型风险影响的业务
活动的金额和百分比

▶ **披露内容：**

通过定量分析，我们确定了全公司哪些业务领域既有财务规模，又有明显的过渡风险，可能会对英国石油公司的战略弹性产生影响。

我们通过以下方法评估了我们投资组合中的业务领域：（1）定量评估每个业务领域的"潜在重要性"——即其在 2030 年对英国石油公司调整后息税折旧摊销前利润的预期贡献，以及可能因过渡不确定性（包括符合 1.5℃的路径）而面临风险的财务影响量；（2）识别每个业务领域是否存在不同过渡路径可能影响的主要潜在价值驱动因素（"过渡风险驱动因素"）。这样做是为了给业务分配最合适的分析技术。

10 个业务领域占我们预计的 2030 年调整后息税折旧摊销前利润（EBITDA）的 80% 以上，被确定为既能提供潜在的重大财务贡献，又面临主要的过渡风险驱动因素，如下表所示。

业务领域		
弹性碳氢化合物	石油和天然气生产	
	炼油	成品油需求
		生物喷气需求
	沼气	
便利性和机动性	低碳能源	
	电动汽车充电	
	航空燃料销售	
	传统燃料零售	
	传统 B2B 和供应	
	常规道路润滑油	
低碳能源	可再生能源	
	氢气生产	

重大判断和估计：资产账面价值的可回收性敏感性分析

管理层认为，贴现率、石油和天然气价格以及产量是确定上游石油和天然气资产可覆盖金额时估计不确定性的主要来源。下面的敏感性分析除了涵盖估计不确定性的主要来源外，还说明了能源转型、未来潜在的经营性温室气体碳排放成本和 / 或对石油和天然气需求的减少如何进一步影响预测的收入现金流入，如果碳排放成本作为收入现金流的扣减项实施的话，影响程度可能会超过目前集团对石油和天然气 CGU 使用价值估计的预期。

上游石油和天然气财产净收入的变化可能是由于石油和天然气价格的变化、碳排放成本/碳价格的变化、石油和天然气产量的变化或这些因素的组合。

在使用价值减值测试中，管理层根据以下敏感性分析对净收益现金流变化的影响进行了测试：净收入现金流量在 2040 年之前的所有剩余年份增加 8%，在 2050 年之前的所有剩余年份增加 25%；净收入现金流量在 2030 年之前的所有剩余年份减少 20%，在 2040 年之前的所有剩余年份减少 35%，在 2050 年之前的所有剩余年份减少 50%。

这种单独的净收入减少可能导致英国石油公司目前持有的上游石油和天然气资产的账面价值减少 160 亿～170 亿美元，占 2023 年 12 月 31 日不动产、厂房和设备账面净值的 23%～24%。如果净收入减少是由于价格下降造成的，那么它反映了使用布伦特石油价格假设的账面价值的指示性减少，该价格假设大致趋向于与世界可持续发展工商理事会（WBCSD）"系列"情景相关的价格范围的底部，该"系列"情景被认为与将全球平均气温限制在比工业化前水平高 1.5℃ 的目标一致。

这种单独的净收入增长可能会导致英国石油公司目前持有的上游石油和天然气资产的账面价值增加 20 亿～30 亿美元，占 2023 年 12 月 31 日不动产、厂房和设备账面净值的 3%～4%。如果净收入增加是由于价格上涨单独造成的，那么它反映了使用布伦特石油价格假设的账面金额的指示性增加，该价格假设在 2040 年之前大致趋向于最高端，然后趋向于 2050 年的平均值，该价格假设与世界可持续发展委员会认为符合将全球平均气温限制在比工业化前水平高 1.5℃ 的"系列"情景相关。英国石油公司的气候相关财务信息披露工作组（Task Force on Climate Related Financial Disclosures，TCFD）情景分析也采用了该"系列"情景。

▶ 案例点评：

英国石油公司披露了现行管制、碳定价机制、市场以及消费者行为变化引起的气候转型风险带来的财务影响，确定了易受转型风险影响的 10 个业务领域，占其 2030 年预计的 2030 年调整后息税折旧摊销前利润（EBITDA）的 80% 以上，但未披露预计 2030 年这 10 项业务的金额规模。在"重大判断和估计：资产账面价值的可回收性分析"部分，报告披露了公司所做的使用价值减值测试，数据表明其净收入现金流在 2040 年之前的所有剩余年份增加 8%，在 2050 年之前的所有剩余年份增加 25%；净收入现金流在 2030 年之前的所有剩余年份减少 20%，在 2040 年之前的所有剩余年份减少 35%，在 2050 年之前的所有剩余年份减少 50%。该测试结果体现了由于气候变化可能影响的公司现金流变化情况。

▶ 案例来源：

《英国石油公司 2023 年报》P66～67，178，bp.com/content/dam/bp/business-sites/en/global/corporate/pdfs/investors/bp-annual-report-and-form-20f-2023.pdf.

案例编号：IFRS S2.29（b），30，31-002

国家碳化氢公司

▶ **案例主题：**

披露转型风险对碳氢化合物业务的财务影响

▶ **披露内容：**

碳氢化合物价格的预测是国家碳化氢公司（意大利埃尼公司）情景预测的一部分，该情景预测考虑了宏观经济和行业预测、政策、法规和技术（现有的或可预见的），并为相关的经济和能源变量提供了整体和一致的框架。

该方案考虑了宏观经济和行业预测、政策、法规和技术（现有的或可预见的），为相关的经济和能源变量提供了一个整体一致的框架。这些预测纳入了管理层对各种能源市场基本面的最佳估计，同时考虑到不断变化的市场环境和与能源转型相关的挑战。根据公司管理层的情景假设，石油和天然气资产组的使用价值（VIU）显示出约为资产账面价值80%的净空（VIU与账面价值之间的差额）。石油和天然气资产组在各种情况下的累计净空与相应账面价值的百分比，以及对税前利润表的潜在影响见下图。

▶ **案例点评：**

国家碳化氢公司在其2023年公正转型报告中披露了其碳氢化合物业务面临的转型风险对其财务影响的规模情况。碳化氢化合物业务是公司的核心业务。根据公司管理层的情景假设，石油和天然气资产组的使用价值（VIU）显示出约为资产账面价值80%的净空。若采用IEA NZE 2050情景，对公司税前利润的损害可能达到32亿欧元到43亿欧元。

	石油和天然气CGUS净空使用价值与账面价值		可能的损害	假设2050年实际值 2022年美元		
	可抵扣的二氧化碳费用	不可免税二氧化碳排放量	十亿欧元	布伦特原油价格	欧洲天然气价格	二氧化碳成本
埃尼的情景	77%	-		48美元/桶	6.2美元/百万英热单位	欧盟/ETS的二氧化碳成本预测+林业成本预测
埃尼价格假设被削减10%	56%	-	(1.0)			欧盟/ETS的二氧化碳成本预测+林业成本预测
Eni的情景假设WAAC增加1%	67%	-	(0.2)			欧盟/ETS的二氧化碳成本预测+林业成本预测
IEA NZE 2050情景	28%	23%	(3.2)-(4.3)	25美元/桶	4.1美元/百万英热单位	每吨二氧化碳250～180美元

a）价值范围取决于发达或新兴经济体是否有净零排放承诺。对于低收入经济体，预计成本较低。

▶ **案例来源：**

《国家碳化氢公司2023年公正转型报告》P46，eni.com/content/dam/enicom/documents/eng/sustainability/2023/eni-for-2023-just-transition-eng-print.pdf.

6.1.3 物理风险

主体应披露易受物理风险影响的资产或业务活动的金额和百分比。这些资产或业务活动可按照急性风险和慢性风险分解。突发事件引起的急性风险，

包括极端风暴（台风）、极端降水（水灾）或极端温度等。极端温度或极端风暴造成的损毁可通过影响主体场所、业务、供应链、运输需求和员工安全来影响主体财务绩效。气候模式的长期转变引起的慢性风险，包括平均气温长期升高、降水模式变化或海平面上升的部分。随着时间的推移，慢性风险也可能对主体造成重要财务影响，例如与水资源可用性、来源和质量变化相关的财务影响；影响主体场所或业务的海平面上升导致的淹没；影响供应链的长期干旱。

 案例编号：IFRS S2.29（c），30，31-001

紫金矿业集团股份有限公司

▶ **案例主题：**

披露物理风险影响的资产金融及百分比

▶ **披露内容：**

我们依据 TCFD 建议框架，识别出在短期、中期和长期潜在的物理风险，并定量地评估在高排放情景和低排放情景之下气候灾害在基准时期、21 世纪 30 年代和 21 世纪 50 年代对我们 42 个主要资产造成的潜在物理风险，其中基准时期表示目前的气候状况，能够体现短期潜在的气候风险，21 世纪 30 年代和 21 世纪 50 年代则表示中期和长期潜在的气候风险。

物理风险情景分析采用的物理气候情景及预估时期

在相应情景下受物理风险影响的公司资产额及比例

气候灾害	基准	20世纪30年代		20世纪50年代	
		SSP1–2.6	SSP5–8.5	SSP1–2.6	SSP5–8.5
极端高温	0 (0)	0 (2)	12% (5)	14% (6)	45% (19)
极端低温	7% (3)	0 (0)	2% (1)	0 (0)	0 (0)
河流洪涝	5% (2)	5% (2)	5% (2)	5% (2)	5% (2)
极端降水洪涝	5% (2)	5% (2)	5% (2)	5% (2)	5% (2)
台风	5% (2)	10% (4)	12% (5)	12% (5)	12% (5)
滑坡	17% (7)	24% (10)	17% (7)	26% (11)	19% (8)
水压力与干旱	14% (6)	21% (9)	21% (9)	24% (10)	24% (10)
山火	10% (4)	10% (4)	12% (5)	14% (6)	17% (7)

严重程度　● 极高　● 高　● 中　● 低　● 极低

注：*不同时期和气候排放情景下八类气候灾害影响公司资产的比例及数目（括号）·颜色表示严重程度。

▶ **案例点评：**

  紫金矿业在《应对气候变化行动方案》中披露了公司面临的主要物理风险类别，涵盖极端高温、极端低温、河流洪涝、极端降水洪涝、热带气旋、滑坡、山火和水压力 8 个气候指标，选择了政府间气候变化专门委员会（IPCC）第六次报告中的两个共享社会经济路径（Shared Socioeconomic Pathways，SSPs），即 SSP1-2.6（低排放情景）和 SSP5-8.5（高排放情景），识别出在短期、中期和长期潜在的物理风险，并定量地评估在高排放情景和低排放情景之下气候灾害在基准时期、21 世纪 30 年代和 21 世纪 50 年代对 42 个主要资产造成的潜在物理风险，并以表格形式详细展现了不同时期、不同情景下受影响的资产金额和百分比。以极端高温为例，预估在 2050 年 SSP5-8.5 情景（高排放情景）之下，接近一半的资产在极端高温的情景下风险达到高或极高水平，并且对矿山资产产生的显著影响，但报告中未标明资产单位。

▶ **案例来源：**

  《紫金矿业应对气候变化行动方案》P11～15，zjky.cn/upload/file/2023/02/13/c6664fd728f246958b7978049cc80cb2.pdf.

6.1.4　气候相关机遇

  主体应披露与气候相关机遇相关的资产或业务活动的金额和百分比，并应考虑与气候相关的发展潜力、气候变化减缓或适应行动的预期成本节约，以及由于低碳产品或服务（或采用气候适应方案）而产生的潜在市场规模变化、净收入预期变动等情况。以下为气候相关机遇的一些示例：

  （1）能源效率与能源机遇。例如，主体采用更高效的交通运输方式或生产与分销流程，把握机会使用循环利用的新能源，从而降低水资源消耗。

（2）产品与服务机遇。例如，主体通过研发创新产品与服务，能够进一步提高公司利用多元化规避气候风险的能力。同时把握消费者偏好改变的机会。

（3）市场机遇。例如，主体打破行业界限，抓住进入新市场机遇，利用政府激励政策，增加主体收入及金融资产。

（4）应变能力机遇（韧性）。主体及时制定应变规划策略，向各利益相关方展示自身在不同情景下的运营能力。

案例编号：IFRS S2.29（d），30，31-001

特斯拉公司

▶ 案例主题：

披露电动车销量及充电站可再生能源利用信息

▶ 披露内容：

2022 年特斯拉在全球生产并交付了超过 130 万辆电动车

虽然我们专注于自己的交付量，但所有汽车制造商的电动车销量都需要增加。我们希望每个汽车制造商每年都能努力生产数十万辆电动车，因为只有全行业发生转变才能实现大幅减排。

碳排放积分收入助力电动车产能扩张，进而取代燃油车。2022 年，

我们通过向其他汽车原始设备制造商（Original Equipment Manufacturer，OEM）厂商出售积分，创造了近18亿美元的收入。

虽然燃油车OEM厂商从其他公司（如特斯拉）购买积分以抵消其碳排放的做法在今天并不鲜见，但这并不是一种可持续的战略。为了满足世界各地日益严格的监管要求，汽车OEM厂商未来必将转向研发真正具备竞争力的电动车。

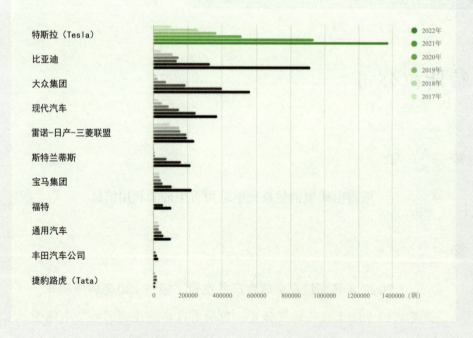

用可再生能源为车辆提供动力

2022年，特斯拉借助当地资源和年度可再生能源匹配使全球超级充电站网络的可再生能源利用率达到 100%。通过年度可再生能源匹配，加州有一半以上的家庭实现了 100% 可再生能源充电。

▶ **案例点评：**

电动车作为低碳产品具有潜在市场，特斯拉在其 2022 年影响力报告（Impact Report）中明确披露了其电动车销量为 130 万辆，相比 2021 年快速增长，并显著高于其他车企电动车销量。同时，特斯拉抓住进入新市场机遇，利用政府激励政策，通过向其他汽车 OEM 厂商出售积分，创造了近 18 亿美元的收入。在电动车充电方面，特斯拉充电站实现了对当地可再生能源 100% 的利用率，通过研发创新产品与服务，能够进一步提高公司把握气候机遇的能力。

▶ **案例来源：**

《特斯拉 2022 影响力报告》P21，30，tesla.com/ns_videos/2022-tesla-impact-report.pdf.

6.1.5 资本配置情况

主体应披露为应对气候相关风险和机遇而发生的资本支出、融资或投资的金额。通过促进资本流向低碳性提高较快的行业或从低碳性提高较慢的行业中撤出，或促进资本增幅较大的行业走向低碳发展更快的道路[1]，主体可以更好地从资本配置上做好气候变化风险与机遇的应对。

---

[1] 岳书敬. 基于低碳经济视角的资本配置效率研究——来自中国工业的分析与检验[J]. 数量经济技术经济研究，2011，28（4）：110–123.

案例编号：IFRS S2.29（e）-001

英国石油公司

▶ **案例主题：**

披露灵活调整资本配置适应政策、技术和市场变化

▶ **披露内容：**

我们计划投入足够的资本来执行我们的战略，使我们能够减轻风险并抓住所发现的机会。作为年度规划流程的一部分，我们评估整个业务领域的资本分配，包括考虑市场演变。2024年2月，我们宣布预计2024年和2025年资本支出约为160亿美元；到2030年，规模将达到140亿～180亿美元。我们预计，到2030年，每年用于五个转型增长引擎的投资比例将比2024年有所增长。为了保持适应转型步伐和获取机会的弹性，随着政策、技术和市场的发展，我们将继续灵活运用资本。

▶ **案例点评：**

英国石油公司计划充足投资以实施战略，减轻风险并抓住机遇，考虑市场变化以评估各业务资金分配。预计2024～2025年资本支出约160亿美元，至2030年投资额为140亿至180亿美元。转型增长引擎的投资比例将逐年增长。

▶ 案例来源：

　　《英国石油公司 2023 年年报》P63，bp.com/content/dam/bp/business-sites/
en/global/corporate/pdfs/investors/bp-annual-report-and-form-20f-2023.pdf.

案例编号：IFRS S2.29（e）-002

埃克西尔能源公司

▶ 案例主题：

披露"钢铁换燃料"投资计划

▶ 披露内容：

转变我们的电力和天然气系统资源组合

电力系统向无碳电力过渡

　　我们向无碳电力的过渡为系统的持续投资提供了许多机会。这包括在
2030 年之前对风能和太阳能等可再生能源的投资，以及对新技术的投资，
以帮助我们实现 2050 年目标。迄今为止，我们已开始在可再生能源领域

实施强有力的投资战略，包括我们的"钢铁换燃料"战略；我们的系统中已有11000兆瓦的风力发电和2700兆瓦的太阳能发电，其发电量占2021年能源总量的36%。

"钢铁换燃料"是我们安装风能和太阳能项目的一项举措，在这一项目中，可再生能源生产税额抵免和避免的燃料成本可以抵销项目的资本成本。

可再生能源生产税收抵免所节省的资金和避免的燃料成本足以抵销这些项目的资本成本。这一战略还得益于可再生能源资产的高容量因素，因为我们在一些风能和太阳能的最佳地理位置运营。我们正在退役或减少可变成本为每兆瓦时22~23美元的煤炭发电，并用成本低于每兆瓦时20美元的新风力发电场取代这些发电。

我们建议加快托克发电站煤炭业务的退役速度，到2030年底科罗拉多州科曼奇3号燃煤机组退役时，将在全公司范围内停止使用煤炭。随着我们对实现清洁能源愿景所需资产的投资，费率基础预计将从2022年的389亿美元增长到2027年的533亿美元。

我们已经批准了科罗拉多州和上中西部地区的计划，以帮助我们在2030年前将这些地区客户用电产生的二氧化碳排放量减少85%。这些计划要求到2032年增加近10000兆瓦的风能和太阳能发电能力。这些计划下的投资机会预计将在2024年至2026年间带来10亿~15亿美元的增量投资。在科罗拉多州清洁能源计划中，我们预计将进行5亿~10亿美元的输电投资，以支持可再生资源，包括网络升级、电压支持和互联工作。

从2025年到2030年及以后，埃克西尔能源将持续对钢铁换燃料和化石燃料替代进行投资，并加大对输电系统的投资，以实现可再生能源的整合，缓解输电线路的拥堵。

▶ **案例点评：**

　　埃克西尔能源公司在其 TCFD 报告中披露了将电力系统转变为无碳电力的资本配置计划。该计划旨在以每兆瓦时 22～23 美元的可变成本淘汰或减少煤炭发电，并以每兆瓦时 20 美元以下的成本建造新的风力发电厂。公司预计其费率基础将从 2022 年的 389 亿美元增长到 2027 年的 533 亿美元。公司还进一步披露了在 2024 年到 2026 年计划开展的风能、太阳能发电的增量投资在 10 亿～15 亿美元。

▶ **案例来源：**

　　《埃克西尔能源（Xcel Engergy）2022 年气候风险管理报告》P39，Managing-Risks-Opportunities-in-the-Net-Zero-Transition-TCFD-Response.pdf（q4cdn.com）.

6.1.6　内部碳定价

　　主体应披露是否以及如何在决策中应用碳定价（例如，投资决策、转让定价和情景分析）；并披露内部用于评估其温室气体排放成本的每公吨温室气体排放价格。据全球环境信息研究中心（CDP）最新公布数据，最近 5 年，全球使用或计划使用内部碳定价的主体增加了 50%。全球 500 强中有 50% 的主体使用了内部碳定价机制。

　　"碳定价"[①] 是一种将碳排放从物理变量转换为经济变量，并从经济杠杆视角驱动主体投资、生产与运营决策产生根本转变的财务方法。"内部碳定价"

---

　　① 刘凤委.内部碳定价机制驱动企业低碳转型发展［J］.新理财—公司理财，2022（4）：20–23.

（ICP）是其中的一种，指主体内部设定碳价格，通过将二氧化碳排放量换算成费用，用于评估投资、生产和消费模式变化的财务影响以及潜在的技术进步和未来减排成本的价格。内部碳定价可以用于一系列商业应用。实施内部碳定价的动机包括：推动低碳投资；提高能效；改变内部行为；识别并抓住低碳机遇；导航温室气体排放法规；利益相关者期望；压力测试投资；供应商参与[①]。

内部碳定价的定价方法主要有以下几种：

（1）影子价格。

影子价格是理论成本或名义金额，不是真实的费用，只是一种内部设定的理论值，但可用于评估经济影响或权衡风险影响、新投资、净现值等项目，以及各种举措的成本效益。影子价格能够反映出真实经济价值、反映市场供求状况、反映资源稀缺程度、使资源得到合理配置的价格。

（2）隐含碳价。

隐含碳价主要是针对防止发达国家将"碳泄漏"引起高耗能、高污染留在生产国，规避承担减排义务及法律风险等提出的对于"隐含碳"的度量及测算。

隐含碳价比（D）＝特定行业对外贸易隐含碳的当期欧盟碳交易价格折合人民币（TC）/特定行业出口所获取利润（TP）×100%

公式解释：当D>1，说明该行业的出口所获取的利润不足以抵销实际产生的隐含碳，该行业出口获得的利润无法平衡隐含碳排放所造成的福利损失。当D=1，说明该行业的出口所获取的利润刚好抵销实际产生的隐含碳，处于一个较为平衡的状态。当D<1，说明该行业的行业出口所获取的利润可以抵销实际产生的隐含碳，并有剩余[②]。

---

① 碳定价机制发展现状及未来趋势［R］.世界银行集团，2022.
② 张子云，等.我国钢铁行业出口贸易中隐含碳价比的度量及变化趋势分析［J］.科技信息，2012（21）：7-9.

（3）内部碳税。

内部碳税是指需要主体对超额排放的部分征收实际税费。

（4）碳抵消。

碳抵消是指通过减少某个地方温室气体排放或增加碳储存（如植树造林、土地恢复），来补偿其他地方发生的排放[①]。我国目前实行的碳抵消机制是中国温室气体自愿减排计划（CCERs）。

（5）碳内部交易。

为降低一个集团公司的碳排放，引入市场机制，在一个集团公司内部实行碳交易的制度。集团公司根据其总排放以及减排目标，向其下属机构（以公司、工厂，甚至以生产车间为单位）下放排放限额。然后各下属机构根据自身情况考虑是否参与碳交易来达成自己的排放目标。

案例编号：IFRS S2.29（f）-001

微软公司

▶ **案例主题：**

披露内部碳定价机制

▶ **披露内容：**

2012年，我们设立了内部碳定价机制，为公司实现碳中和目标提供

[①] 葛新峰. 碳抵消机制的实践及建议［J］. 金融纵横，2021（11）：21-28.

资金。通过这项收费，我们向整个公司的微软业务集团收取与其能源消耗（范畴1和范畴2）和商务航空旅行（范畴3类别6）相关的排放费用。2019年，我们将该费用提高到15美元/吨二氧化碳当量。

15美元/吨二氧化碳当量的成本计算基于我们正在实施的碳减排措施的成本。2020年，为了支持我们到2030年实现负碳排放的新目标，我们扩大了收费范围，以涵盖每个业务集团的全部范畴3排放。除了为微软采购可再生能源证书、可持续航空燃料证书和碳清除提供资金外，该费用还提供了一种激励机制，有助于提高能效和改变设计，使用低碳材料。

在向低碳经济过渡的过程中，增加清洁能源的使用将有助于我们降低温室气体净排放量（和任何相关的碳定价成本），并实现我们100%使用可再生能源的目标。

我们制定了评估方法，以反映供应商的特定风险和机遇如何体现并影响我们的业务——即通过供应链中断或微软服务恶化的风险。风险包括但不限于法律和政策风险，如碳定价和其他法规带来的风险、使用高碳产品带来的声誉风险，以及难以采购到高碳产品带来的市场风险。产品所带来的声誉风险及难以采购原材料所带来的市场风险。

▶ **案例点评：**

微软是通过设立内部碳排放费机制实现气候目标的典型代表。自2012年开始，微软通过向其内部机构收取企业内部碳排放费，形成低碳投资中央基金，再将资金投入到低排放领域，来帮助微软实现减排承诺。2019年，微软加倍征收公司各运营部门的碳排放费用，上调费率至每吨碳排放15美金，并扩大收费范围以涵盖每个业务集团，旨在让各业务部门从财务上承担起减少碳排放的责任。关于在决策中应用碳定价，微软披露其内部碳定价是基于正在实施的碳减排措施的成本计算得出的，与其气候战略目标实现紧密相关。同时，在进行气候风险机遇情景分析与采取相应的应对措施过程中，内部碳定价也在其中发挥着作用。

▶ 案例来源：

《微软 2024 年 TCFD 报告》P13，20，30，Task Force on Climate-related Financial Disclosures 2024 report（microsoft.com）.

6.1.7　薪酬

主体应披露在决定高级管理人员薪酬时是否以及如何考虑气候相关因素，与气候相关因素挂钩的高级管理人员薪酬百分比。如在污染行业，良好的环境绩效会增加 CEO 的薪酬；长期薪酬对后续环境绩效有正向影响。

案例编号：IFRS S2.29（g）-001

三井住友信托集团

▶ **案例主题：**

披露将气候相关事项纳入高管薪酬体系

▶ **披露内容：**

高管薪酬绩效评价指标体系

类别	薪酬绩效挂钩指标	选择原因	权重	计算方法	最终确定方法
董事和行政管理人员的奖金（与业绩挂钩的奖金）					
与短期薪酬挂钩	1. 合并业务净利润	衡量公司在本报告所述年度的业务成果和能力的适当指标	66.7%	—	—
	2. 归属于母公司所有者的净收入		33.3%	—	—
股票报酬					
与近期收入挂钩	1. 合并净利润	—	—	—	由薪酬委员会在充分考虑特殊因素和商业环境的情况下确定成就率上限为130%，下限为0
	2. 归属于母公司所有者的净收入	—	—	—	
与中期财务指标挂钩	1. 合并股东权益和投资回报率	—	—	—	
	2. 合并的普通股一级资本比率	—	—	—	
	3. 综合管理费用比率	—	—	—	

续表

类别	薪酬绩效挂钩指标	选择原因	权重	计算方法	最终确定方法
与ESG挂钩	环境、社会和公司治理总体评估。类别：气候变化，FD和CS活动（FD：客户导向的业务运营；CS：客户满意度的提高），员工参与，D&I（赋予妇女权利等），ESG评估机构	基于重要性的考虑，我们将气候变化、受托责任（FD）和客户满意度（CS）、员工参与、D&I（赋予妇女权利等）以及ESG评估机构确定为五个重要类别，并决定对这些类别进行全面的定量和定性评估，以便全面评估ESG	33.3%	根据评估得出的分数	由薪酬委员会在充分考虑特殊因素和商业环境的情况下确定成就率上限为130%，下限为0

▶ 案例点评：

　　三井住友信托集团将近期收益、中期财务指标和ESG按1∶1∶1的比例反映在股票薪酬的绩效评估中。通过重要性审查，三井住友将ESG评估分为包含气候变化、受托责任和客户满意度、员工敬业度等五个类别。薪酬委员会通过对这五个类别进行定量和定性评估，从而确定ESG的总体得分并将其反映在高管薪酬中。

▶ 案例来源：

　　《三井住友（SuMi TRUST）2022/2023年TCFD报告》P8，TCFD-E-all.pdf（smth.jp）。

案例编号：IFRS S2.29（g）-002

壳牌公司

▶ 案例主题：

> 披露能源转型目标作为高管年度
> 奖金和长期激励计划的组成部分

▶ 披露内容：

我们的薪酬政策旨在挑战和支持执行委员会（EC）减少碳净排放量，同时为股东创造价值。能源转型目标是 2023 年年度奖金计分卡（15% 权重）的一部分，适用于壳牌的大多数员工，也是 2023 年高级管理人员长期激励计划（LTIP）奖励（25% 权重）和 2023 年其他员工绩效股票计划（PSP）奖励（12.5% 权重）的一部分，这两项奖励都将于 2026 年归属。

▶ 案例点评：

壳牌公司将能源转型目标达成情况作为公司高级管理人员的年度薪酬评价和长期薪酬激励的一部分，分别占年度奖金的 15% 和长期薪酬激励计划奖励的 25%。相比于将 ESG 整体作为薪酬计划的一部分的企业，直接将能源转型即气候变化相关绩效作为薪酬激励机制的一部分，展现了在减缓与适应气候变化方面更高的雄心与决心。

▶▶ 案例来源：

　《壳牌能源转型战略 2024》，shell-ets24.pdf.

6.1.8　行业指标

　　主体应披露其与某一行业的特定商业模式、活动或其他共同特征相关联的基于行业的指标。气候相关风险和机遇对主体产生的影响，具体取决于其业务模式和相关经济活动，主体应披露因行业而异的与主体价值的关键驱动因素挂钩的指标，以便有效评估气候相关风险和机遇。以银行业为例，相较于运营当中产生的温室气体等排放指标，主体更注重于气候相关风险与机遇对授信业务造成的影响的财务指标（不良贷款率等）。主体在确定其应披露的一个或多个行业指标时，应参考并考虑 IFRS S2 随附《IFRS S2 行业实施指南》所述披露主题相关的行业指标的适用性。具体关于行业指标的解读与案例，请参阅本书第七章：行业实施指南。

▶ 6.2　气候相关目标

　　主体应披露为减缓或适应气候相关风险，或利用气候相关机遇而设定的目标包括温室气体排放目标和治理机构或管理层为衡量实现这些目标的进展情况而使用的衡量标准。

6.2.1　主体设定及法律法规要求的目标

主体应披露为监控实现战略目标的进展而设定的气候相关定量和定性指标，以及法律法规要求主体实现的目标，包括温室气体排放目标。对于每个目标，都应该披露以下信息：

（1）用于设定目标的指标［IFRS S2.33（a）］。在确定和披露用于设定气候相关目标和衡量进展的指标时，主体应考虑跨行业指标和行业指标。如果该指标由主体制定用于衡量目标的进展情况，则该主体应根据 IFRS S1.50 披露有关该指标的信息 B67。在确定和披露用于设定和监测实现目标进展情况的衡量标准时，主体应参考并考虑跨行业衡量标准和基于行业的衡量标准的适用性，包括适用的国际财务报告准则可持续发展披露标准中所述的衡量标准，或符合 IFRS S1 要求的衡量标准。

（2）设定目标的目的［IFRS S2.33（b）］。目的指行为的意图，追求的最终结果，是一种宏观的定性描述。目标是具体的、可量化的、可及的、有期限的，是对目的的具象化衡量。主体在披露其设定的气候相关定量或定性目标时，应明确设立气候相关目标的具体目的，如以减缓全球气候变暖为目的设立碳减排目标，或以符合科学倡议要求为目的。

（3）目标适用范围［IFRS S2.33（c）］。主体在披露其设定的气候相关定量或定性目标时，需说明其目标适用的主体范围，即目标适用于整个主体还是仅适用于主体的一部分（某个业务单元或特定地理区域等）。如主体应披露其制定的减碳目标仅适用于中国地区的生产线。

（4）目标适用期间［IFRS S2.33（d）］。主体应说明其制定的目标的适用期间，即目标计划实现的时间范围。如某汽车制造主体披露新能源替代计划将在 2025 年开展，并于 2030 年前完成，则该目标的适用期间为 2025 年至 2030 年。

（5）衡量目标进展情况的基准期间［IFRS S2.33（e）］。基准期是指作为比较对象的时间段，通常选择过去一段时间或者同期的时间作为基准期。确定基准期是为了能够准确比较主体制定指标的变动情况。如主体披露到 2025 年，其碳排放量将较 2017 年减少 80%，2023 年已经较 2017 年的排放量减少 50%。

（6）阶段性目标和中期目标 [IFRS S2.33（f）]。主体应披露其为实现总体目标而设定的阶段性目标或中期目标及其阶段性成果（如有）。如主体披露其碳减排计划将在 2025 年较基准期减少 80%，将在 2030 年实现零碳排；2023 年已经实现较基准期间的碳排放量减少 50%。

（7）定量目标，应披露定量目标是绝对目标还是强度目标 [IFRS S2.33（g）]。绝对目标是某项措施的总量或某项措施总量的变化，如主体按照以总排放量设置碳排放目标。强度目标的定义是某项措施与业务指标的比率或某项措施与业务指标比率的变化，如主体按照单位生产量的排放量设置碳排放目标。

（8）最新气候变化国际协议如何帮助目标制定 [IFRS S2.33（h）]。如果主体在制定气候相关目标和指标时，参考了气候变化相关的最新国际协定，主体应披露其参考的最新气候变化国际协议并说明该协议为其制定目标和指标提供的具体参考信息。

准则还对于温室气体排放目标的披露进行了进一步的额外规定，主要内容涵盖应披露的温室气体类别、范围、定义、方法、碳抵消计划等。具体包括：

①目标涵盖的温室气体类别与范围 [IFRS S2.36（a）（b）]。主体应披露相关目标涵盖的温室气体类别，并说明目标涵盖范围是否包含范围 1、范围 2 或范围 3 的温室气体排放。

②如果主体设有温室气体排放目标，主体应披露该目标是温室气体排放总量目标还是温室气体排放净量目标 [IFRS S2.34（c）]。温室气体排放总量目标反映了主体价值链中计划的温室气体排放总量变化；而温室气体净排放目标是指主体的目标温室气体排放总量减去任何计划的抵消努力（如主体计

划使用碳信用额抵消其温室气体排放）。如果主体披露温室气体净排放目标，不代表主体豁免披露其温室气体总排放目标的信息，主体还需单独披露相关的温室气体排放总量目标。

③目标是否来源于行业脱碳法［IFRS S2.36（d）］。行业脱碳法（Sectoral Decarbonization Approach，SDA）是一种利用碳排放强度趋同来设定物理强度目标（Physical Emission Intensity）的方法，旨在帮助属于同质化能源密集型行业的主体设定与全球2℃减排路径一致的减排目标[①]。该方法充分考虑了各行业之间的固有差异（如减排潜力以及各行业相对于经济和人口增长的速度）将2℃碳预算分配给不同行业[②]。各行业内的主体可根据其基准年碳排放强度和其在行业活动中所占的比重来明确其科学减排目标。例如，某行业内某主体的市场份额不断扩张，基于行业脱碳法，该主体应当设定更快速的排放强度减排路径，避免所在行业碳预算超标。行业脱碳法适用行业包括发电业、钢铁业、化工业、铝业、水泥业、制浆造纸业、运输业（包括公路、铁路和航空运输等）以及商业建筑（如酒店、办公楼、商场等）等具有明确活动和物理强度数据的行业[③]。

④如主体计划使用碳信用抵消温室气体排放，以实现其任何温室气体净排放目标，主体应披露碳信用使用相关信息［IFRS S2.36（e）］。碳信用额度是一种常见的碳抵消类型。采用化石能源替代等方式实现的碳减排，如风电、光伏、垃圾焚烧等可再生能源项目。通过吸收大气中的二氧化碳达到减排效果，如林业碳汇、碳捕获利用与封存技术（CCUS）等。具体披露内容包括：实现温室气体净排放量目标依赖碳信用的使用程度和方式；哪些第三方计划将核实或认证碳信用；碳信用的类型；通用财务报告使用者了解主体碳信用可信度和完整性的其他因素。

---

①②③　CDP，WRI and WWF. Quick Guide to The Sectoral Decarbonization Approach. 2015. https：//sciencebasedtargets.org/resources/legacy/2015/05/A-Quick-Guide-to-the-Sectoral-Decarbonization-Approach.pdf.

中电集团

▶ **案例主题：**

披露设立的气候目标

▶ **披露内容：**

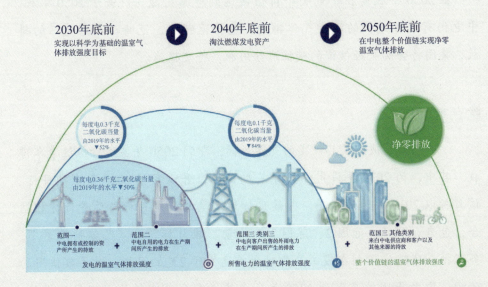

为 2030 年设定科学基础目标——中电为 2030 年定下新的中期目标，以配合在《巴黎协定》下，务求把全球暖化控制在较工业化时代前远低于 2℃的目标。

以 2019 年排放量为基础，中电承诺：

➤ 把集团所售电力的温室气体排放强度，包括范畴一、范畴二及范畴

三，减少 52%。每度电 0.3 千克二氧化碳当量的新目标远低于之前所定下的每度电 0.5 千克二氧化碳的目标。

➤ 把集团发电的温室气体排放强度，包括范畴一及范畴二，减少 50% 至每度电 0.36 千克二氧化碳当量。

➤ 根据科学基础目标倡议组织的标准，把供应给客户的天然气于燃烧时所产生的范畴三温室气体排放绝对排放量减少 28%。

加强 2040 年的中期目标——中电亦强化 2040 年的中期目标，把所售电力的温室气体排放强度，包括范畴一、范畴二及范畴三，减至每度电 0.1 千克二氧化碳当量，远低于之前所定下的每度电 0.34 千克二氧化碳的目标。

在 2050 年底前在中电整个价值链达到净零排放——若于 2050 年底，中电仍有无可减低的温室气体排放，包括范畴一、范畴二及范畴三的排放，集团将会购买经核证的碳抵消信用额，将之抵消。

▶ 案例点评：

中电集团披露了其设定的气候目标，即到 2050 年实现价值链净零排放。其中，为 2030 年设定了科学基础目标，并设定了 2040 年中期目标。该目标以 2019 年为基准年。气候目标为定量的强度目标与总量目标相结合，包含范围 1、范围 2、范围 3 排放量。该目标符合《巴黎协定》下，务求把全球暖化控制在较工业化时代前远低于 2℃ 的目标。对于碳信用的使用，中电集团披露了到 2050 年底，若仍有无可减低的温室气体排放，包括范畴一、范畴二及范畴三的排放，将会购买经核证的碳抵消信用额，将之抵销。报告中未明确描述是否采用行业脱碳法，但其 2030 年目标满足科学基础目标，而科学基础目标要求采用行业脱碳法，因此据推断应该满足此项要求。

▶ **案例来源：**

《2022 中电气候相关披露报告》P9～10，clpgroup.com.

案例编号：IFRS S2.33，36，37-002

紫金矿业集团股份有限公司

▶ **案例主题：**

披露设立的气候目标

▶ **披露内容：**

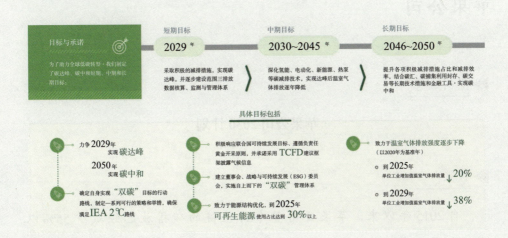

目标与承诺	短期目标	中期目标	长期目标
为了助力全球低碳转型，我们制定了碳达峰、碳中和短期、中期和长期目标：	**2029**年 采取积极的减排措施，实现碳达峰，并逐步建设范围三排放数据核算、监测与管理体系	**2030~2045**年 深化氢能、电动化、新能源、热泵等碳减排技术，实现达峰后温室气体排放逐年降低	**2046~2050**年 提升各项积极减排措施占比和减排效率，结合碳汇、碳捕集利用封存、碳交易等长期技术措施和金融工具，实现碳中和

具体目标包括

- 力争 2029 年 **实现碳达峰**
  2050 年 **实现碳中和**
- 确定自身实现"双碳"目标的行动路线，制定一系列可行的策略和举措，确保满足 **IEA 2℃**路线

- 积极响应联合国可持续发展目标、遵循负责任黄金开采原则，并承诺采用 **TCFD**建议框架披露气候信息
- 建立董事会、战略与可持续发展（ESG）委员会，实施自上而下的"**双碳**"管理体系
- 致力于能源结构优化，到2025年**可再生能源**使用占比达到 **30%**以上

- 致力于温室气体排放强度逐步下降（以2020年为基准年）
  - 到 **2025** 年 单位工业增加值温室气体排放量 **↓20%**
  - 到 **2029** 年 单位工业增加值温室气体排放量 **↓38%**

251

▶ 案例点评：

　　紫金矿业围绕助力碳转型设立了绝对目标，如可再生能源使用占比在 2030 年达到 30% 以上；设立了强度目标，如 2025 年单位工业增加值温室气体排放量下降 38%，明确减少温室气体排放量、减缓气候风险和把握气候机遇方面的具体目标。

▶ 案例来源：

　　《紫金矿业应对气候变化行动方案》P25，zjky.cn/upload/file/2023/02/13/c6664fd728f246958b7978049cc80cb2.pdf.

 案例编号：IFRS S2.33, 36, 37-003

苹果公司

▶ 案例主题：

苹果公司 2030 计划

▶ 披露内容：

　　自 2015 年以来，苹果公司整个价值链的碳排放已经减少 55% 以上，取得了重大的进展。苹果公司已经开始为办公室、零售店和数据中心采购100%可再生电力，并于2018年实现了这一转变目标。2020年，苹果公司的公司运营排放已经实现碳中和。多年来，苹果公司以身作则，让整个行业持续减少给环境留下的印迹。但苹果公司也深知这还远远不够。为进一步降低对地球这一人类共有家园的影响，苹果公司设立了一个突破性的新目标：苹果公司承诺到2030年实现全部碳足迹的碳中和。

苹果公司已作出志向远大的承诺，并制订了以科学为基础的计划，来达成苹果公司2030计划目标。苹果公司的重点是在整个价值链内实现材料、电力和运输这三大排放源的脱碳。对于无法进一步减少的排放量，苹果公司的主要措施是寻找基于自然的高质量碳信用额。苹果公司投资碳封存和碳清除项目，来帮助实现碳中和。

电力：设备生产和充电所消耗的电力是苹果公司所有产品系列排放的最大来源。要实现全部碳足迹的碳中和，需要转用100%清洁能源，以及在供应商工厂内大幅减少能源消耗。苹果公司在2015年推出了供应商清洁能源项目，在制造供应链中推行可再生能源。截至2024年3月，全

球有超过 320 家供应商加入了这个项目，占苹果公司直接制造支出的 95%。这些供应商承诺到 2030 年使用 100% 可再生电力生产所有苹果公司产品。

材料：苹果公司通过使用回收和可再生材料，来进一步落实 2030 年目标。这类材料通常比原生材料产生的碳排放要少。苹果公司计划到 2025 年在苹果公司设计的所有电池中采用 100% 再生钴，在苹果公司设计的所有刚性和柔性印刷电路板中采用 100% 再生锡焊料和 100% 再生金镀层，在新产品的所有磁体中采用 100% 再生稀土元素。

运输：为了解决运输产生的排放问题，苹果公司对更多产品转用比空运碳排放更低的运输方式，如海运或铁路运输。根据苹果公司的碳足迹测算方法，通过海运方式运输苹果公司产品，比起空运等量设备减少了 95% 的排放量。

碳清除：苹果公司还从基于自然的项目中寻找高质量碳信用，来解决无法减少的排放。苹果公司选择重点关注碳封存的基于自然的项目，比如植树造林和恢复红树林，这些项目还会带来提高气候适应力和气候韧性的额外好处。

▶ 案例点评：

苹果公司 2030 计划，这一致力于到 2030 年实现全部足迹碳中和的雄心勃勃的承诺，比联合国政府间气候变化专门委员会（IPCC）所建议的减碳目标——2050 年达到碳中和，还提早了 20 年，不仅为自身设定了一个清晰且富有挑战性的目标，也为行业设立了高标准，激励和引导整个行业乃至更广泛的社会群体推动绿色转型，共同为实现碳中和的全球目标而努力。苹果公司在此过程中采取的创新措施和成功实践，展示了企业如何在积极履行环境责任的同时支持经济增长和造福社会，能够作为其他企业学习的典范。此外，苹果公司会在《环境进展报告》中公布苹果公司 2030 计划的进展和成效。

▶ 案例来源：

《苹果公司 2024 年环境进展报告》P8～12，https：//www.apple.com.cn/environment/pdf/Apple_Environmental_Progress_Report_2024.pdf.

6.2.2 目标的设定、复核方法与进展监督

主体应披露关于其设定和复核每个目标的方法以及如何监控每个目标实现进展的信息，包括目标及设定目标的方法是否经第三方验证；主体复核目标的流程；用于监控目标实现进展的指标；对目标的修订以及对修订的解释。主体应披露目标及其制定方法是否经过第三方验证、审查目标的流程、用于监控达成目标进展的指标。如果主体对其目标进行任何修订，都应对这些修订进行解释。

主体气候相关目标管理符合 PDCA 管理框架，即设定每个气候项目目标实质上属于策划（P），按计划进行目标管理和实施属于执行（D），审查每个目标的方法和监测每个目标的进展属于检查（C），对目标进行修订属于改进（A）。

 案例编号：IFRS S2.34，36，37-001

中电集团

▶ **案例主题：**

披露复核气候目标的情况及流程

▶ **披露内容：**

集团的减碳之旅始于 2004 年。当时，中电首次定下目标，于 2010 年前把可再生能源占总发电容量提升至 5%。

2007 年，我们定立《气候愿景 2050》，以支持集团迈向可持续的低碳未来，并作为集团管理气候相关风险和机遇的策略指引。

2021 年，我们更新了《气候愿景 2050》。2024 年初，中电完成对《气候愿景 2050》的再次检讨，进一步加强了为 2030 年所定的温室气体排放强度目标，使集团向全球平均气温升幅控制在 1.5℃以内的目标多迈进一步。同时，中电亦恪守现有的承诺，包括于 2040 年前完成逐步淘汰燃煤发电。我们承诺至少每三年检讨集团所订定的气候转型计划和目标。

中电的主要目标及承诺：

➢ 不再于中电的投资组合中发展新燃煤发电资产；

➢ 于 2030 年底前把集团所售电力的温室气体排放强度减少至每度电 0.26 千克二氧化碳当量；

➢ 于 2040 年前淘汰燃煤发电；

➢ 于 2040 年底前把集团所售电力的温室气体排放强度减少至每度电 0.1 千克二氧化碳当量；

➢ 于 2050 年底前在我们整个价值链上实现净零温室气体排放。

对中电《气候愿景 2050》的检讨

为方便审视中电在《气候愿景 2050》中所订立的承诺，集团已采取以下措施：

➢ 把中电的方针与行业标准进行比较。例如，将集团售电量的温室气体排放强度轨迹与科学基础目标远低于 2℃和 1.5℃的路线进行比较，以了解预期的减排程度；

➢ 检讨业务规划上的假设，包括资产退役计划和每项发电资产的输出电量计划；

➢ 就气候相关的主体及转型风险和机遇进行气候变化情景分析；

➢ 找出中电在温室气体排放方面的优势及机遇。

中电将继续寻找机遇，促进资产组合减碳，并检讨其减碳目标。检讨范围包括最新的气候科学、政策诱因、科技发展、行业趋势及社区的期望等。集团将遵循国际基准和行业管理，以 1.5℃轨迹和其他净零排放最佳实务规范为准，调整其净零排放目标。

▶ **案例点评：**

中电集团从 2004 年开始定立可再生能源占比提升的目标，2007 年制

定《气候愿景 2050》，并于 2021 年、2024 年两次更新《气候愿景 2050》，承诺至少每三年复核一次气候目标。公司采取多项措施对气候目标与实现情况进行复核监督，复核的范围包括最新的气候科学、政策情况、科技发展、行业趋势与社区期望等。其气候目标符合科学基础目标（SBTi）。复核的主要流程包括：将企业设定目标与科学基础目标路线进行比较；核查资产退役计划等业务规划方面的假设；进行气候变化情景分析；分析得出气候变化方面的优势与机遇等。

▶ 案例来源：

　　《2022 中电气候相关披露报告》P10，clpgroup.com；《中电集团气候愿景》，clp.com.cn.

6.2.3　业绩信息及趋势变化分析

　　主体应披露其气候相关目标的进展，具体包括每个气候相关目标实现情况的业绩信息，并披露对气候相关目标实现业绩的发展趋势或变化的分析。

案例编号：IFRS S2.34，36-001

美国电话电报公司

▶ **案例主题：**

披露范围3温室气体目标与实现进展

▶ **披露内容：**

范围3温室气体目标

从 2018 年至 2035 年，通过提供连接解决方案，使商业客户能够减少 10 亿吨的全球温室气体排放量。

实现进展

➤ 2022 年，53% 的供应商制定了基于科学的温室气体排放目标。

➤ 2022 年，通过确保占公司支出 53% 的供应商（原定目标是 50%）设定基于科学的范围 1 和范围 2 目标，提前 2 年实现了基于科学的范围 3 目标。

➤ 2022 年，实现了 3890 万公吨的客户减排任务。从 2018 年至 2022 年，美国电话电报公司实现的客户温室气体减排量总计 1.492 亿公吨的二氧化碳当量，实现了目标约 15%。

➤ 深入审查范围 3 排放清单。通过分析首次扩大了范围 3 报告类别，包括燃料和能源相关活动、下游运输和分销、员工通勤和已售产品的使用。我们还扩展了对采购商品和服务、资本货物以及上游运输和分销的报

告，以代表整个上游供应链。

▶ 案例点评：

美国电话电报公司披露了其针对范围 3 温室气体的目标及实现进展的业绩信息。其范围 3 温室气体目标是从 2018 年至 2035 年，使商业客户能够减少 10 亿吨的全球温室气体排放量。在 2022 年的目标实现进展方面，一是通过确保占公司支出 53% 的供应商设定基于科学的范围 1 和范围 2 目标，提前 2 年实现了基于科学的范围 3 目标（原定目标是 50%）；二是实现了 3890 万公吨的客户减排量任务，从 2018 年至 2022 年，美国电话电报公司实现的客户温室气体减排量总计 1.492 亿公吨的二氧化碳当量，实现了目标的约 15%。

▶ 案例来源：

《美国电话电报公司 TCFD 报告 2023》，美国电话电报公司 -Sustainability Reporting - Task Force on Climate-related Financial Disclosures（TCFD）Index（att.com）.

案例编号：IFRS S2.34，36-002

武田制药

▶ **案例主题：**

披露温室气体目标实现进展

▶ **披露内容：**

排放范围	基准年（二氧化碳当量，公吨）	2021 财年（二氧化碳当量，公吨）	进步	目标
范围 1	317922（2016 年）	316000	减少 0.6%	2025 年：将范围 1 和基于市场的范围 2 温室气体总排放量在 2016 年的基础上减少 40%；
范围 2（基于位置）①	368250（2016 年）	283000	减少 23%	
范围 2（基于市场）②	372244（2016 年）	0(包括偏移量)	减少 100%	2035 年前：实现温室气体净零排放
范围 3③	4183000（2018 年）	4462000	增加 6.7%	2040 年前：实现温室气体净零排放

注：①IAW 温室气体（GHG）议定书。基于位置的排放纳入了公司设施所在区域电网的平均排放数据。

②根据 IAW 温室气体（GHG）议定书，基于市场的排放包括公用事业供应商特定的排放数据，以便进行更精确的核算。

③根据 Trucost 方法估算的排放量(基于支出)。

▶ 案例点评:

　　武田制药（Takeda）针对减排计划制定了明确的阶段性目标，如 2025 年范围 1 及市场基础的范围 2 温室气体排放量同 2016 年排放量水平减少 40%。武田制药对 2021 年的排放量进行了披露并同基准期间进行了量化对比，如范围 1 的排放量在 2021 财年相较于基准期间实现了 0.6% 的减排。

▶ 案例来源:

　　《武田制药（Takeda）2022 年气候风险管理报告》P25，Takeda_2022_TCFD_Report.pdf.

　　案例编号：IFRS S2.34，36-003

中电集团

▶ 案例主题:

披露气候目标进展及趋势

▶ 披露内容:

　　披露气候目标实现进展的业绩:

《气候愿景2050》	2018年	2019年	2020年	2021年	2022年
中电集团-发电和储能组合的温室气体排放强度[1,2,3,4]					
按权益及长期购电容量和购电安排计算（每度电的二氧化碳当量排放（千克））[5,6]	0.66	0.63	0.57	0.57	0.55
按权益计算（每度电的二氧化碳当量排放（千克））[7]	0.74	0.71	0.66	0.65	0.63

1 2019年至2022年的数据为温室气体排放强度（每度电的千克二氧化碳当量排放），符合最新的《气候愿景2050》目标。2019年之前的数据为碳排放强度（每度电的千克二氧化碳当量排放），与以往报告一致。
2 自2020年开始，该组合包括储能资产和发电资产。储能资产包括抽水能和电池储能。在过往年度，该组合只包括发电资产。
3 Paguthan电厂的购电协议于2018年12月到期，数据因此并未纳入2019年到2022年报告范围。
4 根据《温室气体盘查议定书》，采用废物产生的沼气发电的［中电绿源］不纳入中电的二氧化碳排放量（范畴一），独立在《可持续发展报告》中的资产表现数据中报告：其非二氧化碳温室气体（即甲烷及一氧化二氮）则纳入中电的二氧化碳当量排放量（范畴一）。
5 表现数据包括占多数权益及占少数权益的所有资产，以及中电的长期购电容量和购电安排。自2018年开始，长期购电容量和购电安排指购电协议至少达五年或以上及购电容量不少于10兆瓦。
6 数据涵盖范畴一、范畴二及范畴三类别3排放（中电购入并售予客户的电力所产生的直接排放）。
7 数据涵盖范畴一及范畴二排放。

中华电力-售电量温室气体排放强度[1,2]	2018年	2019年	2020年	2021年	2022年
中华电力售电量二氧化碳当量排放强度（每度电的二氧化碳当量排放（千克））	0.51	0.50	0.37	0.39	0.39
中华电力售电量二氧化碳排放强度（每度电的二氧化碳排放（千克））	0.51	0.49	0.37	0.39	0.39

1 根据《温室气体盘查议定书》，采用废物产生的沼气发电的「中电绿源」不纳入中电的二氧化碳排放量（范畴一），独立在《可持续发展报告》中的资产表现数据中报告；其非二氧化碳温室气体（即甲烷及一氧化二氮）则纳入中电的二氧化碳当量排放量（范畴一）。
2 售电量是指在调整可再生能源证书前向中华电力香港客户售出的电量。

温室气体排放量（千公吨二氧化碳当量）	2018年	2019年	2020年	2021年	2022年
总排放量（以权益为基准）	不适用	71720	62138	65017	60223
范围一	不适用	50047	45105	47690	44141
范围二	不适用	250	244	236	220
范围三	不适用	21424	16790	17091	15861
范围一及范围二排放量（以营运控制权为基准）	52306	50676	44023	47090	44571

按类别划分的范围三温室气体排放量（千公吨二氧化碳当量）	2019年	2020年	2021年	2022年
类别1：购买的产品和服务	1093	1210	901	912
类别2：资本产品	1347	685	1488	902
类别3：燃料和能源相关活动	16671	12690	12733	12046
类别5：营运中产生的废物	101	63	80	56
类别6：商务差旅	8	1	1	2
类别7：员工通勤	4	2	4	5
类别11：已售产品的使用	2200	2138	1884	1939
总计	21424	16790	17091	15861

披露气候业绩趋势分析：

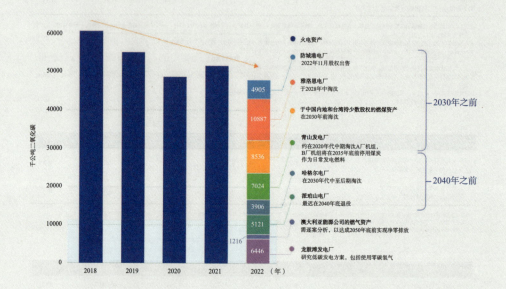

中电火电资产：范围一和范围二的绝对排放量及淘汰时间表
（按权益及长期购电容量和购电安排计算）

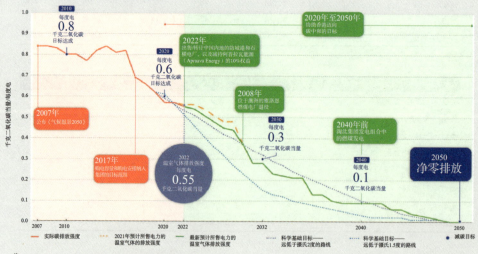

中电过往及预测的温室气体排放强度

注：
1.中电由2007年至2020年间的排放强度轨迹是以集团的碳排放强度，即每度电的二氧化碳排放（千克）为基础。自2021年起，中电已按照国际最佳实务，以每度电的二氧化碳当量排放（千克）披露集团的温室气体排放。
2.中电由2017年至2050年间的排放强度轨迹乃按权益及长期购电容量和购电安排计算。

▶ 案例点评：

　　中电集团在《2022 年气候相关披露报告》中，详细披露了其气候相关目标实现进展的业绩信息，包括 2018 年到 2022 年发电和储能组合的温室气体排放强度数据，售电量温室气体排放强度数据，范围 1、范围 2 和范围 3 温室气体排放量，范围 3 中按类别划分的温室气体排放量。同时，公司还披露了其气候业绩的变化趋势分析，包括其过往及预测的温室气体排放强度情况与实际实现的进展，未来的排放强度预计变化趋势，以及与其制定的气候目标的符合情况。

▶ 案例来源：

　　《2022 中电气候相关披露报告》P9～10，2022 中电气候相关披露报告（clpgroup.com）.

案例编号：IFRS S2.34，36-004

施耐德

▶ 案例主题：

披露气候相关的碳减排进度信息和变化

▶ 披露内容：

施耐德电气的碳足迹：2017年至2021年的演变

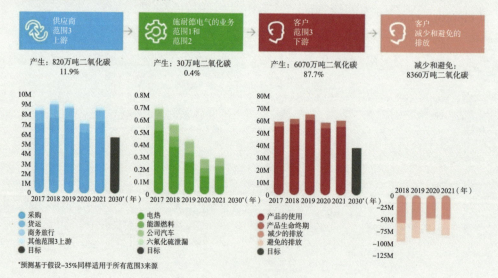

*预测基于假设-35%同样适用于所有范围3来源

▶▶ 案例点评：

施耐德电气披露了其价值链相应的减排目标和指标，并每年更新其端到端的碳足迹（范围1、范围2和范围3）数据。碳足迹披露始于所有供应商的上游活动，涵盖产品出售后的使用阶段，直至产品生命终期。施耐德通过年度详尽碳足迹更新，以监督评估其减少温室气体排放目标的阶段性进展情况。

▶▶ 案例来源：

《施耐德电气2021年可持续发展报告》P76，se.com/ww/en/assets/564/document/310116/schneider-sustainability-impact-fourth-quarterly-2021-results.pdf?p_enDocType=EDMS&p_File_Name=Q4 Results - Schneider Sustainability Impact 2021.

气候相关披露手册内容：行业实施指南

本章将围绕《〈国际财务报告准则 2 号——气候相关披露〉行业实施指南》中对各行业气候相关披露要求，通过案例形式进行解读，以帮助主体根据行业可持续披露主题和指标进行相应的定性及定量信息披露。

▶ 7.1 消费品行业

7.1.1 服装、配饰和鞋类行业典型企业可持续信息披露

服装、配饰及鞋类产业涵盖了设计、制造、批发和零售成人和儿童服装、箱包系列、珠宝、手表以及鞋履等各类产品的主体。鉴于服装、配饰和鞋类行业的产品制造依托新兴市场的供应商，该行业的主体能够将主要精力集中在产品设计、批发、营销、供应链管理以及零售活动上。关于可持续披露主题和指标详见《行业指南》第 2 页"消费品行业——行业 1——服装、配饰和鞋类"。

案例编号：IFRS S2-CG-AA-1

马丁博士

▶ 案例主题：

披露气候相关的原材料采购的信息

▶ 披露内容①：

指标代码	指标	类别	计量单位	2023 年度
CG-AA-440a.3	（1）优先原材料清单，针对每种优先原材料；（2）最有可能影响采购的环境或社会风险因素；（3）与环境和社会因素相关业务风险或机遇的讨论；（4）管理层应对业务风险和机遇的战略	讨论与分析	不适用	（1）皮革，聚氯乙烯。 （2）现有材料对环境的影响；河流洪水；气温变化；碳税；生产标准；进料、工艺和服务的价格提高；土地使用和农业实践。 （3）在温室世界情景（4℃排放情景）中可能影响业务的两种物理风险，其中企业及其价值链面临当地气候的慢性变化以及极端天气事件的频率和严重性增加。在有序过渡情景（1.5℃）或无序过渡情景（1.5℃-2℃）中可能影响业务的四种过渡风险和两种过渡机遇。企业正在快速转型，到 2050 年实现净零排放。假设包括渐进的政府政策、来自竞争对手的市场压力、投资者和客户的声誉影响，以及到 2050 年实现净零排放的现有资源与所需资源之间的技术差距。 （4）认识到气候变化在短期、中期和长期的影响，我们考虑了对我们的商业模式、战略和财务规划的实际和潜在财务影响。在可能的情况下，我们希望通过提高采购和寻源效率来减轻成本压力。鉴于我们的预算和战略

---

① 编制组对英文原文进行了翻译，英文原文请参考案例索引。

续表

指标代码	指标	类别	计量单位	2023 年度
CG-AA-440a.3	（1）优先原材料清单，针对每种优先原材料；（2）最有可能影响采购的环境或社会风险因素；（3）与环境和社会因素相关业务风险或机遇的讨论；（4）管理层应对业务风险和机遇的战略	讨论与分析	不适用	财务计划以持续经营和生存能力为基础，我们评估了优先气候风险和机遇（CRO）的潜在业务和财务影响，并与企业内部风险管理流程保持一致。 在我们的 2023 财年 TCFD 报告中，我们为每个优先气候风险和机遇（CRO）提供了指示性总影响，这是一个广泛的估计，不包括财务范围。我们开发方法学并建模，以量化估计优先气候风险和机遇（CRO）对我们财务的影响
CG-AA-440a.4	（1）按原材料划分，所采购优先原材料的数量；（2）按标准划分，经认证符合第三方环境或社会标准的每种优先原材料的数量	定量	吨（t）	在 2024 年产品中，我们 100% 的上层皮革来自 LWG 认证的制革厂。在 2024 财年，我们开始实施一个新系统，该系统一旦全面运行，将在整个产品生命周期中提供增强的可见性，并允许以所需的度量单位针对该度量进行报告

▶ 案例点评：

马丁博士在报告中披露了优先原材料清单，说明了最有可能影响采购的环境或社会风险因素，开展了与环境和社会因素相关业务风险或机遇的讨论，阐述了管理层应对业务风险和机遇的战略，并披露 2024 年产品 100% 的上层皮革来自 LWG 认证的制革厂，这些指标符合 SASB 准则 CG-AA-440a.3 和 CG-AA-440a.4 条款的披露要求。

▶ 案例来源：

《马丁博士 2024 年可持续发展报告》P74，https：//www.drmartensplc.com/application/files/5817/1818/7746/Dr._Martens_plc_Annual_Report_2024_Sustainability_TCFD.pdf.

7.1.2 家电制造行业典型企业可持续信息披露

家电制造行业的主体从事家用电器和手工工具的设计和制造。该行业主体在全球各地销售和制造产品，主要通过零售商向消费者销售产品。关于可持续披露主题和指标详见《行业指南》第 6 页"消费品行业——行业 2——家电制造"。

案例编号：IFRS S2-CG-AM-1

海伦特洛伊家电

▶ **案例主题：**

披露产品生命周期的环境影响的信息

▶ **披露内容①：**

主题	指标代码	指标	类别	计量单位	2024 年
产品生命周期的环境影响	CG-AM-410a.1	通过能效认证的产品占适用于能效认证产品的收入比例	定量	收入百分比（%）	来自支持环境和社会议题的产品的收入比例41.1%
	CG-AM-410a.2	通过产品生命周期环境标准认证的产品占适用于产品生命周期环境标准认证的收入比例	定量	收入百分比（%）	经能源之星认证的合格产品（按收入计算）比例97.5%

① 编制组对英文原文进行了翻译，英文原文请参考案例索引。因篇幅限制，编制组对披露内容进行精简，节选重点内容作为案例展示。

续表

主题	指标代码	指标	类别	计量单位	2024 年
产品生命周期的环境影响	CG-AM-410a.3	管理产品报废影响的工作的描述	讨论与分析	不适用	我们继续在我们的运营中实施相关的废物管理计划，包括回收我们的配送中心的金属、纸纤维、电子产品和其他杂项废物。 自 2023 年 3 月以来，山水悦瓶继续在美国实施水瓶以旧换新计划。这个以旧换新计划为美国消费者提供了归还旧的或无功能的液压瓶、瓶和不锈钢产品的选择，以换取可赎回的商店信用在我们的液压瓶网站：www.hydroflask.com。 我们继续参与几项废物回收工作，包括加拿大、英国和欧盟法律授权的工作，并正在评估我们在这些受监管市场之外的潜在扩张

▶ 案例点评：

　　海伦特洛伊家电在报告中披露了来自支持环境和社会议题的产品的收入和经能源之星认证的合格产品比例，并详细描述了管理产品报废影响的工作情况，包括运营过程中实施的废物管理计划和水瓶以旧换新计划，这些指标符合 SASB 准则 CG-AM-410a.1、CG-AM-410a.2 和 CG-AM-410a.3 条款的披露要求。

▶ 案例来源：

　　资料来源：《海伦特洛伊家电 2024 年 ESG 报告》P35，https：//www. helenoftroy.com/wp-content/uploads/2024/06/HELE-ESG-REPORT-FY24.pdf；《国际财务报告准则 S2 号——气候相关披露》行业实施指南，行业 2，P6.

7.1.3 建筑产品和家具行业典型企业可持续信息披露

建筑产品与家具行业的核心业务聚焦于设计和制造家装产品、家用及办公家具，以及木结构建筑材料。该行业的产品涵盖了室内地面材料、天花板、家用和办公家具及设备、木桁架、胶合板、镶板和各类木材。主体通常通过销售网络将产品销往零售店，或者借助独立经销商或主体自身所有的销售渠道进行产品销售。关于可持续披露主题和指标详见《行业指南》第9页"消费品行业——行业3——建筑产品和家具"。

案例编号：IFRS S2-CG-BF-1

兰卡皇家陶瓷有限公司

▶ **案例主题：**

披露能源管理、产品生命周期环境影响、木材供应链管理的信息

▶ **披露内容**①：

主题	指标代码	指标	类别	计量单位	2024 年
制造中的能源管理	CG-BF-130a.1	（1）总能耗； （2）电网电量百分比； （3）可再生能源百分比	定量	千兆焦耳（GJ），百分百（%）	（1）低于 1200 千兆焦耳。 （2）7.097 千兆焦耳。 （3）太阳能 2.06 千兆焦耳；木材／生物质量 2.814 吨

① 编制组对英文原文进行了翻译，英文原文请参考案例索引。因篇幅限制，编制组对披露内容进行精简，节选重点内容作为案例展示。

续表

主题	指标代码	指标	类别	计量单位	2024 年
产品生命周期的环境影响	CG-BF-410a.2	（1）回收的报废材料重量； （2）循环再利用的回收材料百分比	定量	吨（t），重量百分比（%）	（1）6549000000 吨； （2）22.08%

▶ 案例点评：

兰卡皇家陶瓷有限公司在报告中披露了制造中的能源管理、产品生命周期的环境影响的信息，其中，能源管理议题中未直接披露总耗能、电网电量百分比的定量数据；产品生命周期的环境影响议题，已披露回收的报废材料重量的信息，但循环再利用的回收材料百分比仍需通过计算得出。目前未披露木材供应链管理议题、有关管理产品生命周期影响，以及满足对可持续产品的需求的工作的描述。上述指标仅有部分符合 SASB 准则 CG-BF-130a.1 和 CG-BF-410a.2 条款的披露要求。

▶ 案例来源：

《兰卡皇家陶瓷有限公司 2023 年综合年报》P260，https：//learnhubstorage1.blob.core.windows.net/assets1/report/annual_report/Royal%20Ceramics%20Lanka%20PLC%20Annual%20Report%20202324-compressed.pdf.

7.1.4　电子商务行业典型企业可持续信息披露

电子商务行业^①主体为其他主体或个人提供在线市场以销售其商品和服务，也可能是为消费者购买商品和服务提供专门网络平台的零售商和批发商。该行业的主体既向终端消费者零售商品，也向其他主体销售商品。得益于电子商务网站的普及与便捷性，电子商务行业为全球买卖双方提供了市场。关于可持续披露主题和指标详见《行业指南》第 16 页"消费品行业——行业 4——电子商务"。

案例编号：IFRS S2-CG-EC-1

威费尔公司

▶ **案例主题：**

披露硬件基础设施能源与水资源管理、产品包装与分销

▶ **披露内容^②：**

定量指标：

---

①　该行业分类仅针对纯粹的电子商务业务，不包含主体的制造业务或主体零售业务。然而，众多消费品制造商和零售商已将电子商务纳入其业务范畴，或正计划如此。对于多品类和专营零售商及分销商（CG-MR）、服装、配饰和鞋类（CG-AA）以及玩具和体育用品（CG-TS）等行业，它们各自拥有独立的标准。这些标准根据行业主体的具体活动和业务性质，与电子商务行业相关的披露主题和指标也可能是相关的。

②　编制组对英文原文进行了翻译，英文原文请参考案例索引。

主题	指标代码	指标	2023 年
硬件基础设施能源与水资源管理	CG-EC-130a.1	（1）总能耗； （2）电网电量百分比； （3）可再生能源百分比	（1）552567GJ； （2）39.35%； （3）4.09%
产品包装与分销	CG-EC-410a.1	产品运输过程中的温室气体排放足迹	545240 兆吨二氧化碳排放当量

定性指标：

主题	指标代码	指标
产品包装与分销	CG-EC-410a.2	有关降低产品交付对环境影响的战略的讨论

威法尔公司致力于保护我们的地球和社区免受气候变化的威胁。我们对范围 1、范围 2 和范围 3 的排放进行了年度温室气体（GHG）排放清单，并报告了我们的全球气候披露中的数据。我们观察到，在我们的业务增长的推动下，2022 年范围 1 和范围 2 的排放量略有增长。在过去的几年里，我们战略性地实施了长期的举措，如虚拟电力购买协议和现场太阳能，为实现我们 2035 年的目标铺平了道路。

我们正在努力提高我们的包装的可持续性。2023 年，我们购买的包装达到了 90% 的全球可回收率，包括包装、填料和邮寄者。通过在美国扩大 200% 可回收内容的纸张邮件的使用，并在英国和德国进一步转向纤维可回收的包装填料，我们在 2022 年将可回收性提高了 8%。我们的采购团队还包括在其生产过程中对可回收内容和可回收性的要求。2023 年，威赞尔全球纸包装回收内容的比例达到 34%。

▶▶ 案例点评：

威费尔公司在报告中披露了硬件基础设施能源与水资源管理的总能耗、电网电量百分比、可再生能源百分比，以及产品包装与分销的产品运输过程中温室气体排放足迹等定量指标，这些指标符合SASB准则CG-EC-130a.1、CG-EC-410a.1和CG-EC-410a.2条款的披露要求。

▶▶ 案例来源：

《威费尔2023年企业社会责任报告》P79～81，https：//cdn.aboutway fair.com/08/a9/a71bcdcc4135a5c480f0006cda37/v2-2023-corporate-responsibility-report.pdf.

7.1.5 家庭和个人用品行业典型企业可持续信息披露

家庭和个人用品行业的主要制造商生产各种个人和商业消费品，包括化妆品、家庭和工业清洁用品、肥皂和洗涤剂、卫生纸制品、家用电池、剃须刀和厨房用具。这些产品的销售网络遍布全球，主体主要是通过第三方零售机构进行销售，销售渠道包括大型商超、杂货店、会员制商店、药店、高频商铺、分销商和电子商务零售商。部分主体采用独立代表销售产品。关于可持续披露主题和指标详见《行业指南》第21页"消费品行业——行业5——家庭和个人用品"。

 案例编号：IFRS S2-GG-HP-1

埃奇威尔个人护理公司

▶ **案例主题：**

披露水资源管理和棕榈油供应链的环境和社会影响

▶ **披露内容①：**

定量指标：

主题	指标代码	指标	2023 年
水资源管理	GG-HP-140a.1	（1）取水总量；（2）用水总量，以及基准用水压力高或极高的地区二者各占的百分比	（1）292255 立方米；（2）292255 立方米
棕榈油供应链的环境和社会影响	GG-HP-430a.1	采购棕榈油的数量、通过可持续棕榈油圆桌会议（RSPO）认证的各供应链模式［包括（1）种植园身份保护体系；（2）认证与非认证分离体系；（3）认证与非认证混合体系；（4）证书交易体系］的百分比	在 2023 财年，我们采购了 3533 吨棕榈油和棕榈油衍生物用于我们的产品，其中 100% 通过以下 RSPO 认证方案认证：（1）种植园身份保护体系：0；（2）认证与非认证分离体系：1%；（3）认证与非认证混合体系：86%；（4）证书交易体系：13%

定性指标：

主体	指标代码	指标
水资源管理	GG-HP-140a.2	关于水资源管理风险的描述和关于减轻这些风险的策略和实践活动的讨论

---

① 编制组对英文原文进行了翻译，英文原文请参考案例索引。

披露：

虽然这不是我们业务中广泛使用的主要投入或资源，但我们认识到埃奇威尔必须为节水努力作出贡献的机会。我们致力于通过确定能够每年减少用水量的有效解决方案来减少运营用水量。用水必须在局部层面上进行管理，这就是为什么我们的内部节水标准对设施应如何管理用水有明确的要求，包括确定目标和衡量绩效，制定年度节水目标和应对当地的干旱条件。每个设施还完成了一个水的平衡，以确定其适用的活动。我们的水污染标准直接参考并纳入了美国环境保护署的总有毒有机排放物指南，并要求每个地点至少满足所有地方/州的排放限值和其他要求。在没有确定排放限值或要求的情况下，该标准提供了特定污染物的数值限值，根据行业最佳实践，并基于对当地现有排放要求的审查而制定。

了解当地的水问题：在 2022 财年我们进行了水问题评估，以绘制出更全面的水相关问题。各设施参加了研讨会，探讨特定地点的水风险。利用这些见解，我们根据需要为每个地点量身定制了行动计划，通过内部培训和定期检查，以跟踪所有水问题的后续进展。

实现我们的减排目标：埃奇威尔的目标是到 2030 财年比 2019 财年减少 5%，在 2023 财年，我们成功地超过了这一目标，减少了 5.2%。提前 7 年实现我们的目标是一个值得庆祝的时刻，同时也认识到，保持这一成就需要持续的关注。我们有机会在可行的情况下进一步减少我们的用水量。

▶ 案例点评：

　　埃奇威尔个人护理公司在报告中披露了水资源管理主题的取水总量、用水总量以及基准用水压力高或极高的地区二者各占的百分比，棕榈油供应链的环境和社会影响主题的采购棕榈油的数量、通过可持续棕榈油圆桌会议（RSPO）认证的各供应链模式百分比等定量指标，以及水资源管理的关于水资源管理风险的描述和关于减轻这些风险的策略和实践活动的讨论等定性指标，这些指标符合 SASB 准则 GG-HP-140a.1、GG-HP-430a.1 和 GG-HP-140a.2 条款的披露要求。

▶ 案例来源：

　　《埃奇威尔 2023 年可持续发展报告》P70，https：//cdn.shopify.com/s/files/1/0598/9538/2192/files/Edgewell_FY23_Sustainability_Report_808f806f-36cc-4a05-b627-adb2b24f39dd.pdf?v=1718884010.

7.1.6　多品类和专营零售商及分销商行业典型企业可持续信息披露

　　多品类和专营零售商及分销商行业①涵盖各种零售类别，如百货商店、大型超商、家居用品商店和仓储式会员店，以及小型分销商，如电子产品批发商和汽车批发商。这些主体（分销部门除外）通常都管理着全球供应链，以预测消费者需求，降低成本，并在主体店存放产品。该行业竞争激烈，每类主体通常都有少量的重要的参与者，其特点是利润率普遍较低。零售业的相对可替代性使该行业的主体特别容易受到声誉风险的影响。关于可持续披露

---

　　①　针对食品零售商和分销商（FB-FR）、药品零售商（HC-DR）、电子商务（CG-EC）以及服装、配饰和鞋类（CG-AA）行业分别存在单独的准则。涉及食品或药品零售，电子商务，服装、配饰和鞋类制造的零售主体还应考虑其他准则中的披露主题和指标。

主题和指标详见《行业指南》第 25 页"消费品行业——行业 6——多品类和专营零售商及分销商"。

案例编号：IFRS S2-FB-FR-1

马莎百货集团

▶ **案例主题：**

披露零售和分销领域的能源管理

▶ **披露内容①：**

定量指标：

主题	指标代码	指标	2024/2023 年	2022/2023 年
零售和分销领域的能源管理	FB-FR-130a.1（1）	英国和爱尔兰共和国资产总能耗（MWh）	814356	838546
	FB-FR-130a.1（1）	国际资产总能耗（MWh）	45856	34030
	FB-FR-130a.1（2）（3）	集团电力消耗（MWh）	647738	641361
	FB-FR-130a.1（3）	集团使用可再生电力［占全部总用电量的百分比（%）］	11	94
	FB-FR-130a.1（3）	集团可再生电力发电量［占全部可再生电力使用总量的百分比（%）］	8	1

① 编制组对英文原文进行了翻译，英文原文请参考案例索引。

右上角：续表

主题	指标代码	指标	2024/2023 年	2022/2023 年
	FB-FR-130a.1（3）	通过绿色关税或证书购买的集团可再生电力［占全部可再生电力使用总量的百分比（%）］	92	93
	FB-FR-130a.1（3）	英国和爱尔兰共和国存储的电力消耗量（MWh）	533371	540216
	FB-FR-130a.1（3）	英国和爱尔兰共和国存储的可再生电力［占英国和爱尔兰共和国存储总用电量百分比（%）］	12	100
	FB-FR-130a.1（3）	英国和爱尔兰共和国存储的可再生电力发电量［占英国和爱尔兰共和国存储可再生电力总用电量百分比（%）］	2	0
	FB-FR-130a.1（3）	通过绿色关税或证书购买的英国和爱尔兰共和国存储可再生电力百分比（%）［占英国和爱尔兰共和国存储可再生电力总量的百分百比（%）］	98	100

▶ **案例点评：**

马莎百货集团在报告中披露了零售和分销领域的能源管理的总能耗、电网电量百分比、可再生能源百分比等定量指标，总能耗、电网电量消耗量按照不同运营所在地进行了划分，可再生能源百分比按照使用绿色关税或证书购买、生产、存储三种用电来源进行了划分，这些指标符合SASB准则 FB-FR-130a.1 条款的披露要求。

▶ **案例来源：**

《马莎百货集团 2024 年 ESG 报告》P51，https://corporate.marksandspencer.com/sites/marksandspencer/files/2024-06/ESG_Report_2024.pdf.

▶ 7.2 采掘与矿物加工行业

7.2.1 煤炭经营行业典型企业可持续信息披露

煤炭经营行业主体从事煤炭开发和煤产品制造。采矿活动涉及地下开采和地表开采、热媒以及冶金煤。关于可持续披露主题和指标详见《行业指南》第 27 页"采掘与矿物加工行业——行业 7——煤炭经营"。

案例编号：IFRS S2-EM-CO-1

埃克萨罗资源有限公司

▶ **案例主题：**

披露范围 1 温室气体排放长短期策略与计划对实现碳中和的影响

▶ **披露内容①：**

定量指标：

主题	指标代码	指标	披露数据
温室气体排放总量	EM-CO-110a.1	（1）全球范围 1 排放总量； （2）在限制排放法规下的百分比	（1）333ktCO$_2$e； （2）/

---

① 编制组对英文原文进行了翻译，英文原文请参考案例索引。

定性指标：

主题	指标代码	指标
温室气体排放总量	EM-CO-110a.2	关于管理范围 1 排放的长期和短期策略或计划、减排目标的讨论，以及这些目标的业绩分析

埃克萨罗资源有限公司制定两项战略目标：（1）快速、大规模转型；（2）到 2050 年实现碳中和。以应对气候变化战略和脱碳计划为指导，全方位减少碳足迹，在短期内，对能源项目与自发电项目进行调整，实现 2026 年碳减排减少 40%；在长期，制订脱碳计划，并识别中长期要素，包括资本调整的影响。

制定资本配置模型，为战略决策提供分析工具的支持，纠正由于设备使用不理想而导致的开采单位产品的碳强度较高的问题，其中包含矿山数字化、调度和车队分配优化、卡车有效载荷管理、铲车和卡车周期可变性管理、路况和施工机会、减少周期外废物等。

▶ 案例点评：

埃克萨罗资源有限公司明确披露了范围 1 温室气体排放总量，明确披露至 2026 年实现基于 2018 年运营范围内范围 1 与范围 2 减排目标，并在 2050 年实现碳中和。建立复原力、适应气候变化的方法与管理手段，并披露温室气体排放数据，明确指出缓解气候变化的方法，并披露碳减排方法和管理的进展。埃克萨罗制定了系列减少碳排放的项目，并提出 2026 年与 2050 年的目标与进展。本案例仅披露埃克萨罗受到南非《碳税法》等法律监管，但未披露限制排放法规下的百分比。该披露部分符合 SASB 准则 EM-CO-110a.1 条款的披露要求，基本符合 EM-CO-110a.2 条款的披露要求，还需进一步披露限制排放法规下温室气体排放总量的百分比，以及针对不同的地理区域以及排放源的策略。

▶ 案例来源：

《埃克萨罗 2022 年 ESG 报告》P38～42，https：//investor.exxaro.com/integ
rated-reports2022/pdf/exxaro-esg-2022.pdf.

案例编号：IFRS S2-EM-CO-2

埃克萨罗资源有限公司

▶ 案例主题：

披露储量估计与资本支出的管理与计划

▶ 披露内容[①]：

定量指标：

主题	指标代码	指标	披露数据
储量估计和资本支出	EM-CO-420a.1	煤炭储量水平对未来碳排放价格预测情景的敏感性	披露部分定性描述

---

① 编制组对英文原文进行了翻译，英文原文请参考案例索引。

当前路径

2100年全球 平均变暖情况 全球因素	高脱碳路径低脱碳路径		
	可控且"安全" （1.5℃）	部分可控且 "有风险"（2℃）	失控（3℃）
化石燃料的作用	非常小	小	主要基础
低碳技术发展	强	中等	弱
化石燃料开发融资	无	弱	中等
气候政策	非常严格	严格	弱
巴黎协定	目标达成	目标近似达成	一些国家退出
与全球情景的一致性	IPCC全球变暖 1.5℃报告和IEA 净零	IEA可持续发展	IEA现行政策

定性指标：

主题	指标代码	指标
储量估计和资本支出	EM-CO-420a.3	关于煤炭价格和需求或气候监管如何影响勘探、收购和 资产开发的资本支出策略的讨论

埃克萨罗资源有限公司自身符合 SASB 指标要求的范围，但是公司作为 ERM 系统的一部分，会在管理层层面讨论价格、需求和监管变化对业务的潜在影响。虽然现在无法满足 SASB 信息披露的要求，但会持续加强相关信息披露。

▶ 案例点评：

埃克萨罗资源有限公司明确披露了到 2100 年温度上升 1.5℃、2℃、3℃的情况下，化石燃料（煤）的作用、低碳技术发展、为基于化石燃料的开发项目融资、气候政策、《巴黎协定》、与全球情景一致性的情况，但未明确指出煤炭储量水平对未来碳排放价格预测情景的敏感性、已探明煤炭储量的二氧化碳排放估计值。关于煤炭价格和需求或气候监管如何影响勘探、收购和资产开发的资本支出策略的讨论未披露。该披露部分符合SASB准则EM-CO-420a.1条款的披露要求，目前还需进一步披露储量估计和资本支出指标中要求的已探明煤炭储量的二氧化碳排放估计值，以及关于煤炭价格和需求或气候监管如何影响勘探、收购和资产开发的资本支出策略的讨论。

▶ 案例来源：

《埃克萨罗2020年CCRS（Climate Change Response Strategy）报告》P12～13，https：//exxaro-prod.azureedge.net/sitestorage/media/rvwn5xim/exxaro-ccrs-2020_final.pdf.

7.2.2 建筑材料行业典型企业可持续披露

建筑材料主体[①]的业务范围覆盖全球，负责生产建筑材料并将其销售至建筑主体或批发分销商。建筑材料主要包括水泥和骨料，也包括玻璃、塑料材料、绝缘材料、砖块和屋顶材料。材料生产商自营采石场，开采碎石、沙子和砾石，也可以从采矿和石油行业购买原材料。关于可持续披露主题和指标详见《行业指南》第34页"采掘与矿物加工行业——行业8——建筑材料"。

---

① 生产木质建筑产品的主体被纳入可持续行业分类系统（SICS）下的建筑产品和家具（CG-BF）行业、林业管理行业（RR-FM）和纸浆和纸制品行业（RR-PP），不适用建筑材料标准。

案例编号：IFRS S2-EM-CM-1

火神材料公司

▶ **案例主题：**

披露能源消耗总量及使用能源种类的管理情况

▶ **披露内容**①：

定量指标：

主题	指标代码	指标	披露数据
能源管理	EM-CM-130a.1	（1）总能源消耗； （2）电网电量百分比； （3）可再生能源百分比	（1）17221687GJ； （2）18%； （3）12%

　　火神材料连续三年披露总能源消耗量、电网电力消耗量占比和可再生能源消耗量占比，并按能源种类进行分类用量披露，2023年总能源消耗量为17221687吉焦。

▶ **案例点评：**

　　火神材料明确披露出报告期内直接消耗的能源总量、电网所占百分比及可再生能源所占百分比，该披露符合SASB准则EM-CM-130a.1条款的披露要求，完成度达75%；在已披露的其能源结构中未包含可替代能源，未披露

---

① 编制组对英文原文进行了翻译，英文原文请参考案例索引。

这一指标的数据管理情况，还需进一步披露是否有相应的管理和实践举措。

▶ 案例来源：

《火神材料公司 2023 年可持续发展报告》P55～56，https：//s3.amazo naws.com/content.vulcanmaterials.com/vulcan-materials-company-esg/2024/06/2023-VMC-Sustainability-Report.pdf.

案例编号：IFRS S2-EM-CM-2

火神材料公司

▶ 案例主题：

披露废弃物的种类占比和回收管理情况

▶ 披露内容：

定量指标：

主题	指标代码	指标	披露数据
废弃物管理	EM-CM-150a.1	产生的废弃物量；可再回收利用的废弃物百分比	27 吨；90%

火神材料的采石场作业与金属开采的不同之处在于，它们不会导致受污染或有害的尾矿或废水。我们采石场的骨料和副产品在很大程度上被认为是惰性的，再利用／回收产品包含在我们的可持续产品组合中。我们运营中报告的废弃物包括：（1）通用废弃物和（2）车辆和设备维护废弃物。连续披露三年的废弃物管理数据中，在 2023 年报告期内的通用回收废弃物总量为 27 吨，不再填埋的车辆／设备废弃物即可回收废弃物百分比为90%。

▶ 案例点评：

火神材料在废弃物管理指标下披露废弃物总量和可回收废弃物百分比，但未披露有害废弃物的百分比，该公司已作解释说明在美国本地不同州之间对于"有害废弃物"的定义不同，分布在不同州的运营地无法统计这一百分比，未作披露。该披露内容基本符合 SASB 准则 EM-CM-150a.1 条款的披露要求，还需进一步披露基于不同州的定义下有害废弃物的管理情况。

▶ 案例来源：

《火神材料公司 2023 年可持续发展报告》P57，62，https：//s3.amazo naws.com/content.vulcanmaterials.com/vulcan-materials-company-esg/2024/06/2023-VMC-Sustainability-Report.pdf.

7.2.3 钢铁生产商行业典型企业可持续披露

钢铁生产商行业主体[①] 主要由在钢铁厂和铸造厂中生产钢铁的主体组成。

---

① 除了少数例外，大多数主体不直接开采矿石来制造钢铁产品。金属和矿业（EM-MM）行业有单独的标准。

钢材生产商细分行业主体用其自有的钢铁厂生产钢铁产品。钢铁产品包括平轧板、锡板、管材、管道以及由不锈钢、钛和高合金钢制成的产品。铸造各种产品的钢铁铸造厂通常从其他主体购买铁和钢。该行业还包括金属服务中心和分销、进出口铁制品的其他金属批发商。虽然主体正在开发替代工艺，但钢材生产仍主要依赖两种方法：使用铁矿石作为输入的基本氧化炉（BOF）和使用废钢的电弧炉（EAF）。该行业的许多主体业务遍布全球。关于可持续披露主题和指标详见《行业指南》第45页"采掘与矿物加工行业——行业9——钢铁生产商"。

 案例编号：IFRS S2-EM-IS-1

东和钢铁企业股份有限公司

▶ 案例主题：

披露能源消耗总量及使用能源种类的管理情况

▶ 披露内容：

定量指标：

主题	指标代码	指标	披露数据
能源管理	EM-IS-130a.1	（1）总能源消耗； （2）电网电量百分比； （3）可再生能源百分比	（1）6268561GJ； （2）70.2%； （3）1.2%

续表

主题	指标代码	指标	披露数据
能源管理	EM-IS-130a.2	（1）总燃料消耗； （2）煤百分比； （3）天然气百分比； （4）可再生燃料百分比	（1）1794427GJ； （2）0； （3）68.4%； （4）0

　　东和钢铁的主要能源使用包括外购台电电力、外购风力发电电力与非再生燃料（包含汽油、液化石油气、天然气及柴油），无使用再生能源燃料，并已导入 ISO 50001 能源管理系统，持续掌握各厂能源使用变化。2023 年总公司与四厂能源使用量合计为 6268561GJ（其中电力消耗 4399152GJ、风力发电 74982GJ、非再生燃料消耗 1794427GJ）。

▶ 案例点评：

　　东和钢铁基于对主要使用能源的细化分类，在能源管理指标下披露出报告期内直接消耗的能源总量、电网电量所占百分比及可再生能源所占百分比，并对燃料消耗总量及不同燃料所占百分比进行数据披露，该披露符合 SASB 准则 EM-IS-130a.1 和 EM-IS-130a.2 条款的披露要求。

▶ 案例来源：

　　《东和钢铁 2023 年永续报告书》P81, 141, https://www.tunghosteel.com/Files/papp/300/2023%E5%B9%B4%E6%9D%B1%E5%92%8C%E9%8B%BC%E9%90%B5%E6%B0%B8%E7%BA%8C%E5%A0%B1%E5%91%8A%E6%9B%B8.pdf.

案例编号：IFRS S2-EM-IS-2

东和钢铁企业股份有限公司

▶ **案例主题：**

披露用水量以及运营地水压力的管理情况

▶ **披露内容：**

主题	指标代码	指标	披露数据
水资源管理	EM-IS-140a.1	（1）取水总量； （2）用水总量，以及在缺水压力高或极高地区中的各自百分比	（1）2222.456 百万公升； （2）2098.137 百万公升； 东和钢铁所在地区为水资源压力低到中风险

▶ **案例点评：**

　　东和钢铁在水资源管理指标下披露出取水总量和用水总量，并披露该公司所在运营地不存在缺水压力高或极高的地区，使用世界资源研究生的水资源风险评估工具监测后显示该公司所在地区为水资源压力低到中风险，无须计算指标中提及的水压力高地区的取水量和用水量的百分比数据。该披露符合 SASB 准则 EM-IS-140a.1 条款的披露要求。对标行业实施指南，该公司完全符合行业可持续主题和指标的披露要求。

▶ 案例来源：

《东和钢铁 2023 年永续报告书》P85，P86，P141，https：//www.tung hosteel.com/Files/papp/300/2023%E5%B9%B4%E6%9D%B1%E5%92%8C%E9%8B%BC%E9%90%B5%E6%B0%B8%E7%BA%8C%E5%A0%B1%E5%91%8A%E6%9B%B8.pdf.

7.2.4　金属和采矿行业典型企业可持续信息披露

金属和采矿业涉及采掘金属和矿物，生产矿石，采石，冶炼和制造金属，精炼金属以及提供采矿支持活动。主体还生产铁矿石、稀土金属、贵金属和宝石。该行业的大型主体垂直整合——从全球采矿到向客户批发金属。关于可持续披露主题和指标详见《行业指南》第 52 页"采掘与矿物加工行业——行业 10——金属和采矿"。

案例编号：IFRS S2-EM-MM-1

紫金矿业集团有限公司

▶ 案例主题：

披露范围 1 排放总量与长短期策略、计划与减排目标及进展

▶ 披露内容：

定量指标：

主题	指标代码	指标	披露数据
温室气体排放	EM-MM-110a.1	全球范围 1 排放总量	3.60 百万吨 CO_2e

定性指标：

主题	指标代码	指标
温室气体排放	EM-MM-110a.1	关于管理范围 1 排放的长期和短期战略或计划、减排目标的讨论，以及这些目标的绩效分析

　　紫金矿业制定了 2029 年碳达峰、2050 年碳中和的目标，明确需要对现有的运营模式进行重大改革。为达成目标，紫金矿业通过持续性的管理体系优化提高对温室气体（GHG）排放和能耗的管理能力，并通过清洁燃料替代、清洁能源替代、节能技术实施、碳抵消、碳交易等组合方式达成气候转型路径图。

　　紫金矿业披露了运营范围内的范围 1 和范围 2，温室气体排放总量是 841 万吨 CO_2e，同比上一报告期上涨 8.10%，并提供了分析：这是由于其业务依然处于快速发展期，新项目的投产不可避免地将导致碳排放总量的上升，最后结论认为这一增长符合在《应对气候变化行动方案》中所作出的趋势预期。

▶ 案例点评：

　　在年度 ESG 报告及气候变化专项报告中，紫金矿业明确披露连续五年范围 1 温室气体排放量，并说明计算过程。在其专项报告《应对气候变化行动方案》中，充分讨论和分析了其应对气候变化的短中长期战略、治理架构、风险与机遇分析、应对计划与措施、目标及进展。对标行业实施指南中的披露要求，基本符合 SASB 准则 EM-MM-110a.1 条款的披露要求，但尚未明确披露全球范围 1 温室气体排放总量中属于旨在直接限制或减少

排放的限制排放法规或计划的百分比。

▶ 案例来源：

《紫金矿业 2023 环境、社会及管治报告》P52，58，95，96，https：//www.
zjky.cn/upload/file/2023/02/13/c6664fd728f246958b7978049cc80cb2.pdf.

《紫金矿业应对气候变化行动方案》P3，https：//www.zjky.cn/upload/
file/2024/04/25/b50e37bd892a49efb387eb8ea2d4fd62.pdf.

 案例编号：IFRS S2-EM-MM-2

紫金矿业集团有限公司

▶ 案例主题：

披露消耗的能源总量及可再生能源使用比例

▶ 披露内容：

定量指标：

主题	指标代码	指标	披露数据
能源管理	EM-MM-130a.1	总能耗	19022.46 GWh
	EM-MM-130a.1	可再生能源百分比	21.48%

▶ 案例点评：

　　紫金矿业明确披露了能源消耗总量、直接及间接能源消耗量与按能源类型划分的能耗量细分数据，并且单独统计可再生能源占总用能量的比例，对标行业可持续发展主题披露要求，基本符合 SASB 准则 EM-MM-130a.1 条款的披露要求，但其能源管理相关数据中尚未说明消耗的能源中由电网供应的百分比。

▶ 案例来源：

　　《紫金矿业 2023 环境、社会及管治报告》P52，58，95，96，https：//www.zjky.cn/upload/file/2023/02/13/c6664fd728f246958b7978049cc80cb2.pdf.

　　《紫金矿业应对气候变化行动方案》P3，https：//www.zjky.cn/upload/file/2024/04/25/b50e37bd892a49efb387eb8ea2d4fd62.pdf.

案例编号：IFRS S2-EM-MM-3

紫金矿业集团有限公司

▶ 案例主题：

披露取水量、高风险地区取水量占比及违反水质许可及标准的次数

▶ 披露内容：

定量指标：

主题	指标代码	指标	披露数据
水资源管理	EM-MM-140a.1	取水总量	66.13 百万吨
	EM-MM-140a.1	基准用水压力高或极高的地区二者各占的百分比	18.77%
	EM-MM-140a.2	违反水质许可 & 标准和法规事件的次数	0

▶ 案例点评：

　　紫金矿业明确披露了连续五年的总取水量、总排水量、新鲜水用水强度及水循环利用率的定量数据。在取水量细分数据中，分析并披露了在水风险高地区的取水量占比，基本符合 SASB 准则 EM-MM-140a.1 条款的行业可持续发展指标披露要求。建议评估适用性后，补充披露 EM-MM-140a.1 中要求的运营过程中消耗的用水量及水风险高地区的用水量占比数据。紫金矿业明确说明了在报告期内未发生取水、排水相关违法事件，基本符合 EM-MM-140a.2 条款的披露要求，建议进一步说明相关定性描述或定量数据的适用范围和标准。

▶ **案例来源：**

《紫金矿业 2023 环境、社会及管治报告》P52，58，95，96，https：//
www.zjky.cn/upload/file/2023/02/13/c6664fd728f246958b7978049cc80cb2.pdf

《紫金矿业应对气候变化行动方案》P3，https：//www.zjky.cn/upload/fil
e/2024/04/25/b50e37bd892a49efb387eb8ea2d4fd62.pdf.

7.2.5　石油和天然气——勘探与生产行业典型企业可持续信息披露

石油和天然气—勘探与生产（E&P）主体主要从事勘探、开采或生产原油和天然气等能源产品，构成石油和天然气价值链的上游业务。该行业的主体开发常规和非常规石油和天然气储量，包括页岩油或天然气储量、油砂和天然气水合物。本行业涵盖的活动包括陆上和海上储量开发。勘探与生产（E&P）行业与石油和天然气服务业订立合同，以实施若干勘探与生产活动（E&P）并获得设备和油田服务。关于可持续披露主题和指标①详见《行业指南》第58页"采掘与矿物加工行业——行业11——石油和天然气——勘探与生产"。

---

① 本行业主题和指标适用于仅涉及勘探与生产（E&P）活动的主体或独立勘探与生产（E&P）主体。综合石油和天然气主体虽开展上游业务，但也可能分销、精炼或营销原油、天然气和精炼产品。针对石油和天然气中游行业（EM-MD）和精炼与营销行业（EM-RM）分别存在单独的标准。因此，综合性主体也应考虑这些标准中的披露主题和指标。针对石油和天然气服务行业（EM-SV）也存在单独的标准。

案例编号：IFRS S2-EM-EP-1

非洲石油集团

▶ 案例主题：

披露温室气体排放情况及其长短期策略与计划的实施情况

▶ 披露内容：

定量指标：

主题	指标代码	指标	披露数据
温室气体排放	EM-EP-110a.1	全球范围 1 总排放量	106578 吨 CO_2e
	EM-EP-110a.1	甲烷百分比	2.78%
	EM-EP-110a.1	排放限制法规涵盖的百分比	23.8%
	EM-EP-110a.2	范围 1 中碳氢化合物燃烧排放量	25327 吨 CO_2e
	EM-EP-110a.2	范围 1 中其他燃烧活动排放量	81174 吨 CO_2e
	EM-EP-110a.2	范围 1 中制程流程排放量	0 吨 CO_2e
	EM-EP-110a.2	范围 1 中其他排放物排放量	39 吨 CO_2e
	EM-EP-110a.2	范围 1 中逸散排放物排放量	38 吨 CO_2e

定性指标：

主题	指标代码	指标
温室气体排放	EM-EP-110a.3	关于管理范围 1 排放的长期和短期策略或计划、减排目标的讨论，以及这些目标的业绩分析

用于衡量气候相关风险和机遇的关键指标是范围 1、范围 2 和范围 3 的排放量，范围 1 排放强度以及在低碳情景下由于碳定价和需求变化而面临的风险价值。

非洲石油集团 2023 年范围 1 和范围 2 的净排放量总计为 106.6ktCO$_2$e，而 2022 年为 117.2ktCO$_2$e。特别是火炬燃烧的排放量下降了 31%，为 25.3ktCO$_2$e。然而，由于产量下降，排放强度从 13.2kgCO$_2$e/ 桶油当量增加到 14.3kgCO$_2$e/ 桶油当量。与商务旅行以及销售的原油和天然气的使用相关的范围 3 排放总量为 2938 ktCO$_2$e，占总排放量的 98%。

自 2020 年 ESG 首次报告排放量以来，到 2023 年底，非洲石油集团的绝对排放量已减少 17.5%。非洲石油集团的短期目标是到 2025 年底，将现有非经营性生产资产组合的绝对排放量比 2020 年的基线减少 25%。从中期来看，非洲石油集团将继续支持其运营合作伙伴，帮助他们实现零常规燃除和进一步的绝对减排。

▶ **案例点评：**

非洲石油集团披露了全球范围 1 排放总量、甲烷百分比及在限制排放法规地区的占比，并具体披露了范围 1 中的其他类别排放量，例如碳氢化合物燃烧、其他燃烧活动、制造流程排放、其他排放以及逸散性排放。针对制定的短期目标，非洲石油集团披露了 2023 年范围 1、范围 2、范围 3 的排放情况，及与基准年排放量相比的进展，并表示未来将积极投身于自身及供应链的减排，实现零常规火炬排放及进一步的绝对减排目标。该披露符合 SASB 准则 EM-EP-110a.1、EM-EP-110a.2 条款的披露要求，基本

符合 EM-EP-110a.3 条款的披露要求，还需进一步详述实现计划或目标所采取的具体措施及相应的投资，以及可能影响目标实现的风险或限制因素。

▶ **案例来源：**

《非洲石油公司可持续发展报告》P32，38，https：//africaoilcorp.com/wp-content/uploads/2024/06/AFRICA-OIL-CORP-Sustainability-Report-2023.pdf.

 案例编号：IFRS S2-EM-EP-2

非洲石油集团

▶ **案例主题：**

披露水资源管理情况

▶ **披露内容：**

定量指标：

主题	指标代码	指标	披露数据
水资源管理	EM-EP-140a.1	基准用水压力高或极高地区二者各占的百分比	我们行动的地方都没有高或者极高的基线水压力地域

续表

主题	指标代码	指标	披露数据
水资源管理	EM-EP-140a.2	产生的采出水和回流水的体积	955000m³
	EM-EP-140a.2	排放的百分比	100%
	EM-EP-140a.2	注入的百分比	0
	EM-EP-140a.2	再利用的百分比	0
	EM-EP-140a.2	排放水中的碳氢化合物含量	25 吨
	EM-EP-140a.3	公开披露所有使用的压裂液化学品的水力压裂井的百分比	该指标不适用于该公司，因为公司既不拥有也不运营水力压裂井
	EM-EP-140a.4	与基准相比，地下水或地表水水质恶化的水力压裂场地的百分比	该指标不适用于该公司，因为公司既不拥有也不运营水力压裂井

▶ 案例点评：

非洲石油集团披露了水资源管理相关数据，包括产生的采出水和回流水的体积，及排放、注入、再利用的各自百分比，排放水中的碳氢化合物含量。由于非洲石油集团不拥有也不运营水力压裂井，因此未披露与其相关的指标。该披露符合 SASB 准则 EM-EP-140a.2 条款的披露要求，基本符合 EM-EP-140a.1 的披露要求，还需进一步披露取水和用水总量。

▶ 案例来源：

《非洲石油公司可持续发展报告》P38～39，https：//africaoilcorp.com/wp-content/uploads/2024/06/AFRICA-OIL-CORP-Sustainability-Report-2023.pdf.

案例编号：IFRS S2-EM-EP-3

非洲石油集团

▶ **案例主题：**

披露储量估计和资本支出内容

▶ **披露内容：**

定量指标：

主题	指标代码	指标	披露数据
储量估计和资本支出	EM-EP-420a.1	碳氢化合物储量水平对未来价格预测情景的敏感性，这些情景决定了碳排放价格	STEPS：no impact；APS：−1 mmbbl；NZE：−4 mmbbl
	EM-EP-420a.2	已探明碳氢化合物储量的二氧化碳排放估计值	13713068 吨 CO_2e
	EM-EP-420a.3	可再生能源投资金额、可再生能源销售产生的收入	0

定性指标：

主题	指标代码	指标
储量估计和资本支出	EM-EP-420a.4	关于碳氢化合物价格、需求或气候法规如何影响勘探、收购和开发资产的资本支出战略的讨论

非洲石油公司于 2021 年首次进行情景分析，以了解向低碳未来过渡给我们的投资组合带来的风险。从那时起，公司的投资组合发生了重大变

化，包括在纳米比亚发现维纳斯（Venus）油田、退出肯尼亚以及在赤道几内亚授予18号和31号区块。鉴于这些变化，我们使用国际能源署（IEA）在《2023年世界能源展望：到2050年实现净零排放》中发布的三种未来能源供需情景、宣布的承诺和既定政策更新了今年的情景分析。

在国际能源署的所有三种情景下，包括净零排放情景，投资组合对预计的需求变化以及商品和碳价格变化保持相对弹性。尽管在加速转型情景和净零排放情景下油价下降会对资产净现值产生负面影响，但在所有情景下，除了一种情况外，这些净现值仍为正值。此外，非洲石油集团的资产在油田经济效益和排放情况方面相对于其他供应来源仍具有竞争力，因此预计搁浅储量的风险极小。对于非洲石油集团的尼日利亚资产尤其如此，这些资产已经在生产并受益于低运营成本，因此其收支平衡成本远低于这些情景下的商品价格预测。因此，非洲石油集团预计这些资产将继续生产以满足剩余的石油需求。

表格说明了每种情景下预计的未来石油价格和碳价格对非洲石油集团生产性资产组合的净现值（Net Present Value，NPV）和储量的影响，该资产组合是公司已确认储量的唯一资产。大部分影响源于石油需求的变化以及相关的石油价格变动。碳价格对净现值的影响相对较小。尽管在所有情景下资产组合的净现值仍为正值，但在"净零排放"（NZE）情景下净现值尤其显著下降。了解这一风险更加凸显了在集团的资产组合中努力减少排放和成本的重要性，以确保集团的资产在世界向低碳未来过渡时保持韧性。

▶ 案例点评：

非洲石油集团使用国际能源署（IEA）发布的三种情景（NZE、APS、

STRPS）模型，预测了碳排放价格变化情况，并预测了未来的石油价格和碳价格对公司资产组合的净现值（NPV）的影响，同时披露了已探明碳氢化合物储量的二氧化碳排放估计值、可再生能源投资金额及其销售产生的收入。该披露符合SASB准则EM-EP-420a.1、EM-EP-420a.2、EM-EP-420a.3、EM-EP-420a.4条款的披露要求。

▶ **案例来源：**

《非洲石油公司可持续发展报告》P29～30，40，https：//africaoilcorp.com/wp-content/uploads/2024/06/AFRICA-OIL-CORP-Sustainability-Report-2023.pdf.

案例编号：IFRS S2-EM-EP-4

非洲石油集团

▶ **案例主题：**

披露生产相关的活动指标

▶ **披露内容：**

定量指标：

指标代码	指标	披露数据
EM-EP-000.A	石油	15.3 Mbbl/d
EM-EP-000.A	天然气	26.0 MMscf/d
EM-EP-000.A	合成油	0.0 Mbbl/d
EM-EP-000.A	合成气	0.0 MMscf/d
EM-EP-000.B	海上站点数量	3.0
EM-EP-000.C	陆上站点数量	0.0

▶ 案例点评：

非洲石油集团披露了生产相关的活动指标数据，包括石油、天然气、合成油、合成气的产量，以及海上、陆地站点的数量，以上披露均符合 SASB 准则 EM-EP-000.A、EM-EP-000.B、EM-EP-000.C 条款的披露要求。

▶ 案例来源：

《非洲石油公司可持续发展报告》P41，https：//africaoilcorp.com/wp-content/uploads/2024/06/AFRICA-OIL-CORP-Sustainability-Report-2023.pdf.

7.2.6 石油和天然气——中游行业

石油和天然气中游行业主体从事天然气、原油和精炼石油产品的运输或储存。中游天然气活动涉及从井口收集、运输和加工天然气，比如：去除杂质、生产天然气液体、储存、管道输送以及液化天然气的运输、液化或再气化。中游石油活动主要包括利用管道网络、卡车和铁路，以及通过油轮或驳船在海上运输原油和精炼产品。经营储存和配送终端以及制造和安装储罐和

管道的主体同样隶属于此行业。关于可持续披露主题和指标[①]详见《行业指南》第71页"采掘与矿物加工行业——行业12——石油和天然气——中游行业"。

案例编号：IFRS S2-EM-MD-1

阿曼国有能源集团

▶ 案例主题：

披露温室气体排放情况及其长短期策略与计划的实施情况

▶ 披露内容：

定量指标：

主题	指标代码	指标	披露数据
	EM-MD-110a.1	全球范围 1 总排放量	6900000 吨 CO_2e
温室气体排放	EM-MD-110a.1	甲烷百分比	0.0159%
	EM-MD-110a.1	排放限制法规涵盖的百分比	0.011%

---

① 主题和指标是针对仅涉及中游活动的主体或独立的中游主体。综合石油和天然气主体可能虽拥有或经营中游业务，但也参与石油和天然气价值链的上游业务以及产品的精炼或营销。针对油气勘探与生产（EM - EP）和精炼与营销（EM - RM）行业分别存在单独的标准。因此，综合性主体也应该考虑这些准则中的披露主题和指标。

定性指标：

主题	指标代码	指标
温室气体排放	EM-MD-110a.2	关于管理范围 1 排放的长期和短期策略或计划、减排目标的讨论，以及这些目标的业绩分析

阿曼国有能源集团（以下简称"OQ 集团"）的脱碳的战略重要目标：到 2050 年实现净零排放，符合《巴黎气候协定》中作出的承诺，将世界平均气温上升幅度控制在 1.5℃；到 2030 年，范围 1 和范围 2 的绝对或强度排放量从 2021 年基线减少 25%；到 2027 年，上游资产不再有常规火炬燃烧；到 2025 年第二季度为 OQ 集团的每项资产制定边际减排成本曲线（MACC）。

OQ 集团致力于推进脱碳工作，战略重点是减少碳排放和促进可持续实践。为了实现这一目标，OQ 集团实施了一系列举措，包括对排放进行细致评估、制订全面的脱碳计划以及建立关键绩效指标（KPI）以持续监控进度。

2024 年的计划：继续改进 OQ 集团的温室气体清单和计划；每年对 OQ 集团的 GHG 数据进行第三方验证；根据气候相关财务信息披露工作组（TCFD）规定，准备报告其气候相关财务信息披露；致力于提高 OQ 集团的可持续发展评级；将脱碳纳入 OQ 集团采购标准；制定 OQ 集团的长期脱碳计划，包括能源效率、清洁能源、低碳分子和负排放计划。

▶ 案例点评：

阿曼国有能源集团披露了全球范围 1 排放总量、甲烷百分比及在限制排放法规地区的占比，并具体披露了该公司脱碳目标、2023 年碳排放量减

少程度、2023 年采取的具体措施，以及 2024 年主要的脱碳举措与计划。该披露符合 SASB 准则 EM-MD-110a.1 条款的披露要求，基本符合 EM-MD-110a.2 条款的披露要求，还需进一步详细披露脱碳措施相应的投资，以及可能影响目标实现的风险或限制因素。

▶ **案例来源：**

《阿曼国有能源集团 2023 年可持续发展报告》P27，41，100，https：//assets.oq.com/-/media/oq/files/oq-sustainability-report-2023-en.pdf?rev=0b0244a906b140b698dc174a0076d7ef.

7.2.7 石油和天然气——精炼与营销行业典型企业可持续信息披露

石油和天然气——精炼与营销主体致力于提炼石油产品，销售石油和天然气产品，或经营加油站，所有这些都构成石油和天然气价值链的下游业务。精炼产品的类型和原油投入会影响所使用的精炼流程的复杂性，开支需求变化以及对环境和社会影响的程度。关于可持续披露主题和指标[①]详见《行业指南》第 75 页"采掘与矿物加工行业——行业 13——石油和天然气——精炼与营销"。

---

① 本行业包含的主题和指标适用于仅涉及精炼与营销活动的主体或独立的精炼与营销主体。综合石油和天然气主体开展上游业务也参与产品的分销、精炼或营销。油气勘探与生产（EM-EP）和中游（EM-MD）行业均有单独的标准。因此，综合主体还应考虑这些行业中的披露主题和指标。

案例编号：IFRS S2-EM-RM-1

韩国鲜京创新公司

▶ **案例主题：**

披露水资源管理定量指标

▶ **披露内容：**

定量指标：

主题	指标代码	指标	披露数据
水资源管理	EM-RM-140a.1	取水总量	42092252m³
	EM-RM-140a.1	用水总量	68151623m³
	EM-RM-140a.1	缺水程度为高或非常高地区的取水比例	1.28%
	EM-RM-140a.1	缺水程度为高或非常高地区的用水比例	1.00%

▶ **案例点评：**

韩国鲜京创新公司披露了取水总量及在缺水程度为高或非常高地区的取水比例、用水总量及在缺水程度为高或非常高地区的用水比例。该披露符合 EM-RM-140a.1 的披露要求。

▶ **案例来源：**

《SK Innovation 2023 年可持续发展报告》P135，https：//www.skinnovation.com/esg/Sustainability_Report.

韩国鲜京创新公司

▶ **案例主题：**

披露产品规格和清洁燃料混合物相关绩效

▶ **披露内容：**

定量指标：

主题	指标代码	指标	披露数据
产品规格和清洁燃料混合物	EM-RM-410a.2	先进生物燃料和相关基础设施的总目标市场	无国内市场，全球市场规模因代理商而异
	EM-RM-410a.2	先进生物燃料和相关基础设施的市场份额	无生物燃料生产设施
	EM-RM-410a.3	燃料混合用可再生燃料量：净产量和经采购量	待进一步计算后公布

▶ **案例点评：**

　　韩国鲜京创新公司披露了先进生物燃料和相关基础设施的总目标市场和市场份额情况，指出韩国鲜京创新公司在国内无先进生物燃料和相关基础设施的市场，而全球范围内的相关潜在市场的估计要依靠代理商来确定，基本符合 EM-RM-410a.2 的披露要求。而对 EM-RM-410a.3 燃料混合用可再生燃料量有待进一步披露。

▶ 案例来源：

《韩国鲜京创新公司 2023 年可持续发展报告》P136，https：//www.skin novation.com/esg/Sustainability_Report.

案例编号：IFRS S2-EM-RM-3

韩国鲜京创新公司

▶ 案例主题：

披露生产相关的活动指标

▶ 披露内容：

定量指标：

指标代码	指标	披露数据
EM-RM-000.A	原油和其他原料的精炼产量	331622290BOE
EM-RM-000.B	精炼产能	1.19MBPD

▶ 案例点评：

　　韩国鲜京创新公司披露了原油和其他原料的精炼产量及精炼产能。该披露符合 EM-RM-000.A、EM-RM-000.B 的披露要求。

▶ 案例来源：

　　《韩国鲜京创新公司 2023 年可持续发展报告》P136，https：//www.skin novation.com/esg/Sustainability_Report.

7.2.8　石油和天然气——服务行业典型企业可持续信息披露

　　石油和天然气服务主体按合同执行钻井作业、制造设备或提供支持服务。钻井和钻井支持主体按照合同为石油和天然气勘探和生产（E&P）主体在陆地和海上钻探石油和天然气。对于陆上勘探和生产、油田服务部门主体主要制造用于石油和天然气开采、储存和运输的设备。对于海上钻探，该部门的主体可能制造自升式钻井平台、半潜式钻井平台、钻井船和一系列其他勘探设备。它们还提供地震监测、设备租赁、固井和油井监测等支持服务。这些服务通常以合同形式提供，客户将从服务提供商处购买或租赁材料和设备。服务主体还可以提供人员或专业知识作为其服务范围的一部分。在确定可持续绩效的重大影响时，石油和天然气服务主体与其客户之间的合同关系是一个重要考虑因素。除了费率之外，行业竞争的重点还包括运营和安全表现技术与工艺、项目管理绩效以及声誉。关于可持续披露主题和指标详见《行业指南》第 82 页"采掘与矿物加工行业——行业 14——石油和天然气——服务"。

案例编号：IFRS S2-EM-SV-1

贝克休斯

▶ **案例主题：**

披露减排和燃料管理情况

▶ **披露内容：**

定量指标：

主题	指标代码	指标	披露数据
减排服务和燃料管理	EM-SV-110a.1	燃料消耗总量	39016229 GJ
	EM-SV-110a.1	可再生燃料百分比	0
	EM-SV-110a.1	道路设备和车辆以及道路设备使用的燃料百分比	数据不可用
	EM-SV-110a.3	符合非道路柴油发动机最高排放标准的在用发动机百分比	数据不可用

定性指标：

主题	指标代码	指标
减排服务和燃料管理	EM-SV-110a.2	关于应对与气体排放相关的风险、机遇和影响的战略或计划的讨论

2023 年，贝克休斯继续专注于运营效率、设施能源效率、车队电气化以及可再生能源和核能。这些关键的战略杠杆是公司确定将降低直接和间接排放同时提高绩效的项目方面的路标。提高运营效率的重点路径为减少

制程和现场服务操作中的排放；提高设备能源效率的重点路径为减少液体/气体燃料和电力的使用；可再生能源的重点路径为提高可再生能源在电力结构中的比例；车队电气化的重点路径为电气化程度的提高和低碳燃料的使用。通过以上战略措施，范围1和范围2的排放量之和，可在2030年从801087吨CO_2e降低到400543吨CO_2e，与基准年排放量相比降低50%。

贝克休斯范围3路线图的制定受到公司利益相关者的影响。战略实施路径包括供应链及采购（减少供应端的上游排放）、运输和物流（减少公司的员工通勤、商旅和运输运载量）、废弃物（减少第三方处理的废弃物的量、运营中产生的废物）、低碳产品（减少我们产品使用阶段产生的碳排放量）。

▶ 案例点评：

贝克休斯披露了燃料消耗总量、可再生燃料百分比，未对道路设施和车辆以及道路设备使用的燃料百分比、进行有效数据的收集，部分符合EM-SV-110a.1的披露要求；未对符合非道路柴油发动机最高排放标准的在用发动机百分比进行有效的数据收集；贝克休斯对应对气体排放的战略进行了具体的披露，包括2023年及未来针对范围1和范围2具体的路线图，并于2023年首次披露了针对范围3的具体实施路径及措施，符合EM-SV-110a.2的披露要求。

▶ 案例来源：

《贝克休斯2023年可持续发展报告》P68，75，134，https://dam.bakerhughes.com/m/642d3eeb585f4405/original/Sustainability-Report-2023.pdf.

案例编号：IFRS S2-EM-SV-2

贝克休斯

▶ **案例主题：**

披露水资源管理服务情况

▶ **披露内容：**

主题	指标代码	指标
水资源管理服务	EM-SV-140a.2	关于应对用水和水处理相关的风险、机遇和影响的战略或计划的讨论

　　贝克休斯致力于在整个水循环过程中养护和保护自然资源，并有效管理其在缺水地区和其他地方的取水、消耗和排水。贝克休斯的许多操作和测试都需要取水和消耗水。尽管如此，由于贝克休斯运营的性质，它不会对其运营所在地区的水资源供应产生重大影响。为了实现贝克休斯最大限度地减少资源使用的目标，其承诺到2030年减少缺水工厂的用水量。

　　2023年，贝克休斯的总取水量从2022年的3214.3毫升下降到2023年的2984.4毫升，下降了7.2%。贝克休斯的总排水量从2022年的2655.0毫升下降到2023年的2329.7毫升，下降了12.3%。消耗量的增加归因于老化的基础设施和受恶劣天气影响的仪表面临的挑战。

　　与2022年基准年相比，2023年贝克休斯在水资源紧张地区的用水量

增加了 80.3%，2023 年的用水量为 23.4 毫升。贝克休斯从这些地区取水量大致保持不变，从 2022 年基准年的 410.0 毫升略微下降到 2023 年的 409.2 毫升，排放到这些地区的水从 2022 年基准年的 397.0 毫升下降到 2023 年的 385.7 毫升。

风险识别与缓解：企业 HSE 团队负责监督水质标准，并为现场团队提供有效的工具来管理风险、促进有效的水资源管理并提升公司的保护实践。贝克休斯的全球水质保护程序为全球所有工厂和运营设定了最低标准和要求，无论风险状况如何。水风险高或极高的场所需要完成额外的评估，以评估他们在用水方面的活动，并确定保护、提高效率和降低风险的选择。2023 年，已完成 17 项节水和管理评估。

▶ 案例点评：

贝克休斯披露内容表示 EM-SV-140a.1 中标准（作业中处理的淡水总量、循环使用百分比）不适用；贝克休斯对水资源进行有效管理，披露了风险识别与缓解措施，具体表明了 2023 年完成 17 项节水和管理评估，并披露了 2023 年总取水、排水、耗水量及与 2022 年进行对比，披露了缺水地区 2023 年总取水、排水、耗水量及与 2022 年进行对比，并承诺到 2030 年减少缺水工厂的用水量。该披露内容符合 EM-SV-140a.2 的披露要求。

▶ 案例来源：

《贝克休斯 2023 年可持续发展报告》P89～90，134，https：//dam.bakerhughes.com/m/642d3eeb585f4405/original/Sustainability-Report-2023.pdf.

▶7.3　金融业

7.3.1　资产管理和托管活动行业典型企业可持续信息披露

　　资产管理和托管活动行业主体以收取佣金或手续费的方式，为机构、零售和高净值投资者管理投资组合。另外，该行业的主体还提供财富管理、私人银行、财务规划以及投资咨询和零售证券经纪服务。投资组合和策略可涵盖多个资产类别，可能包括股票、固定收益投资和对冲基金投资。特定主体从事风险资本投资和私募股权投资。该行业为各类客户实现特定投资目的提供必要服务，包括从个人散户投资者到大型机构资产所有者的一系列客户。该行业的主体上至拥有各种可投资产品、策略和资产类别的大型跨国家或地区资产管理人，下至为某一特定小众市场提供服务的小型公司。大型公司的竞争优势通常是就其服务收取的管理费以及提供优质投资业绩的潜力，而小型公司的竞争优势通常是针对个人客户的多样化需求提供定制产品和服务的能力。2008 年的国际金融危机和随后的监管制度发展都凸显了该行业在为客户提供公平建议以及管理主体层面的风险、投资组合层面的风险和宏观经济层面风险的重要性。关于可持续披露主题和指标详见《行业指南》第 87 页"金融行业——行业 15——资产管理和托管活动"。

案例编号：IFRS S2-FN-AC-1

布鲁克菲尔德资产管理公司

▶ 案例主题：

披露可持续要素融入投资流程的量化绩效

▶ 披露内容①：

定量指标：

主题	指标代码	指标	披露数据
将环境＆社会和治理因素纳入投资管理和咨询	FN-AC-410a.1	按资产类别划分的、采用以下方法的总资产规模：（1）纳入环境、社会和治理（ESG）事项；（2）可持续发展主题投资；（3）筛选	（1）916亿美元；（2）102亿美元；（3）0

▶ 案例点评：

布鲁克菲尔德资产管理公司在报告中分别披露了应用纳入环境、社会和治理（ESG）事项，可持续发展主题投资，及筛选三种负责任投资方法的资产规模，基本符合SASB准则FN-AC-410a.1条款的披露要求。此外，如果主体能够明确其所采取的投资方式是否符合负责任投资原则的定义，并按照资产类别对应用了ESG投资方法的资产规模进行拆分披露，则符合披露要求。

---

① 编制组对英文原文进行了翻译，英文原文请参考案例索引。

▶ 案例来源：

《布鲁克菲尔德资产管理公司 2023 年可持续发展报告》P132，https：// www.brookfield.com/sites/default/files/2024-06/BAM_2023_Sustainability_ Report.pdf.

案例编号：IFRS S2-FN-AC-2

布鲁克菲尔德资产管理公司

▶ 案例主题：

布鲁克菲尔德将可持续发展要素融入投资全流程

▶ 披露内容①：

定性指标：

主题	指标代码	指标
将环境 & 社会和治理因素纳入投资管理和咨询	FN-AC-410a.2	关于将环境、社会和治理（ESG）因素纳入投资或财富管理流程和策略的方法的描述

---

① 编制组对英文原文进行了翻译，英文原文请参考案例索引。

布鲁克菲尔德资产管理公司将可持续发展融入公司的全投资流程，其中包含四个关键环节：尽职调查、投资决策、持续管理、退出。

➤ 尽职调查：目的在于评估与可持续发展相关的机遇和风险，并将评估结果纳入整体投资决策。公司制定了《可持续发展尽职调查协议》，主要评估调查对象在贿赂与腐败、网络安全、健康与安全、人权、现代奴役和气候相关方面的风险。公司还会根据实际情况与内部和第三方专家合作，开展更深入的尽职调查。

➤ 投资决策：公司规定所有的投资都必须获得相关投资委员会的批准，投资团队还需要向委员会汇报与可持续发展有关的风险及其对投资回报的影响。

➤ 持续管理：公司鼓励开展有关各种可持续发展职能的培训，管理团队需要定期从财务和运营角度向各自的董事会提交报告，汇报健康与安全、环境管理、遵守监管要求，以及温室气体排放等重要可持续发展因素的关键绩效指标。对于投资标的，公司对其表现进行持续监控，并在适当的时候开展 ESG 参与工作。

➤ 退出：开展资产剥离时，公司根据多个不同因素（包括相关的可持续发展因素）分析项目的潜在价值创造，总结投资的可持续发展表现。

▶ 案例点评：

布鲁克菲尔德资产管理公司对融入了可持续发展因素的投资流程进行了概括性的披露，明确了"尽职调查、投资决策、持续管理、退出"四大投资关键环节的相关内容，基本满足 SASB 准则 FN-AC-410a.2 条款的披露要求。此外，报告使用者还关注主题在不同资产类别、不同投资策略上纳入 ESG 因素的差异化方法，充分满足指标披露要求还需要主题更深入、细化的信息披露内容。

▶ 案例来源：

《布鲁克菲尔德资产管理公司 2023 年可持续发展报告》P18，https：// www.brookfield.com/sites/default/files/2024-06/BAM_2023_Sustainability_ Report.pdf.

案例编号：IFRS S2-FN-AC-3

布鲁克菲尔德资产管理公司

▶ 案例主题：

布鲁克菲尔德在代理投票时评估可持续相关因素

▶ 披露内容①：

定性指标：

主题	指标代码	指标
将环境＆社会和治理因素纳入投资管理和咨询	FN-AC-410a.3	关于代理表决和参与被投资方的政策和程序的描述

---

① 编制组对英文原文进行了翻译，英文原文请参考案例索引。

布鲁克菲尔德资产管理公司根据 PRI 相关指引对管理（Stewardship）进行了定义。公司制定并公开发布了的《代理投票准则》，《准则》指出公司在进行代理投票时，会对各种可持续发展因素进行评估，其中包括：性别平等、董事会多样性、生态与可持续发展、气候变化、道德、人权、数据安全与隐私等。

布鲁克菲尔德致力于通过提供尽可能强大的经济效益来实现代理客户的目标。我们还认为，代表代理客户实现长期价值最大化的一个关键因素，是投资于那些对可持续发展原则作出承诺的发行人。布鲁克菲尔德是"负责任投资原则"（"PRI"）的签署方，并相信价值创造和可持续发展是相辅相成的目标。我们已将这些可持续发展原则纳入我们的业务模式和投资战略。

在代理投票方面，可持续发展包括一系列广泛的问题。布鲁克菲尔德的政策是一般支持符合这些原则的提案，并进行代理投票。布鲁克菲尔德会评估各种布鲁克菲尔德在确定代理投票是否符合代理客户的最佳利益时，会对各种可持续发展因素进行评估，其中包括性别平等、董事会（"董事会"）多样性、生态与可持续性、气候变化、道德、人权、数据安全和隐私。

▶ 案例点评：

布鲁克菲尔德资产管理公司在公开发布的《代理投票准则》中，对评估可持续发展要的方法和要素内容进行了承诺性、概括性的陈述，能够基本满足 SASB 准则 FN-AC-410a.3 条款的披露要求。报告主体还需进一步对代理表决的方法、决策流程、对话失败后的升级流程等进行详细披露，如果可行，还可对参与次数、参与代理表决的员工人数等内容进行披露。

▶ 案例来源：

《布鲁克菲尔德资产管理公司 2023 年可持续发展报告》P20，https：//www.brookfield.com/sites/default/files/2024-06/BAM_2023_Sustainability_Report.pdf.

《代理投票政策》P6，https：//bam.brookfield.com/sites/brookfield-bam/files/BAM-IR-Master/Corporate-Governance/2024/BAM%20Ltd%20-%20Proxy%20Voting%20Guidelines%202024.pdf.

7.3.2 商业银行业典型企业可持续信息披露

商业银行[①]接受存款，向个人和公司提供贷款，并参与基础设施、房地产和其他项目的贷款。通过提供这些服务，商业银行在推动全球经济运行和将金融资源转移至最具生产力的领域发挥了重要作用。该行业由存款额、贷款质量、经济环境及利率驱动，面临资产负债错配风险。继 2008 年国际金融危机后，商业银行业的监管环境发生了重大变化，并正持续变化中。该趋势和其他监管趋势有可能影响业绩。在全球开展业务的商业银行必须同时应对很多国家或地区的新规，而这些法规将造成监管不确定性，特别是在新规则的一致应用方面。关于可持续披露主题和指标详见《行业指南》第 92 页"金融行业——行业 16——商业银行"。

---

① 该准则针对"纯粹"的商业银行服务，可能不包括综合金融机构的所有活动（如投资银行和经纪服务、抵押贷款融资、消费金融、资产管理和托管服务以及保险）。这些行业活动的可持续事项由单独的准则涵盖。

案例编号：IFRS S2-FN-CB-1

中国工商银行

▶ **案例主题：**

披露关于将环境、社会和治理（ESG）因素纳入信用分析的描述

▶ **披露内容：**

定性指标：

主题	指标代码	指标
将环境、社会和治理因素纳入信用分析	FN-CB-410a.2	关于将环境、社会和治理（ESG）因素纳入信用分析的描述

　　为评估企业在双碳转型过程中的风险与机遇，提升内部评级模型的前瞻性，中国工商银行研究将气候因素纳入信用风险评级框架，完善信用风险评级体系，对绿色企业和高碳排企业进行专题评估，已在全行启动评级试点运行。

　　中国工商银行借鉴联合国环境规划署（UNEP）技术框架，在央行与监管机构绿色金融网络（NGFS）压力情景基础上，进一步加强对NGFS情景的本地化校准，独立运行产生NGFS情景的综合评估模型，对模型输入指标进行适用性检查和调整，对模型输出指标开展合理性分析。对2023年至2060年高碳排放行业的风险变化趋势、不同转型方式的影响、整体资产组合的质量变化情况和资本充足率水平影响等进行了分析。

中国工商银行气候风险压力测试包括有序转型、无序转型、全球温室三大类情景，选取火电、钢铁、交通运输、煤炭、石油天然气等重点行业，设计专项压力测试方法，刻画行业发展规律，建立气候风险情景到客户经营要素间的传导路径，进而预测客户财务报表，分析其评级变化情况。（下图为环境保护政策变化压力对公司信用评级和违约概率的金融传导过程）

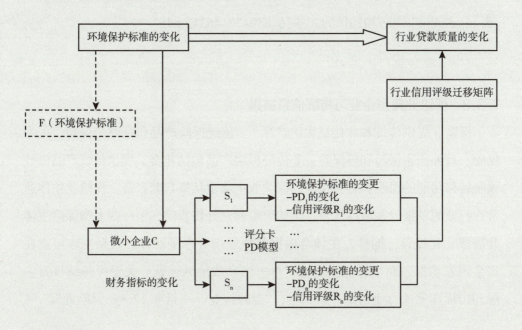

▶ **案例点评：**

中国工商银行针对高碳行业开展气候转型风险压力测试。通过气候变化风险情景的财务冲击量化分析，为上述企业、组织或项目提供融资相关的适当违约风险水平，并且将情景分析结果应用于公司的决策过程和授信体系中，该披露基本符合 SASB 准则 FN-CB-410a.2 条款的披露要求。

> **案例来源：**
>
> 《中国工商银行2024年半年度社会责任与可持续金融专题报告》P6～
> 7，https://v.icbc.com.cn/userfiles/resources/icbcltd/download/2024/
> esg20240926ch.pdf.
>
> 《NGFS的环境风险分析方法案例研究集》P80，http://www.greenfinan
> ce.org.cn/upfile/file/20201008203936_659477_46312.pdf.

7.3.3 保险业典型企业可持续信息披露

保险业提供传统和非传统保险产品[①]。传统保险产品包括财产保险、人寿保险、意外伤害保险和再保险。非传统保险产品包括年金、提供传统产品以外风险转移功能的保险和财务担保。保险业主体也从事自营投资。保险业主体通常在行业的单细分领域内运营，例如财险和意外伤害险，但一些大型保险主体开展多元化经营。同样，主体会根据其地理细分水平而异。大型主体可能在多个国家承保，而小型主体通常在单一国家或地区运营。关于可持续披露主题和指标详见《行业指南》第95页"金融行业——行业17——保险业"。

---

① 保险费、承保收入和投资收益推动行业增长，而保险赔付支出是最重大的成本和利润的不确定性来源。保险业主体提供的产品和服务能够转移、集中和分担风险，保障经济良好运行。保险业主体还可以通过产品导致某种形式的道德风险，降低改善行为和绩效的动力，进而产生可持续相关影响。与其他金融机构类似，保险业主体面临信用风险和金融市场风险。监管机构认为，在保险业内，从事非传统保险或非保险活动（包括信用违约掉期保护和债券保险）的主体更易受金融市场发展影响，因此更有可能放大或推动系统性风险。因此，一些保险主体可能被指定为系统重要性金融机构，因此面临更严格的监管和监督。

案例编号：IFRS S2-FN-IN-1

三商美邦人寿

▶ 案例主题：

披露关于将环境、社会和治理（ESG）
因素纳入投资管理流程和策略的方法的描述

▶ 披露内容：

定性指标：

主题	指标代码	指标
将环境、社会和治理因素纳入投资管理	FN-IN-410a.2	关于将环境、社会和治理（ESG）因素纳入投资管理流程和策略的方法的描述

　　三商美邦人寿销售投资型保险商品，将 ESG 列入投资目标上架的检核标准，以落实执行永续发展，确认该基金是否已将 ESG 因子纳入投资决策流程中，并将所在地相关政治及投资风险纳入评估、排除投资人权争议及军火武器等相关产业。

▶ 案例点评：

　　三商美邦人寿明确披露了关于将环境、社会和治理（ESG）因素纳入投资管理流程和策略，并运用正面筛选和负面筛选的方式开展可持续相关

的投资。同时，三商美邦人寿以高 ESG 风险事项清单明确了各类产业的定义，并通过投资流程管理，将 ESG 因子纳入评估、排除投资人权争议及军火武器等相关产业，基本满足 SASB 准则 FN-IN-410a.2 条款的披露要求。

▶ 案例来源：

《三商美邦人寿 2023 年永续报告书》P47~50，https：//www.mli.com.tw/esg/downloadTemplate/78.

案例编号：IFRS S2-FN-IN-2

三商美邦人寿

▶ 案例主题：

披露关于激励健康、安全或对环境负责的行动或行为的产品或产品特征的讨论

▶ 披露内容：

定性指标：

主题	指标代码	指标
旨在激励负责任行为的政策	FN-IN-410b.2	关于激励健康、安全或对环境负责的行动或行为的产品或产品特征的讨论

三商美邦人寿为满足多元需求，设计了一些针对特定用户的保险产品，并在其中加入一些有利于投保人健康行为的激励因素，比如：将提供健康步数折扣，鼓励保户养成运动习惯，让保险从事后补偿走向事前预防。

▶ 案例点评：

三商美邦人寿明确出售给客户的商业类保险包括：心享安防癌定期健康保险（SSA）、安家福贷平准型定期寿险（AFTL）、珍爱一年期健康保险附约（JHIRT）、新护健康终身医疗健康保险附约（NFHIR）、新乐健康终身医疗健康保险附约（NLHIR）、好平安终身保险（HPA）、增够利美元利率变动型终身寿险（TGZ）等，均为客户提供一定的福利激励优惠，鼓励更多人群健康饮食、日常锻炼、减肥等行为，完全符合SASB准则FN-IN-410b.2条款的披露要求。

▶ 案例来源：

《三商美邦人寿2023年永续报告书》P50～P52，https：//www.mli.com.tw/esg/downloadTemplate/78.

7.3.4 投资银行和经纪业务典型企业可持续信息披露

投资银行和经纪业务主体在资本市场发挥着广泛作用，包括筹资和资本分配，为企业、金融机构、政府以及高净值人士提供做市和咨询服务。具体业务活动包括：有偿财务咨询和证券承销服务；涉及以佣金或手续费形式买卖证券或商品合约和期权的证券和商品经纪活动；涉及买卖股票，固定收益，货币，商品和其他证券等代客和自营交易和投资活动。投资银行还为一些基础设施和其他项目发起贷款并将其证券化。由于行业内主体的收益来源

于全球市场，因此会面临各种各样的监管机制①。关于可持续披露主题和指标详见《行业指南》第 103 页"金融行业——行业 18——投资银行和经纪业务"。

 案例编号：IFRS S2-FN-IB-1

元大金控集团

▶ 案例主题：

披露将 ESG 因素纳入投资银行承销、咨询、证券化交易和其他业务的方法及纳入 ESG 因素的业务金额和相关收入

▶ 披露内容：

定量指标：

主题	指标代码	指标	2023 年
在投资银行和经纪活动中纳入环境、社会和治理因素	FN-IB-410a 1	按行业划分的纳入环境、社会和治理（ESG）因素的（1）承销、（2）咨询和（3）证券化交易收入	债券承销收入新台币 2409 万元
在投资银行和经纪活动中纳入环境、社会和治理因素	FN-IB-410a 2	按行业划分的纳入环境、社会和治理（ESG）因素的投资和贷款的（1）数量和（2）总价值	（1）当年完成承销数量 68 件；（2）当年完成承销金额新台币 127 亿元

---

① 该行业不断面临监管压力，要求其对存在系统性风险的运营领域进行改革和披露。具体而言，主体如今面临的情况包括：新的资本要求、压力测试、自营交易限制以及薪酬制度审查趋严。

定性指标：

主题	指标代码	指标
在投资银行和经纪活动中纳入环境、社会和治理因素	FN-IB-410a 3	关于将环境、社会和治理（ESG）纳入投资银行和经纪活动的方法的描述

　　元大证券制定《ESG审核准则》，严格将ESG因素考量纳入投资银行的业务评估过程，并在报告中披露将ESG纳入业务开展的流程。公司在筛选中长期投资标的过程中纳入ESG因素评估，以资金支持可持续企业发展。在自营交易中挑选投资标的时，若标的为中长期证券投资，证券投资部交易人员需填写ESG检查表，执行ESG审核作业流程，并由证券投资部部门主管核准ESG评估报告后方可执行投资决策；若标的为债券，则由债券交易员填写ESG检查表并经债券部高阶主管签核，以确保ESG审核作业品质。

　　在咨询服务业务方面，元大证券本年度与咨询辅导公司合作，辅导强化公司治理及可持续发展，协助公司设立可持续发展委员会，并在公司网页上设立投资人、利益相关方、企业可持续发展专区等。在完成咨询业务后，跟踪公司出具可持续发展报告书，并完成ESG议题风险评估与重要信息披露，为公司可持续治理发展奠定了良好基础。

▶ **案例点评：**

　　元大金控集团在"永续金融"章节披露了在投资业务中将中长期投资标的的筛选程序纳入ESG因子的评估，在选择投资标的时也会考虑投资对象在环境和社会绩效方面的表现，以减少因投资造成的环境或社会风险，用资金支持永续企业的发展。针对承销业务，公司披露将ESG因素纳入投资银行承销业务的全流程及相关ESG因素管理制度，明确分类禁止承销和

具有争议企业的标准，完全符合 FN-IB-410a.1 和 FN-IB-410a.2 的披露要求。在报告中，元大金控集团按照业务类别披露当年债权类承销核准的案件数量和承销收入和股权类承销核准的案件数量和金额，基本符合 FN-IB-410a.3 的披露要求，但需进一步披露将 ESG 因素纳入咨询服务、证券化交易业务的核准金额和对应确认的收入情况。

▶ 案例来源：

《元大金控永续报告书》P33～34，37～38，40～41，155, https://www.yuanta.com/Files/ESGReport/2023/TW/2023 年永续报告书.pdf.

7.3.5 抵押贷款融资典型企业可持续信息披露

抵押贷款融资行业①通过帮助消费者购买房产和提高整体的住房自有率提供基本公共产品。该行业的主体以房产为抵押品向个人客户和商业客户提供贷款。主要产品为提供住房和商业抵押贷款，同时也提供其他服务，包括：抵押服务、产权保险、结算服务以及估价。此外，抵押贷款融资主体拥有、管理并为房地产相关投资提供融资，例如抵押贷款过手权证和担保抵押契约。关于可持续披露主题和指标详见《行业指南》第 108 页"金融行业——行业19——抵押贷款融资"。

---

① 抵押贷款融资行业监管环境的最新趋势表明，消费者保护、披露和问责正在发生巨大转变。为应对 2008 年国际金融危机所做的监管变化表明了社会利益与长期投资者的利益进一步保持一致的可能性。

案例编号：IFRS S2-FN-MF-1

房地美公司

▶ **案例主题：**

披露位于百年一遇洪泛区的抵押贷款的数量和价值、分析有关如何
将抵押房产的环境风险纳入抵押贷款的发起和发放中

▶ **披露内容①：**

定量指标：

主题	指标代码	指标	2023 年
抵押房产的环境风险	FN-MF-450a.1	位于百年一遇洪泛区的抵押贷款的数量和价值	见下表。

项目	抵押贷款数量（单位：千）			未付本金余额（单位：百万美元）		
	2021 年	2022 年	2023 年	2021 年	2022 年	2023 年
独户住宅 – 合计	12877.4	13365.4	13507.8	2748296	2945069	3000036
百年一遇洪水区内的抵押贷款	377.3	386.5	387.5	79340	84964	86455
占抵押贷款总额的百分比	3%	3%	3%	3%	3%	3%

① 编制组对英文原文进行了翻译，英文原文请参考案例索引。

续表

项目	物业数量 （单位：千）			账面价值 （单位：百万美元）		
	2021 年	2022 年	2023 年	2021 年	2022 年	2023 年
独户住宅自有房地产（REO）	1.6	2.2	2.5	176	278	351
百年一遇洪水区内的物业	0.1	0.1	0.1	14	17	21
占自有房地产总量的百分比	8%	6%	6%	8%	6%	6%

定性指标：

主题	指标代码	指标
抵押房产的环境风险	FN-MF-450a.3	有关如何将气候变化和其他环境风险纳入抵押贷款的发起和发放中的描述

关于气候变化和其他环境风险如何纳入抵押贷款发起和承保的说明。

根据我们的章程第 305（a）条，房地美公司不得发放抵押贷款。因此，我们不发放抵押贷款，也不直接向抵押贷款借款人放贷。

我们的单户住宅部门不进行担保或再担保贷款。我们要求投资组合中所有作为独户住宅抵押贷款担保的房屋在整个贷款期内都必须投保房屋保险。此外，对于位于联邦紧急事务管理局（FEMA）指定的特殊洪水危险区（SFHA）的房屋，借款人必须投保洪水保险。卖方必须确定单户抵押贷款的抵押房屋是否位于特殊洪水危险地区，如果是，则必须确保在将贷款出售给房地美时，已投洪水保险。服务商必须确保这些房屋的洪水保险能够覆盖整个贷款存续期，并且保险金额符合联邦政府和房地美公司的要求。如果借款人未能获得并维持所需的洪水保险，服务商必须直接投保。（参见我们的《独户住宅卖方/服务商指南》，包括第 3401.22、4703.1、4703.3、6302.8、8202.3 和 8202.12 章）。

虽然我们不发起抵押贷款，但多户住宅部门确实会对我们购买的抵押贷款进行再担保。卖家需要提供第三方环境和财产状况报告，以及 FEMA 洪水区判定，这有助于识别拟购买贷款的相关环境风险。我们的《多户住宅卖方 / 服务商指南》规定，借款人必须为贷款抵押品投保所有相关险种，如火灾、风 / 雹、飓风、洪水和地震。(参见我们的《多户型卖方 / 服务商指南》第 31 章——保险要求)。

▶ 案例点评：

房地美公司明确披露位于百年一遇洪泛区的抵押贷款的数量和价值，符合 FN-MF-450a.1 的披露要求，并分析有关如何将抵押房产的环境风险纳入抵押贷款的发起和发放。对标行业实施指南中的行业披露要求，房地美基本符合 FN-MF-450a.3 指标的披露要求。房地美可以评估适用性后，按地理区域划分，进一步披露因气候相关自然灾害导致的抵押贷款违约和拖欠造成的预期损失总额和违约损失率（LGD）。

▶ 案例来源：

《房地美 2023 年可持续发展报告》P86 ~ 88，https：//www.freddiemac.com/about/pdf/2023_Sustainability_Report.pdf.

▶ 7.4 食品和饮料行业

7.4.1 农产品典型企业可持续信息

农产品行业从事蔬菜和水果的加工、贸易和分销，以及生产和加工谷

物、糖、食用油、玉米、大豆和动物饲料等农产品。主体直接出售农产品给消费者和企业，用于消费品和工业产品。该行业的主体通常（直接或间接地）从种植农产品的主体处购买农产品，然后进行增值活动（例如，加工、贸易、分销和磨粉）。农产品主体也从事批发和分销。该行业的主体可能从不同国家的第三方种植者处采购大部分农产品。因此，应对供应链内的可持续风险对于长期保障原材料的可靠供应和降低涨价和波动风险至关重要。关于可持续披露主题和指标详见《行业指南》第 110 页"食品和饮料行业——行业 20——农产品"。

案例编号：IFRS S2-FB-AG-1

斯里兰卡伊尔皮提雅种植园公司

▶ **案例主题：**

披露农业种植及生产公司对水资源管理获取及使用的管理情况

▶ **披露内容①：**

定量指标：

主题	指标代码	指标	2023 年
水资源管理	FB-AG-140a.1	（1）取水总量	60826 千立方米

① 编制组对英文原文进行了翻译，英文原文请参考案例索引。

续表

主题	指标代码	指标	2023 年
水资源管理	FB-AG-140a.1	（2）用水总量，以及基准用水压力高或极高的地区二者各占的百分比	60826 千立方米
		（3）基准用水压力高或极高的地区二者各占的百分比	0
	FB-AG-140a.3	违反水质许可、标准和法规事件的次数	0

定性指标：

主题	指标代码	指标
水资源管理	FB-AG-140a.2	关于水资源管理风险的描述和关于减轻这些风险的策略和实践活动的讨论

斯里兰卡伊尔皮提雅种植园公司认识到水在作物种植和社区用水中的重要性，并确保不从基准用水压力高或极高的地区采购任何农产品，保持水资源合规性，在这一年中，没有发生与水量和 / 或水质许可证、标准和法规相关的任何不符合规定的情况。为减轻这些风险，公司采取了保护自然水体、收集雨水、有机肥增加土壤湿度和污水管理的策略与实践，有效减少了对地表水和地下水的依赖。同时，公司每年通过对饮用水、工厂废水以及橡胶拔除田地中的溪流水质进行监测，以防止水质污染，确保水资源的可持续管理。

▶ 案例点评：

斯里兰卡伊尔皮提雅种植园公司明确披露了所有来源提取的水量，并强调没有从高或极高缺水压力的地区抽取的水，以及不涉及违反水质许可、标准和法规事件，该披露符合 FB-AG-140a.1 和 FB-AG-140a.3 的要求。在有关于水资源风险管理方面，该公司识别水资源风险对公司业务开

展的影响，并展示了有关水资源管理的具体行动实践及取得的相关成效，通过采取水资源保护及监测等措施，展现出其在水资源保护方面的积极努力和承诺，基本符合 FB-AG-140a.2 的披露要求，还需进一步披露水资源风险对运营产生的财务和声誉的影响及水资源管理的目标，包括水资源管理计划的时间表及取得绩效情况等。

▶ 案例来源：

《斯里兰卡种植园产业伊尔皮提雅种植公司 2023/24 年年报》P120~121，274，https：//www.elpitiya.com/wp-content/uploads/2024/06/Elpitiya-Plantations-PLC-Annual-Report-2023-2024.pdf.

案例编号：IFRS S2-FB-AG-2

斯里兰卡伊尔皮提雅种植园公司

▶ 案例主题：

披露主要作物及气候变化所带来的风险及其应对措施

▶ 披露内容①：

定性指标：

———————————

① 编制组对英文原文进行了翻译，英文原文请参考案例索引。

主题	指标代码	指标
原料采购	FB-AG-440a.1	识别主要作物并描述气候变化带来的风险和机遇

　　斯里兰卡伊尔皮提雅种植园公司识别出主要作物，如茶叶、橡胶、油棕榈，公司面临的气候变化所带来的风险为极端天气条件（如干旱）、水污染及固体废物生成等问题，为应对这些风险，在2023～2024财年，针对极端天气条件（如干旱），公司采取了收集雨水以补充土壤水分、通过施用有机堆肥提高土壤碳含量和供应可持续生物等措施；为防止水污染，公司增加了植树以扩大绿地覆盖，并修复了连接动物走廊的溪流保护区；为了减少固体废物生成，公司减少了化肥、农药和除草剂的使用，同时减少并回收塑料和聚乙烯，并将所有可生物降解的废物转化为有机堆肥。这些行动不仅降低了环境风险，还推动了主要作物的可持续发展。

▶ **案例点评：**

　　斯里兰卡伊尔皮提雅种植园公司明确披露了直接种植的作物，包括茶叶、橡胶、油棕榈，以及详细描述了气候变化所带来的风险及其应对措施，以降低公司运营对环境的影响，以及确保种植作物不受影响。该披露基本满足FB-AG-440a.1的披露要求，还需进一步增加对制定气候变化情景的方法或模型等相关内容的披露。

▶ **案例来源：**

　　《斯里兰卡种植园产业伊尔皮提雅种植公司2023/24年年报》P116，P276，https：//www.elpitiya.com/wp-content/uploads/2024/06/Elpitiya-Plantations-PLC-Annual-Report-2023-2024.pdf.

案例编号：IFRS S2-FB-AG-3

斯里兰卡伊尔皮提雅种植园公司

▶ **案例主题：**

披露主要作物产量、加工设施数量、土地面积及外购农产品成本情况

▶ **披露内容①：**

定量指标：

指标代码	指标	2023 年
FB-AG-000.A	主要作物产量	茶叶：4248217 千克
		橡胶：241178 千克
		棕榈油：23616780 千克
FB-AG-000.B	加工设施数量	茶叶厂：7 家
		橡胶：1 家
FB-AG-000.C	正常生产的土地总面积	在用于生产过程各个方面的 8838.02 公顷土地中，5973.84 公顷用于种植。
FB-AG-000.D	外购农产品成本	926632 印度卢比

---

① 编制组对英文原文进行了翻译，英文原文请参考案例索引。

▶ 案例点评：

　　在农产品活动指标中关注公司主要作物产量及加工设施（包括制造、加工、包装或持有农产品时涉及的设施）、土地面积及外购农产品成本，斯里兰卡伊尔皮提雅种植园公司从定量的角度明确对指标进行了详细披露，并给出了相应解释，符合披露要求农产品行业的"活动指标"FB-AG-000.A、FB-AG-000.B、FB-AG-000.C 和 FB-AG-000.D。

▶ 案例来源：

　　《斯里兰卡种植园产业伊尔皮提雅种植公司 2023/24 年年报》P276，https：//www.elpitiya.com/wp-content/uploads/2024/06/Elpitiya-Plantations-PLC-Annual-Report-2023-2024.pdf.

7.4.2　酒精类饮料典型企业可持续信息披露

　　酒精类饮料行业的主体是酿造、蒸馏和生产各种酒精类饮料，产品包括啤酒、葡萄酒和烈酒。该行业主体将包括糖、大麦和玉米在内的农产品转化为成品酒精类饮料。该行业的最大型主体业务遍布全球，且汇集众多品牌产品。由于不同市场的监管方式不同，行业内的纵向一体化水平也有所不同。啤酒厂一般有多处酿酒设施，以便打入不同市场，但葡萄酒厂和蒸馏酒厂通常位于有生产该类酒历史的地方。关于可持续披露主题和指标详见《行业指南》第120页"食品和饮料行业——行业21——酒精类饮料"。

案例编号：IFRS S2-FB-AB-1

麒麟控股株式会社

▶ 案例主题：

披露总能耗及可再生能源百分比

▶ 披露内容：

定量指标：

主题	指标代码	指标	2023 年
能源管理	FB-AB-130a.1	总能耗	10749TJ
		电网电量百分比	未披露百分比，披露电网电量为 446324MWh
		可再生能源百分比	27%

▶ 案例点评：

麒麟控股株式会社在能源管理方面，以 TJ 为单位披露总能耗（1TJ= 10^3GJ），并以柱状图的形式披露了可再生能源占麒麟集团总体用电量的比率。麒麟集团未明确披露电网电量百分比（该百分比按外购电网电力消耗除以总能耗计算），但在报告中同时披露了总能耗（TJ）以及购入电力（MWh），同时，麒麟集团披露了相关数据的年度对比。该披露基本符合 FB-AB-130a.1 要求，后续还需对披露的所有数据采用一致的转换系数，如将千瓦时（kWh）转换为千兆焦耳（GJ）并计算电网电量百分比。

▶ 案例来源：

Environmental Report 2023，P75，kirinholdings.com

案例编号：IFRS S2-FB-AB-2

麒麟控股株式会社

▶ 案例主题：

披露水资源管理相关指标

▶ 披露内容①：

定量指标：

---

① 编制组对英文原文进行了翻译，英文原文请参考案例索引。

主题	指标代码	指标	2023 年
水资源管理	FB-AB-140a.1	取水总量	49085 千立方米
		基准用水压力高或极高的地区的取水量占取水总量的百分比	高 25%；极高 9%

定性指标：

主题	指标代码	指标
水资源管理	FB-AB-140a.2	主体应描述与取水、用水以及水或废水排放相关的水资源管理风险

气候转型和自然资本：

物理风险：

水灾导致业务中断，会导致约 10 亿日元的财务影响。

干旱导致业务中断，会导致 0.3 亿~0.6 亿日元的财务影响。

水资源

战略：共享洪水知识；设备设施防汛措施；分享干旱知识；开发和应用节水技术。

进展：积极参与 TNFD 试点项目，包括世界领先的 LEAP 试验披露（2022 年）和情景分析试验（2023 年）；参与"企业参与自然科技创新计划"试点测试（由 2021 年起）；利用自然灾害和洪水模拟的结果，开始对高风险业务场所进行保险覆盖调查（自 2022 年起）；在制药厂实施防洪措施和设备措施，必须确保稳定的产品供应。

避免：继续开发袋式培养容器技术的应用，使植物可以用最少的水进行大量繁殖。

减少：在水压力大的利昂，采用反渗透膜进行先进的水处理。

恢复＆再生：斯里兰卡茶园水资源保护始于2018年，并持续进行；为1750名农场居民举办关于水的重要性的团体培训，并向15000名农场居民分发小册子；从1999年开始，在日本的11个生产基地继续开展水源保护活动。

改变：作为企业参与自然科技企业项目的参与者，我们正在为制定与自然资本相关的科学目标框架作出贡献。

▶ 案例点评：

麒麟控股株式会社在水资源管理方面，披露了取水总量以及在高或极高基准用水压力地区的取水量占取水总量的百分比（取水：主体从所有来源提取的水量）；部分满足FB-AB-140a.1的要求，后续还需披露用水总量（用水：在提取、使用和排放过程中蒸发的水；直接或间接纳入主体产品或服务的水；不以其他方式返回取水时的同一集水区的水，如返回另一集水区或海洋的水）以及在高或极高基准用水压力地区的用水量占用水总量的百分比。

麒麟集团披露了与取水、用水以及水或废水排放相关的水资源管理环境限制风险——因洪水／干旱导致的业务中断，并披露了该风险带来的预估财务损失影响。为提升水资源管理韧性，麒麟集团设定了水资源管理战略。在目标与指标层面。麒麟集团制定了目标及转型路线图。同时，集团使用基于TCFD及TNFD框架的方法对包含水资源风险在内的物理及转型风险进行分析，并提出以"生物资源""水资源""容器和包装""气候变化"为关键主题的整体性应对方案，减轻风险带来的影响。该披露基本

满足 FB-AB-140a.2 要求，后续还需披露水资源管理实践活动是否导致组织内的额外生命周期影响或权衡，包括与土地使用、能源生产、温室气体排放之间的权衡，以及在权衡生命周期影响后主体仍选择这些实践活动的原因。

▶ 案例来源：

　　Environmental Report 2023，21～37，52～57，76～98，kirinholdings.com.

案例编号：IFRS S2-FB-AB-3

麒麟控股株式会社

▶ 案例主题：

　　**披露优先饮料原料清单和关于环境、
　　社会因素的采购风险的讨论**

▶ 披露内容①：

　　定性指标：

---

　　① 编制组对英文原文进行了翻译，英文原文请参考案例索引。

主题	指标代码	指标
原料采购	FB-AB-440a.2	优先饮料原料清单和关于环境和社会因素的采购风险的讨论

环境因素

情景：由于全球变暖，主要农业原料（大麦、啤酒花、咖啡豆等）的产量显著下降，影响采购成本。质量下降也是意料之中的。

情景驱动/影响驱动：农产品产量下降/气候变化导致采购成本增加。

风险和机遇类型：物理风险（急性和慢性）/过渡性风险（市场和声誉）。

战略：不依赖大麦的酿造技术；植物群体繁殖技术；支持农场获得可持续农业认证。

社会因素

情景：发现农产品生产地区的环境和工人的人权没有得到保护，导致消费者失去社会的信任，品牌价值下降。

情景驱动/影响驱动：生物多样性/生态系统服务侵犯人权品牌价值。

风险和机遇类型：声誉

战略：支持农场获得可持续农业认证；采购可持续的原材料。

▶ **案例点评：**

在原料采购方面，麒麟集团披露了其识别的优先饮料原料（具有重大环境或社会风险的原料），并运用情景分析，讨论由最高优先饮料原料引起的环境和社会风险，及其管理的策略方法，较好地体现了麒麟集团在原料采购方面的韧性及可持续性。该披露完全符合 FB-AB-440a.2 的披露要求，后续可对来自基准用水压力高或极高的地区的饮料原料百分比进行定量收资及计算、披露，以满足 FB-AB-440a.1 的要求。

> **案例来源：**

Environmental Report 2023，P20，76~98，42~51，52~57，kirinho-ldings.com.

Implementing Human Rights Due Diligence | Respect for human rights | Kirin Holdings.

案例编号：IFRS S2-FB-AB-4

麒麟控股株式会社

> **案例主题：**

披露活动指标

> **披露内容①：**

定量指标：

指标代码	指标	2023 年
FB-AB-000.A	产品销售量	酒精·饮料 4477 千升
		食品·医药 32 千吨

---

① 编制组对英文原文进行了翻译，英文原文请参考案例索引。

续表

指标代码	指标	2023 年
FB-AB-000.B	生产设施数量	44 个工厂
FB-AB-000.C	车队行驶总公里	输送量 1671798 千吨·千米

▶ **案例点评：**

在活动指标方面，麒麟集团披露了酒精·饮料、食品·医药的产品销售量，遍布全球的生产设施数量及在温室气体范围 3 类别中的下游运输量和距离，基本符合活动指标 FB-AB-000.A、FB-AB-000.B 和 FB-AB-000.C 的披露要求。

▶ **案例来源：**

Kirin Group ESG Databook 2023，P8，P10，P21，kirinholdings.com.

7.4.3　食品零售商和分销商典型企业可持续信息披露

食品零售商和分销商行业包括从事食品饮料和农产品批发和零售的主体。店铺业态包括零售超市、便利店、仓储超市、酒类店、面包店、天然食品店、特色食品店、海鲜店和配送中心。主体可专注于一种类型的店铺业态或拥有包含多种业态的设施。产品通常来自世界各地，包括新鲜肉类和农产品、预制食品、加工食品、烘焙食品、冷冻和罐头食品、非酒精和酒精饮料，以及各种家居用品和个人护理产品。食品零售商也可能生产或销售自有品牌产品。关于可持续披露主题和指标详见《行业指南》第 126 页"食品和饮料行业——行业 22——食品零售商和分销商"。

案例编号：IFRS S2-FB-FR-1

美国西斯科公司

▶ 案例主题：

披露供应链中的环境和社会影响管理

▶ 披露内容①：

定性指标：

主题	指标代码	指标
供应链中的环境和社会影响管理	FB-FR-430a.4	关于管理供应链中环境和社会风险的策略的讨论，包括动物福利

　　主体应讨论管理其食品或食品供应链中存在或可能产生的环境和社会风险的策略风险。

　　我们采取战略性采购方法，旨在保护那些滋养人类与野生动植物繁衍生息的自然生态系统。凭借与供应商的紧密协作，以及和世界自然基金会（WWF）等组织携手建立的伙伴关系，我们在地方、国家乃至全球范围内，积极支持并引领负责任的采购行动。

---

　　① 因篇幅限制，编制组对英文原文内容进行精简及翻译，节选重点内容作为案例展示，英文原文请参考案例索引。

我们的可持续发展规划中有一项重要目标：截至 2025 年，为五大关键商品制定出负责任的采购指南。在 2023 财年，随着可可被纳入关键商品清单，我们提前达成了这项目标，成功集齐五种商品。如今，站在这一全新起点，我们将精力聚焦于兑现对主要商品以及海产品采购的承诺。一方面，与雨林联盟建立全新合作关系，并加大力度支持"可持续牛肉"；另一方面，作为"同一个星球，同一张餐桌"倡议的参与者，我们所采购的产品均契合可持续发展、恪守道德规范以及推动社会与环境良性发展的理念，力求让每一位顾客放心选购供应商提供的商品。

在推进负责任采购工作的进程中，我们精准发力，将重点投向那些能够产生最大化积极效益的领域，现阶段着重推广牛肉、可可、咖啡、纸张以及大豆的负责任采购实践。

可持续海鲜

地球海洋、水道和水生生物的健康对我们整个星球的福祉至关重要。当海洋生物繁衍生息时，我们的社区和陆地生态系统也会受益。十多年来，西斯科一直与世界自然基金会（WWF）合作，模拟并推广可持续海鲜的最佳实践方案。我们共同努力保护许多水生物种及其栖息地，并确保一个支持数百万就业的行业的持久性。

在 2023 财年，我们自豪地看到我们的三个供应商渔业开始实现海洋管理委员会（MSC）认证的过程，这是野生捕捞渔业可持续和负责任管理的全球领先标准。2022 年（日历年），西斯科旗下的波蒂克品牌的野生鳕鱼、蛤蜊、比目鱼、黑线鳕、狭鳕、鲑鱼、马眼鱼、鳕鱼和比目鱼，全部 100% 取材于已获得 MSC 认证的渔场。

西斯科深感自豪能为秘鲁鲯鳅联盟（PMA）渔业改善项目（FIP）提供支持。该项目汇聚了 13 家秘鲁加工与出口企业，一同致力于推进渔业的可持续发展。自 2013 年起，我们便投身于对该项目的支持工作，因其旨在提升渔业作业表现，使其能够达到海洋管理委员会（MSC）的标准，进而为子孙后代的渔民、渔业社区以及海洋生物的繁荣发展提供助力。

积极审查供应商和识别食品安全风险

若要被视作西斯科品牌产品的生产商，生产场地首先必须通过我们的食品安全与质量保证（FSQA）供应商审批流程。在这一全面的流程中，我们会借助文件审查与实地审核，以核实供应商的设施以及与我们 FSQA 项目相关的产品是否符合西斯科的标准。审批通过后，我们会与供应商建立持续的监测与核查程序，旨在确保西斯科品牌产品在符合食品安全标准的环境下，依照既定规格进行生产与包装。

我们还会对我们的产品、流程、场所和供应商进行风险评估，以主动识别西斯科供应链中的食品安全危害。基于这些评估，我们开发预防控制程序和验证活动，并将它们应用于我们的分销中心、专业公司制造设施和西斯科品牌产品供应商。

利用年度审计

我们的西斯科自有分销中心、专业加工设施和品牌供应商必须接受年度独立食品安全认证审计。这些食品安全认证计划已经过全球食品安全倡议的基准测试，以验证这些场所正在应用行业公认的食品安全、质量和合法性最佳实践。西斯科还为其品牌供应商和自有公司使用健全的内部审计流程，对高风险供应商进行更频繁的审计。

我们定期更新我们的审计标准，以确保我们的供应商满足适当的风险管理和产品质量要求。此外，如生绞牛肉、家禽和即食海鲜、农产品和熟食肉类等商品必须遵守更为严格的西斯科FSQA要求，旨在减少病原体风险。

维护良好农业实践

二十多年来，我们一直要求西斯科品牌新鲜即食农产品的供应商遵守良好农业实践（GAP）。这些实践基于食品药品监督管理局管理的自愿性计划，旨在不断提高食品质量、安全和可追溯性。

西斯科2023财年GAP项目数字概览：

➢ 监控供应商数量：662；

➢ 进行的GAP审计次数：244977；

➢ 针对与我们供应商相关联的农产品开展的良好生产规范审核次数：39704。

主体应确定哪些产品或产品线对其经营构成风险、带来哪些风险以及主体用于减少此类风险的策略。

关键商品承诺与进展

1/5. 牛肉

承诺：作为美国可持续牛肉圆桌会议（USRSB）以及加拿大可持续牛肉圆桌会议（CRSB）的成员，我们将积极参与制定用以界定及衡量可持续牛肉供应链的原则与方法，并在2022年之前试点开展至少两个项目，以期对牛肉供应链产生积极影响。

2023财年进展：作为美国可持续牛肉圆桌会议（USRSB）以及加拿大可持续牛肉圆桌会议（CRSB）的成员，我们持续积极发挥自身作用。西斯科有两名成员在美国可持续牛肉圆桌会议的董事会任职。并且我们继续推进南部平原草原项目，该项目于2023财年由我们与嘉吉公司以及美国国家鱼类和野生动物基金会（NFWF）共同发起。通过发放第二轮资助，其总保护成效接近490万美元。此外，我们与安格斯牛肉认证（CAB）合作开展了第二个试点项目，在 2024 财年，我们将提供 60 万美元，用以支持 CAB 的牛肉质量保证计划。该计划为基于科学、负责任的肉牛养殖设立了较高的行业标准。

可持续海鲜承诺和进展

4/4. 改进负责任采购

承诺：西斯科旗下的波蒂克品牌中，按捕捞量排名前 15 的野生海鲜品种，其 100% 须采购自已获得海洋管理委员会（MSC）认证的渔场，或正处于 MSC 全面评估阶段的渔场，又或是来自全面渔业改善项目（FIP）所涉及的渔场，并且这前 15 种海鲜中，至少 85% 的采购量要源自已获 MSC 认证的渔场。西斯科波蒂克品牌的所有罐装或袋装金枪鱼产品，100% 须采购自已获 MSC 认证的渔场、处于 MSC 全面评估阶段的渔场、全面渔业改善项目（FIP）所涉及的渔场，或是国际海鲜可持续发展协会（ISSA）成员企业，并且该品类产品至少 25% 的采购量要源自已获 MSC 认证的渔场。西斯科波蒂克品牌按养殖量排名前 5 的水产养殖海鲜品种，100% 须采购自已获得水产养殖管理委员会（ASC）认证的养殖场，或处于 ASC 全面评估阶段的养殖场、可靠的水产养殖改善项目（AIP）所涉及的养殖场，又或是至少获得最佳水产养殖规范（BAP）二星认证的养殖场，并且这前 5 种海鲜中，至少 20% 的采购量要源自已获 ASC 认证的养殖场。

2023 财年进展：就美国和加拿大市场而言，西斯科波蒂克品牌按捕捞量排名前 15 的野生海鲜品种，其 93% 的采购量来自已获得海洋管理委员会（MSC）认证的渔场、正处于 MSC 全面评估阶段的渔场或全面渔业改善项目（FIP）所涉及的渔场，其中 82% 的采购量源自已获 MSC 认证的渔场。西斯科所有的罐装金枪鱼 100% 采购自国际海鲜可持续发展协会（ISSA）的参与供应商。确保美国和加拿大市场中，西斯科波蒂克品牌按养殖量排名前5的品种，其98%的采购量符合我们整体的海鲜采购承诺，其中14%的采购量来自已获水产养殖管理委员会（ASC）认证的养殖场。就美国特色产品而言，西斯科品牌按捕捞量排名前两位的野生扇贝和养殖三文鱼，其94%的采购量源自符合我们采购承诺所定义的可持续来源。

主体应讨论适用于其供应链的动物福利标准。

作为动物蛋白产品的主要供应商，西斯科供应链中动物的福利始终是我们考虑的重点。我们利用我们的影响力和领导地位，在我们的蛋白质供应商中维护道德实践，并倡导整个行业的实践改进。

我们的《供应商动物福利政策》鼓励我们供应链中农场动物的积极福利结果，并概述了我们对员工培训和动物护理等方面的期望。该政策涵盖了美国Broadline和特种肉品及海鲜集团的西斯科品牌所有蛋白质供应商，包括小牛肉、牛肉、羊肉、猪肉和家禽，以及加拿大和美国的乳品、壳蛋和加工蛋供应商。

在2022财年，我们为不直接屠宰动物但购买来自直接处理动物的供应源的西斯科品牌供应商推出了额外的项目要求。通过该项目，我们确认这些供应商是从符合我们《动物福利政策》要求的供应源购买原材料的——无论是通过年度声明还是通过西斯科在例行审计期间进行的审查。在整个2023财年，我们继续管理这些活动，并监控对《动物福利政策》的遵守情况。

目标：到2025年，确保所有西斯科品牌蛋白质供应商遵守我们的《供应商动物福利政策》中规定的各项要求。

进展：通过接收所有西斯科品牌蛋白质供应商的声明和审计结果来完成。我们还实施了一个项目，以确保新供应商和现有供应商的持续合规。

西斯科的动物福利指导原则

➢ 我们致力于确保整个供应链中动物福利的高标准和实践是一致的。

➢ 我们相信,在我们供应链中对动物的人道对待是正确的事情。它建立了客户信心,并支持餐饮服务行业的进一步增长和发展。

➢ 我们为有不同需求的广泛客户提供服务。我们致力于提供满足这些需求的动物蛋白产品,同时保持我们对动物护理的标准。

➢ 我们支持基于物种的、科学依据的动物福利标准,并鼓励我们的动物蛋白供应商持续不断改进。

➢ 我们与那些表现出致力于符合我们要求的供应商合作,不容忍由于供应商疏忽而导致的违规行为。

➢ 我们在实施动物福利政策时,考虑食品安全、环境、社会和经济影响,以及内部和外部利益相关者的输入。

确保遵守动物福利法规

在过去几年间,西斯科一直勤勉努力,致力于确保自身遵守各州的各类动物福利法规。其中包括加利福尼亚州的第12号提案、马萨诸塞州的第3号问题,以及亚利桑那州、科罗拉多州和内华达州等多个州的无笼养鸡蛋法规。我们持续与供应商通力协作,以保障有充足的合规产品种类供应,满足客户需求。此外,我们还设立了内部流程,助力确保在各项法规规定的不同合规日期前达到合规要求。这项工作一直在持续推进,例如,尽管美国所有供应商旗下的农场都已采用群养系统,但我们依旧在与猪肉供应商携手合作,以确保其遵守所有州级以及联邦政府规定的法规。

▶ 案例点评：

西斯科详尽描述了其对供应链中环境和社会风险管理的策略，整体性的方针、方法、承诺、目标实现进展等；将牛肉、可可、纸张、咖啡、大豆列为五大关键商品，设定可持续相关承诺并持续追踪进展；重点关注海鲜产品，以多种手段管控环境和社会相关风险；关注动物福利问题，在遵守法规的基础上，制定并执行企业政策和指导原则。但是，应增加对使用的动物福利认证、无抗动物蛋白相关销售百分比等信息的披露。该案例大部分符合 FB-FR-430a.3 的要求。

▶ 案例来源：

《西斯科 2023 年可持续发展报告》P27～35，https：//mediacdn.sysco.com/images/rendition?id=be0dca98683dd9a621ecc6af101715ef555168cc.

7.4.4 肉类、家禽类和乳制品典型企业可持续信息披露

肉类、家禽类和乳制品行业生产未加工和加工过的动物制品，包括肉、蛋和乳制品，供人类和牲畜食用。重要的活动包括牲畜饲养、屠、加工和包装。该行业的大型主体经营国际业务，根据所繁育牲畜的类型，主体存在不同程度的垂直整合。行业中的大型经营者通常依赖合同或个体农户来供应所需的牲畜，对其业务可能有不同程度的控制。该行业的产品主要销往食品加工行业以及向主要终端市场（包括餐厅、牲畜和宠物饲料消费者以及杂货零售商）分销成品的零售分销商。关于可持续披露主题和指标详见《行业指南》第 135 页"食品和饮料行业——行业 23——肉类、家禽类和乳制品"。

案例编号：IFRS S2-FB-MP-1

马夫瑞集团

▶ 案例主题：

披露总能耗、电网电量百分比以及可再生能源百分比

▶ 披露内容[①]：

定量指标：

主题	指标代码	指标	2023 年
能源管理	FB-MP-130a.1	总能耗	2832232GJ
能源管理	FB-MP-130a.1	电网电量百分比	46%
能源管理	FB-MP-130a.1	可再生能源百分比	54%

▶ 案例点评：

马夫瑞集团明确披露了披露总能耗、电网电量百分比以及可再生能源百分比三个定量指标，符合 FB-MP-130a.1 的披露要求。但是，马夫瑞集团没有披露能源消耗的范围，例如：直接燃料使用、外购电力以及供热、冷却和蒸汽能源等；没有披露可再生能源的来源，例如：地热能、风能、太阳能、水能和生物质能。

---

① 编制组对英文原文进行了翻译，英文原文请参考案例索引。

▶ 案例来源：

　　《马夫瑞集团 2023 年可持续发展报告》P112，https：//www.marfrig.
com.br/en/Lists/CentralConteudo/Attachments/3/Sustainability%20Report%20
2023.pdf.

案例编号：IFRS S2-FB-MP-2

马夫瑞集团

▶ 案例主题：

　　　　披露取水总量、用水总量、基准用水压力高或极高的
　　　　地区二者各占的百分比，以及关于水资源管理风险的
　　　　描述和关于减轻这些风险的策略和实践活动的讨论

▶ 披露内容[①]：

　　定量指标：

---

　　① 编制组对英文原文进行了翻译，英文原文请参考案例索引。

主题	指标代码	指标	2023 年
水资源管理	FB-MP-140a.1	取水总量	26504537.82m³
水资源管理	FB-MP-140a.1	用水总量	27301427.82m³
水资源管理	FB-MP-140a.1	基准用水压力高或极高的地区二者各占的百分比	10504656.70m³

定性指标：

主题	指标代码	指标
水资源管理	FN-MP-410a.2	关于水资源管理风险的描述和关于减轻这些风险的策略和实践活动的讨论

　　我们采取多项措施，包括安装减漏装置、自动化设备及其他策略，以减少设施的耗水量。此外，我们还为员工举办节水实践培训课程。在那些不需要饮用水标准的地区，我们已经实施了再利用项目。我们处理这个问题的方法围绕着"数量"和"质量"。在数量方面，我们的重点是有效利用资源，通过在所有业务中实施各种流程、惯例和目标来实现。在水质方面，我们不断投资改善我们设施的水处理设施，以维持最高的饮用标准。我们还采取了旨在减轻与供水有关的风险的措施。水管理涉及的领域包括测量与监控、防治处理、水务风险管理、用水效率、用水指标。

▶ 案例点评：

　　马夫瑞集团明确披露取水总量、用水总量、基准用水压力高或极高的地区二者的用水量，部分符合 FB-MP-140a.1 的指标要求，还需进一步披露将基准用水压力高或极高的地区二者的百分比。同时，马夫瑞集团讨论了减轻水资源风险的实践活动，包括：安装减漏装置、自动化设备、举办节水实践培训等，部分符合 FB-MP-140a.2 的披露要求，还需进一步分析环境限制和监管限制，说明风险如何因取水来源而有所不同，以及风险如何因排放地而有所不同。

▶ **案例来源：**

《马夫瑞集团 2023 年可持续发展报告》P48～51，https：//www.marfrig. com.br/en/Lists/CentralConteudo/Attachments/3/Sustainability%20Report%20 2023.pdf.

7.4.5　非酒精类饮料典型企业可持续信息披露

非酒精类饮料行业生产各种饮料产品，包括各种碳酸软饮料、浓缩糖浆、果汁、能量和运动饮料、茶、咖啡及饮用水产品。从事该行业的多为大型跨国主体。主体从事糖浆制造、营销、装瓶作业和分销，其中较大型的主体通常能够实现装瓶、销售和分销制成品的业务垂直整合。关于可持续披露主题和指标详见《行业指南》第 145 页 "食品和饮料行业——行业 24——非酒精类饮料"。

案例编号：IFRS S2-FB-AB-1

绿山胡椒博士集团（KDP 集团）

▶ 案例主题：

披露饮料行业产品主要成分中水资源的使用以及作为
运营关键资源的水资源对环境的具体影响

▶ 披露内容①：

定量指标：

主题	指标代码	指标	2023 年
原料采购	FB-AB-440a.1	来自基准用水压力或极高的地区的饮料原料百分比	苹果：0%；蔗糖：64%；咖啡：0.04%；玉米（高果糖玉米糖浆）：5%

定性指标：

主题	指标代码	指标
原料采购	FB-AB-440a.2	优先饮料原料清单和关于环境和社会因素的采购风险的讨论

公司使用第三方风险数据以及其他行业组数据，根据环境和社会风险因素来评估原料采购风险，考虑风险等级、支出、采购量、KDP 影响和影响机会以及其他因素，以确定配料的优先级。公司识别出 2023 年的优

---

① 编制组对英文原文进行了翻译，英文原文请参考案例索引。

先考虑的饮料配料是为咖啡、可可、玉米、苹果、AJC和番茄酱。这些配料的主要环境风险包括气候变化、森林砍伐、农用化学品使用和生物多样性。公司应对这些风险的战略是致力于发展再生农业。

▶ 案例点评：

KDP集团按照要求明确披露了来自基准用水压力高或极高的地区的饮料原料百分比，此数据来源为公司填报CDP问卷时统计。在CDP问卷与SASB披露指引要求的数据计量单位不统一时进行合理解释：CDP问卷按照体积统计，SASB披露指引要求按照成本统计，KDP经过评估后说明此百分比数据在按照体积统计与按成本计算后的数据非常一致并添加CDP报告链接。在评估影响主要原材料的ESG的采购风险时，积极使用第三方风险数据以及其他行业组数据，并结合风险等级、支出、采购量、公司自身影响和机遇以及其他因素，以确定配料的优先级，识别出相应风险后制定明确的战略以应对各类风险。同时添加KDP集团禁止强迫劳动和使用童工声明以规范和应对供应链中的人权风险以展示其在社会维度的实践。KDP集团的披露均完全符合FB-AB-440a.1和FB-AB-440a.2编号的要求。

▶ 案例来源：

《Keurig Dr Pepper Inc 2023 Corporate Responsibility Report》P19~27，P72~73，https：//keurigdrpepper.com/Keurig-Dr-Pepper-Corporate-Responsibility-Report-2023.pdf.

7.4.6 加工食品典型企业可持续信息披露

加工食品行业主体加工和包装面向零售消费者的食品，如面包、冷冻食品、休闲食品、宠物食品和调味品。这些产品通常可以直接食用，面向零售消费者，可以在食品零售商的货架上找到。该行业的特点是原料供应链庞大且复杂，因为许多主体从世界各地采购原料。大型主体在全球开展业务，依靠国际机遇推动增长。关于可持续披露主题和指标详见《行业指南》第154页"食品和饮料行业——行业25——加工食品"。

案例编号：IFRS S2-FB-PF-1

东远 F&B

▶ 案例主题：

披露总能耗

▶ 披露内容：

定量指标：

主题	指标代码	指标	披露数据
能源管理	FB-PF-130a.1	总能耗	1761TJ

▶ 案例点评：

东远 F&B 明确披露了 2023 年总能耗，并披露了不同年份总能耗的绩效对比以及在减少能源消耗方面的目标完成情况，该披露部分符合FB-PF-130a.1的披露要求，后续还需披露电网电量百分比和可再生能源百分比的相关数据。

▶ **案例来源：**

《2023东远F&B可持续发展报告》P52，2023_Sustainable02_kor.pdf（dongwonfnb.com）.

案例编号：IFRS S2-FB-PF-2

东远 F&B

▶ **案例主题：**

披露水资源管理相关指标

▶ **披露内容①：**

定量指标：

---

① 编制组对韩文原文进行了翻译，韩文原文请参考案例索引。

主题	指标代码	指标	2023 年
水资源管理	FB-PF-140a.1	取水总量	12030.10 吨
		基准用水压力高或极高的地区的取水量占取水总量的百分比	用水压力高以上比例 4.83%
	FB-PF-140a.2	违反水质许可、标准和法规事件的次数	0

定性指标：

主题	指标代码	指标
水资源管理	FB-PF-140a.3	关于水资源管理风险的描述和关于减轻这些风险的策略和实践活动的讨论

构建水资源再利用及分析系统。

在制造工厂的食品制造过程中，实时测量和监控清洗、消毒和灭菌过程中使用的水和废水，以减少工艺用水的使用量，并提高用于公用事业、清洁水和厕所等的再生水利用率。

在工厂，为了重新利用水资源，通过循环使用单元冷却器的排水来实现再利用。

在光州工厂，建立了一个系统，用于重新利用在 HMR 产品灭菌时所需的水，并正在运营。

今后，将内部审查和完善各工厂的水资源再利用和节约措施的成果，并将其扩展到其他工厂，以扩大水资源的节约。

▶ 案例点评：

东远 F&B 明确披露了取水总量、基准用水压力高及以上的用水量和百分比等水资源定量数据，该披露部分符合 FB-PF-140a.1 的披露要求，后续还需披露用水总量、基准用水压力高或极高的地区的用水量占用水总量的百分比。同时，东远 F&B 对违反水质许可、标准和法规事件的次数在报告的指标对标表中进行明确，该披露完全符合 FB-PF-140a.2 的披露要求。

东远 F&B 构建了水资源再利用及分析系统以应对水资源管理风险，并披露了其应用的多种扩大再利用水的措施。同时，东远 F&B 披露了其中长期水资源使用目标（绝对目标），并对当前的目标完成情况进行说明。该披露部分满足 FB-PF-140a.3 的要求，后续还需披露其识别的与取水、用水以及水或废水排放相关的水资源管理风险，水资源管理风险对运营产生的潜在影响、时间范围等。

▶ 案例来源：

《2023 东远 F&B 可持续发展报告》P55，2023_Sustainable02_kor.pdf（dongwonfnb.com）.

案例编号：IFRS S2-FB-PF-3

东远 F&B

▶ 案例主题：

披露获得第三方环境或社会标准认证的食品原料百分比

▶ 披露内容①：

定量指标：

---

① 编制组对韩文原文进行了翻译，韩文原文请参考案例索引。

主题	指标代码	指标	披露数据
原料供应链中的环境和社会的影响	FB-PF-430a.1	获得第三方环境或社会标准认证的食品原料百分比，以及各标准下的百分比	获得 MSC 可持续渔业认证的原料 46200.71 吨

▶ 案例点评：

　　东远 F&B 的金枪鱼产品获得 MSC（海洋管理协会）的可持续渔业认证，并披露获得认证的原料量。该标准部分符合 FB-PF-430a.1 的披露要求，后续还需按从已通过第三方环境或社会标准认证的一级供应商处采购的食品原料成本除以从一级供应商处采购的食品原料总成本计算百分比，以完全符合 FB-PF-430a.1 的披露要求。同时，后续还需披露供应商的社会和环境责任审核：（1）不合格率；（2）包括①严重不合格项和②轻度不合格项的相关纠正措施率以满足 FB-PF-430a.2 的披露要求。

▶ 案例来源：

　　《2023 东远 F&B 可持续发展报告》P101，2023_Sustainable02_kor.pdf（dongwonfnb.com）.

案例编号：IFRS S2-FB-PF-4

东远 F&B

▶ **案例主题：**

披露关于环境和社会因素的采购风险的讨论

▶ **披露内容**[①]：

定性指标：

主题	指标代码	指标
原料采购	FB-PF-440a.2	优先食品原料清单和关于环境和社会因素的采购风险的讨论

F&B 公司以"只向社会提供好的食品"为目标，作为食品饮料的代表企业，制定了减少产品包装中塑料使用（reduce）、扩大再利用和环保材料使用（recycle）、开发塑料替代材料（replace）的政策。

为了减少塑料使用量和降低二氧化碳排放量，基于 3R（reduce-recycle-replace）政策，正在进行包装轻量化、再利用、环保材料（塑料替代）的多方面研究，计划将来扩大到更多的产品上。

2023 年，包括高级容器/瓶盖新设计和轻量化在内，从 3R（reduce-recycle-replace）的角度推进了植物来源的 Bio-PP1）、化学回收的 Cr-PP2）以及灭菌包装再利用的礼品套装纸等轻量化、再利用材料和替代材料的开发。

---

① 编制组对韩文原文进行了翻译，韩文原文请参考案例索引。

▶ **案例点评：**

东远 F&B 披露了其针对采购时确定为具有重大环境或社会风险的原料——环保包装材料、植物性替代原料等——考虑的降低环境和社会风险的策略：作为加工食品行业的 3R（reduce-recycle-replace）政策。以此政策为基础，东远 F&B 对包装轻量化、再利用、环保材料（塑料替代）进行多方面的研究，并努力将其应用于更多的产品。该披露基本符合 FB-PF-440a.2 的披露要求，后续还需披露来自基准用水压力高或极高的地区的食品原料百分比以及公司识别的食品原料带来的具体风险。

▶ **案例来源：**

《2023 东远 F&B 可持续发展报告》P59，《2023_Sustainable02_kor.pdf（dongwonfnb.com）.

7.4.7　餐饮业典型企业可持续信息披露

餐饮行业的主体根据顾客的订单准备肉食、零食和饮料，即时提供堂食和外带餐饮行业大致分为三个子类别：有限服务餐厅、全面服务休闲餐厅，以及全面服务高档餐厅。有限服务餐厅为在用餐前点餐并付款的顾客提供服务。快餐店在有限服务餐厅中占最大份额。全面服务餐厅则提供更多服务，所提供的食物主要用于堂食，且价格和品质往往更高。关于可持续披露主题和指标详见《行业指南》第 162 页"食品和饮料行业——行业 26——餐饮业"。

案例编号：IFRS S2-FB-RN-1

中国全聚德（集团）股份有限公司

▶ **案例主题：**

披露总能耗及外购电力的定量数据

▶ **披露内容：**

定量指标：

主题	指标代码	指标	2023 年
能源管理	FB-RN-130a.1	总能耗	7721.27 吨标准煤

▶ **案例点评：**

　　中国全聚德（集团）股份有限公司（以下简称全聚德）明确披露了2023 年度的总能耗数据，但未直接披露准确的电网电量占总能耗比例，选择披露外购电力总量。同时考虑到餐厅运营能源强度较高，披露了能耗强度数据，基本符合 FB-RN-130a.1 的披露要求，还需进一步分别披露电网电量及可再生能源使用量占总能耗的百分比。

▶ **案例来源：**

　　《全聚德 2023 年环境、社会及公司治理报告》P64～65，https：//q.stock.sohu.com/newpdf/202457511306.pdf.

 案例编号：IFRS S2-FB-RN-2

百胜中国控股有限公司

▶ 案例主题：

披露用水总量数据

▶ 披露内容：

定量指标：

主题	指标代码	指标	披露数据
水资源管理	FB-RN-140a.1	用水总量	25598144 吨

▶ 案例点评：

　　百胜中国明确披露了 2021～2023 年度的用水总量数据，基本符合 FB-RN-140a.1 的披露要求，还需补充披露从所有来源提取的总取水量及按来源划分的取水数据，并引入对所有业务的用水风险分析，并披露在高或极高基准用水压力地区的取水量占取水/用水总量的占比数据，为管理用水风险提供依据。

▶ 案例来源：

　　《百胜中国 2023 年可持续发展报告》P32～33，62，https：//www.yum china.com/sustainability/zwbg/2023.pdf.

案例编号：IFRS S2-FB-RN-3

百胜中国控股有限公司

▶ **案例主题：**

披露供应链环境与社会风险分析及管理
策略与经第三方认证的食品采购数据

▶ **披露内容①：**

定量指标：

主题	指标代码	指标	披露数据
供应链管理与食物采购	FB-RN-430a.1	经第三方环境或社会标准认证的食品采购百分比	（1）100% 所采购的棕榈油拥有 RSPO 认证； （2）100% 牛肉原材料获得外部质量或可持续相关认证； （3）100%Lavazza 在中国销售的云南单品咖啡获得雨林联盟（RFA）认证

定性指标：

主题	指标代码	指标	披露内容
供应链管理与食物采购	FB-RN-430a.3	关于管理供应链中环境和社会风险的策略的讨论，包括动物福利	见下文

① 因篇幅限制，编制组对原文内容进行精简，节选重点内容作为案例展示。

百胜中国积极践行可持续采购理念，并计划与上游供应商合作探索基于自然的解决方案，致力于通过可持续农业实践打造低碳农业模式。在提高生产力的同时，减少上游农业产生的碳足迹以保护生物多样性。

餐饮业供应链品类复杂，且各个供应商对低碳运营的理解和实践程度参差不齐。针对该情况，百胜中国制定了"3E"（Engage，Educate，Empower）管理方法，由此来推动供应商共同参与碳减排，支持供应商的气候变化能力建设并持续赋能供应商低碳发展。百胜中国不仅在《百胜中国供应商行为准则》中对其环境影响提出要求，也鼓励供应商摸清其自身的温室气体排放量并设立减排目标。为了系统性地评估并跟踪供应商的减排表现，开发了供应商碳足迹积分卡，并于报告期内进一步扩大积分卡试点范围，现已覆盖牛肉、乳制品、鸡肉和包装等品类共计14家供应商（覆盖近40家工厂）。

▶ 案例点评：

百胜中国明确棕榈油、牛肉、咖啡豆3类采购食品中经第三方环境或社会标准认证的食品采购百分比，还披露了百胜中国对供应链原材料的零毁林风险的分析与评估、供应链行为准则、供应商筛选、审核及培训等管理策略，符合FB-RN-430a.1和FB-RN-430a.3的披露要求。

▶ 案例来源：

《百胜中国2023年可持续发展报告》P32～33，62，https：//www.yum china.com/sustainability/zwbg/2023.pdf.

◂**7.5** 医疗行业

7.5.1 药品零售商典型企业可持续信息披露

药品零售商行业主体经营零售药店和为零售商店供货的配送中心。商店可能是直营店或特许经营店。大型主体通过批发商和分销商采购药品和其他商品。该行业的大部分收入来自销售处方药和非处方药；销售的其他商品还包括家居用品、个人护理产品和少量杂货。此外，药品零售商分部正通过在不同零售网点建立诊所来拓展聚焦健康的服务，这将影响该行业不断变化的可持续图景。关于可持续披露主题和指标详见《行业指南》第 167 页"食品和饮料行业——行业 27——药品零售商"。

案例编号：IFRS S2-HC-DR-1

沃博联

▸ 案例主题：

沃博联零售体系的综合能源管理方法

▸ 披露内容①：

定量指标：

---

① 编制组对英文原文进行了翻译，英文原文请参考案例索引。

主题	指标代码	指标	披露数据
零售业能源管理	HC-DR-130a.1	总能耗； 电网电量百分比； 可再生能源百分比	（1）15818645 吉焦； （2）69.4%； （3）4.8%

▶ 案例点评：

　　沃博联在 SASB 指标对标表中对能源消耗总量、电网电量百分比、可再生能源百分比三个定量指标均进行了披露。此外，沃博联还对自身生产能源的情况及所使用可再生能源的认证情况，进行了定性文字描述的披露。该披露部分基本符合 HC-DR-130a.1 的披露要求，还需进一步披露自身生产能源的量化数据，所使用的可再生能源的购买途径、可再生能源的第三方认证的细节情况等内容。

▶ 案例来源：

　　《沃博联 2023 年 ES 报告》P72～77，110，https：//www.walgreensbootsalliance.com/sites/www/files/2024-04/ESG%20Report%202023.pdf.

7.5.2　医疗保健服务典型企业可持续信息披露

　　医疗保健服务行业拥有并管理医院、诊所及其他与医疗有关的设施。主体提供一系列服务，包括住院和门诊护理、手术、心理健康、康复和临床试验服务。医疗保健服务需求主要受保险覆盖率、人口结构、疾病和伤害发生率驱动。该行业的特点是固定人工和设施成本高，监管部门日益关注降低护理成本和改善成果。医疗保健服务主体还面临着来自私营、非营利和宗教医疗系统对病人和资源的激烈竞争。关于可持续披露主题和指标详见《行业指南》第 169 页 "食品和饮料行业——行业 28——医疗保健服务"。

案例编号：IFRS S2-HC-DY-1

弗卢里集团

▶ **案例主题：**

披露废弃物管理的情况及总量

▶ **披露内容①：**

定量指标：

主题	指标代码	指标	披露数据
废弃物管理	HC-DY-150a.1	医疗废弃物总量： （1）焚烧	11576.00 公斤（占 1.49%）
		（2）回收或处理	766270.63 公斤（占 98.51%）
		（3）填埋的废弃物百分比	0
	HC-DY-150a.2	有害药品废弃物总量： （1）焚烧百分比； （2）回收或处理百分比； （3）填埋的废弃物百分比	有害药品废弃物 43694.73 公斤： （1）焚烧：40026.53 公斤（占 91.60%）； （2）回收或处理：0； （3）填埋：3668.20 公斤（占 8.40%）
		无害药品废弃物总量： （1）焚烧百分比； （2）回收或处理百分比； （3）填埋的废弃物百分比	不产生无害药品废弃物

① 编制组对英文原文进行了翻译，英文原文请参考案例索引。

▶ 案例点评：

　　在废弃物管理方面，弗卢里集团明确披露了医疗废弃物和药品废弃物总量及处理占比，其按照环境管理体系和相关法规实施废弃物监控和处理程序，确保废弃物的最终处置符合环保要求。并通过实施《减少生物和普通废弃物的环保计划》，在 2023 年设定了减少废弃物生成的年度目标，涵盖 300 多个单位，并通过技术改进、清洁生产和逆向物流等措施取得显著成效，提高了资源使用效率，并增强了环境可持续性，体现了其对可持续发展的坚定承诺。弗卢里集团的披露内容完全符合 HC-DY-150a.1 及 HC-DY-150a.2 的要求。

▶ 案例来源：

　　《Grupo Fleury 2023 年可持续发展报告》P102～104，114，https：//www.helenoftroy.com/wp-content/uploads/2024/06/HELE-ESG-REPORT-FY24.pdf.

7.5.3　医疗保健经销商典型企业可持续信息披露

　　医疗保健经销商采购、存储药品和医疗设备，并向医院、药店和医生出售。行业服务需求主要受保险费率、药品支出、疾病和人口结构驱动。医疗部门继续重点推进降本增效，也将影响医疗用品经销商行业。行业内主体将面临药店、支付方和制造商之间的整合和合作带来的挑战。关于可持续披露主题和指标详见《行业指南》第 175 页 "食品和饮料行业——行业 29——医疗保健经销商"。

案例编号：IFRS S2-HC-DI-1

卡地纳健康集团

▶ **案例主题：**

披露旨在减少物流对环境的影响的工作

▶ **披露内容①：**

定性指标：

主题	指标代码	指标
车队燃料管理	HC-DI-110a.2	旨在减少物流对环境的影响的工作

主体应描述其旨在减少物流业务对环境影响的计划和举措的性质、范围和实施。

在 2023 财年，我们的国内物流团队专注于寻找提高中间英里效率的方法。中间英里包括配送中心之间、补货中心之间，或补货中心与配送中心之间的运输。由于许多卡车在中间英里的运输中载货量不足，团队知道有机会提高燃油效率和节省成本，并减少排放。

团队还开始实施系统，以基线化首英里、中间英里和最后一英里的载货利用率，并更好地管理货运支出和使用。在 2024 财年，团队还在寻找

---

① 因篇幅限制，编制组对英文原文内容进行精简及翻译，节选重点内容作为案例展示，英文原文请参考案例索引。

其他机会，例如改变向客户的交货时间表以确保卡车装载最优化，部署策略以减少"空驶英里"以及承担额外库存以减少订货频率。

卡地纳健康还考虑了我们的国际运输和物流活动的环境和社会影响，这些活动由我们的全球贸易团队管理。在2023财年，全球贸易和ESG团队合作，提出了在引入新的海运或航空运输合作伙伴时应考虑的关键筛选问题。

针对新合作伙伴的筛选问题涉及以下主题，例如他们对温室气体（GHG）排放的测量和披露、他们的GHG减排目标，以及他们是否有关于人权和强制劳动的现有政策。

ESG团队现在被纳入与我们长期全球贸易合作伙伴的季度业务审查会议，以更好地了解他们如何努力改善环境和社会影响。

COVID-19大流行引发的供应链危机继续影响2022财年的国际运输，港口拥堵，货物滞留在船上。在2023财年，全球贸易团队专注于减少货物滞留和滞期费——当我们的集装箱未能在规定时间内清关和归还时所产生的费用。这些努力已经实现了与去年相比显著的成本节约。

此外，在整个2023财年期间，全球贸易团队对其国际物流模式进行了优化，这项工作在2024财年仍在继续。例如，我们从亚太地区（APAC）发出的大量货物都要经由加利福尼亚州的长滩港转运，之后还需要大量的中途公路运输才能抵达美国各地的目的地。通过网络设计优化，我们正在评估从亚太地区直接运往美国东海岸各港口的运输路线，以此大幅减少中途公路运输以及温室气体排放，更高效地运送产品。

团队的战略物流合作伙伴在其可持续性努力中发挥着至关重要的作用，并且通过密切监控集装箱使用情况，全球贸易一直在减少拼箱货物和20英尺集装箱的使用。这促进了整合，提高了效率，并减少了环境影响（20英尺集装箱需要特殊的装卸设备和处理，并且不如40英尺集装箱高效）。

该团队还积极鼓励运输模式从空运转为海运。在2023财年，公司实施了一套系统的空运审批流程，这需要与制造、规划以及全球物流部门的高层领导进行密切评估。此举极大地减少了空运发货量，如今仅保留那些真正必要的空运业务。在培训方面，全球贸易团队聘请了一位培训经理，并发起了一场覆盖全公司的教育活动，以确保企业内的员工都能理解供应链弹性的重要性及其影响。

在 2024 财年，团队的一个关键重点是与公司的包装工程师合作，大幅减少溢装、短装和损坏（OS&D）情况。溢装、短装和损坏指的是运抵仓库或配送中心的产品与提单之间存在的差异。各团队将共同重新评估处理包装损坏的方式，努力杜绝使用不必要的包装材料，并探索产品再利用和回收的新契机。在培训方面，我们正在线上学习平台上创建新的培训课程，要求所有在供应链环节中发挥作用的员工都必须参加。

应介绍所付诸的相关努力可能包括：升级车队（提升燃料效率），使用替代或可再生燃料，优化物流线路和减少空载计划。

卡地纳健康公司（CardinalHealth）是 SmartWay® 项目中的卓越表现者。

美国环境保护署（EPA）的 SmartWay® 项目通过对企业货运运输燃油效率进行测量、设定基准并加以改进，助力推动供应链的可持续发展。数千家公司通过 SmartWay® 项目与美国环境保护署展开合作，其中只有不到 10% 的公司能成为卓越表现者。卡地纳健康公司在 2022 年赢得了这一殊荣。若要被评为卓越表现者，企业需向美国环境保护署提交年度效率及空气质量表现数据。对于卡地纳健康公司而言，这一称号意味着，与 SmartWay® 项目中的同行相比，我们车队中的 553 辆卡车能够运载更重且效率更高的货物，每年消耗的燃油量要少数千加仑。我们的效率及空气质量表现均处于 SmartWay® 项目的顶级表现区间内。

投入电动车辆使用

2023 年 2 月，卡地纳健康公司签署了一份为期六年的租赁合同，租赁

两辆电动牵引挂车。这两辆挂车以我们位于加利福尼亚州安大略市的设施为基地，在整个南加州配送医疗产品。它们每周运行五天，均执行全日制路线。在两次充电之间，这些卡车最远可行驶 220 英里（具体里程取决于车载货物重量、地形以及交通状况）。

位于安大略市的设施还运营着一辆电动全顺厢式货车，用于在整个南加州运送较小的货物。这辆全顺厢式货车夜间在场地内充电。目前，该场地还在对一辆小型厢式送货车进行贝塔测试，该车经过设计，在两次充电之间的行驶距离比全顺厢式货车更长，可达 250 英里。

在 2023 财年后期，我们还在安大略市的设施租赁了一辆电动牵引车（也称为场内牵引车），并且在加利福尼亚州河滨市的场地，用配备智能充电器的新款电动牵引车替换了两辆旧车。电动牵引车负责将空的半挂车拖至码头装货，然后再拖至场地，以便司机提取。除了能减少排放外，电动牵引车噪声极小，既提升了司机的工作体验，又将对周边社区的噪声污染降至最低。

▶ 案例点评：

卡地纳健康详尽描述了旨在减轻物流对环境的影响的工作。相关覆盖国内外运输活动，包括投入电动车辆、减少空载里程、优化运输路线等，从而实现提高燃油效率和减少排放目标。这些工作有效帮助公司降低运营成本，以及获得来自监管机构等利益相关方的积极评价。该案例符合要求 HC-DI-110a.2 指标的要求。

▶ 案例来源：

《卡地纳健康 2023 年 ESG 报告》P48～49，https://www.cardinalhealth.co m/content/dam/corp/web/documents/Report/cardinal-health-fy23-ESG-report.pdf.

7.5.4 管理式医疗典型企业可持续信息披露

管理式医疗行业为个人、商业、医疗保险和医疗补助成员提供健康保险产品。主体也为自费保险计划提供行政服务和网络接入，并管理药品利润。管理式医疗的注册人数通常与就业率相关，但收入受医疗成本上升的影响。立法的不确定性和着眼于降低医疗成本会产生价格下降的压力并继续驱动行业整合。此外，聚焦患者治疗结果和计划业绩将继续使该行业面临可持续风险和机遇。关于可持续披露主题和指标详见《行业指南》第 176 页"食品和饮料行业——行业 30——管理式医疗"。

案例编号：IFRS S2-HC-MC-1

欧顿普瑞夫公司

▶ **案例主题：**

> 披露有关气候变化对业务运营影响的应对战略及将疾病的
> 发生率地理分布等风险因素纳入其风险模型中

▶ **披露内容：**

定性指标：

主题	指标代码	指标
气候变化对人类健康的影响	HC-MC-450a.1	讨论有关气候变化对业务运营的影响的应对战略，以及如何将疾病的发生率地理分布、发病率和死亡率的变化所带来的特定风险纳入风险模型

气候风险与机遇

到目前为止，我们已经进行了初步分析，考虑了公司的业务模式及其运营背景，确定了可能影响我们未来创造价值能力的气候风险。

我们可以将气候风险分为过渡风险和物理风险，在欧顿普瑞夫的背景下，物理风险是由于气候事件的强度和频率变化而产生的。根据欧顿普瑞夫的活动，物理风险可能威胁到结构和资产的完整性，或者直接或间接影响运营及其供应链。

对于过渡风险——经济、法律和技术方面的发展——欧顿普瑞夫通过在技术和创新方面的高额投资来采取行动，越来越多地推动具有低环境影响的行动、平衡排放和废弃物的产生。然而，于 2023 年开始的气候风险与机遇分析，将在 2024 年期间进一步深入。

▶ **案例点评：**

欧顿普瑞夫公司致力于减少气候变化对人类健康的影响，分析有关气候变化对业务运营影响的应对战略，考虑了公司的商业模式和运营环境，识别了可能影响未来价值创造能力的气候风险。这些风险被分类为过渡风险和物理风险。欧顿普瑞夫通过大量投资于技术和创新倡议，推动了具有低环境影响、低排放和低废物产生的运营。在将疾病的发生率地理分布、发病率和死亡率的变化所带来的特定风险纳入风险模型方面，欧顿普瑞夫的策略包括将这些风险因素纳入其风险模型中，对气候风险进行持续分析和评估，以及对相关风险的监控和管理，确保业务的连续性和可持续性。

欧顿普瑞夫分析有关气候变化对业务运营影响的应对战略，以及如何将疾病的发生率地理分布、发病率和死亡率的变化所带来的特定风

险纳入风险模型。对标行业实施指南中的行业披露要求，欧顿普瑞夫
符合 HC-MC-450a.1 指标的披露要求。可进一步考虑披露如何将疾病的
发生率地理分布、发病率和死亡率的变化所带来的特定风险纳入风险
模型。

▶ 案例来源：

《欧顿普瑞夫 2023 年可持续发展报告》P114，https：//api.mziq.com/
mzfilemanager/v2/d/c504a4a5-75e7-4404-8af7-524b50cd7e11/1f64ca4c-14ee-
7a7e-711a.

7.5.5　医疗设备和用品典型企业可持续信息披露

医疗设备和用品行业研究、开发和生产医疗、外科、牙科、眼科和兽医
仪器和设备。医院、诊所和实验室使用这些产品，包括从一次性用品到高度
专业化的设备。不健康的生活方式和人口老龄化相关的疾病患病率持续走
高。这是该行业的增长的要因。新兴市场和医疗保险的扩张可能有助于该行
业的进一步增长。然而，政府保险计划的延伸、提供方和支付方的整合，以
及监管部门对降低所有市场的成本的重视、可能带来价格下行压力。关于可
持续披露主题和指标详见《行业指南》第 177 页"食品和饮料行业——行
业 31——医疗设备和用品"。

案例编号：IFRS S2-HC-MS-1

Abbott 医疗

▶ 案例主题：

满足对可持续产品需求的产品设计和生命周期管理

▶ 披露内容①：

定量指标：

主题	指标代码	指标	2023 年
产品设计和生命周期管理	HC-MS-410a.2	收回重新使用回收再利用或捐赠的产品总量，按以下分类：（1）装置和设备以及（2）用品	收集和回收再利用 400 个装置，垃圾填埋 160 公吨产品废弃物

定性指标：

主题	指标代码	指标
产品设计和生命周期管理	HC-MS-410a.1	讨论与产品中化学物质有关的环境和人类健康考虑因素的评估和管理流程，并满足对可持续产品的需求

　　为了识别和减轻我们的包装和产品在其整个生命周期对环境的影响，我们的相关团队必须共同努力。我们的产品管理、供应链、研发、工程和 EHS 集团密切合作，分析我们的采购方式和采购内容。我们持续监控监管

---

① 编制组对英文原文进行了翻译，英文原文请参考案例索引。

情况及危险化学品要求的任何变化。我们的企业产品管理组织定期举办论坛，向公司各部门通报这些变化可能产生的潜在业务影响。我们加强的监管情报流程有助于确保及时识别潜在影响。它还遵循了在业务层面采取的行动，以确认我们仍然合规。

我们的产品管理计划跟踪和解决危险化学品立法，并支持冲突矿产尽职调查的实施。我们为所有相关团队提供产品管理培训，包括研发、供应链、采购和 EHS。

▶ 案例点评：

该公司明确披露了其为了减轻包装和产品在整个生命周期对环境产生的影响而努力，并且披露了具体且落地的行动实践，展现了公司覆盖产业链上下游及自身的相关工作流程。同时也展示了对于相关岗位员工赋能的努力。Abbott 同时也披露了其产品收回重新使用回收再利用或捐赠的总量，按照装置和设备、用品进行分类。Abbott 完善的披露了其具备行业特殊性的相关内容，该部分披露符合 HC-MS-410a.1、HC-MS-410a.2 的披露要求。

▶ 案例来源：

《Abbott 全球 2023 年可持续发展报告》P91，110，https：//www.abbott.com/content/dam/corp/abbott/en-us/hub-new/Abbott-2023-Global-Sustainability-Report-June-2024.pdf.

▶ 7.6 基础设施行业

7.6.1 电力公用事业和发电典型企业可持续信息披露

电力公用事业和发电行业的主体为发电，建造、拥有并运营输配电线路，以及售电。公用事业利用多种不同的原料发电，通常包括煤炭、天然气、核能、水力、太阳能、风能以及其他可再生和化石燃料能源等来源。该行业包括采用受监管[①]和未受监管[②]业务结构运营的主体。批发市场包括受监管公用事业买家和其他终端用户。此外，该行业主体根据他们的业务跨度在受监管[③]和未受监管[④]电力市场中经营。总的来说，在平衡对人类生命和环境的保护的同时，兼顾提供可靠、易取得、低成本的电力的复杂任务仍是一项挑战。关于可持续披露主题和指标详见《行业指南》第180页"基础设施行业——行业32——电力公用事业和发电"。

[①] 受监管公用事业面临对其定价机制和允许的净资产回报率的全面监控和其他类型的监管，以换取专营许可。

[②] 未受监管主体或商业电力主体通常是独立发电商（IPPs），他们生产电力并出售给批发市场。

[③] 受监管市场通常包含垂直整合的公用事业主体，其拥有并运营从发电到零售配电的所有业务。

[④] 未受监管市场通常将发电和配电业务分开，以鼓励在批发发电的竞争。

案例编号：IFRS S2-IF-EU-1

Black Hills Corp

▶ **案例主题：**

电力公用事业公司对温室气体排放和能源的管理

▶ **披露内容①：**

定量指标：

主题	指标代码	指标	2023 年
温室气体排放和能源计划	IF-EU-110a.1	（1）全球范围 1 排放总量； （2）在限制排放法规下的百分比； （3）排放报告法规下的百分比	（1）4100289 公吨范围 1 排放； （2）4.35%； （3）99.8%
温室气体排放和能源计划	IF-EU-110a.2	与电力输送有关的温室气体（GHG）排放	5006699 公吨

定性指标：

主题	指标代码	指标
温室气体排放和能源计划	IF-EU-110a.3	关于管理范围 1 排放的长期和短期策略或计划、减排目标的讨论，以及这些目标的业绩分析

---

① 编制组对英文原文进行了翻译，英文原文请参考案例索引。

　　我们很高兴宣布我们的脱碳之旅取得了重大进展。我们继续在实现到2030年将电力排放强度降低40%和到2040年将排放强度降低70%的目标方面取得进展，并将天然气公用事业目标扩大到2035年将配电系统的净零排放。

　　我们正在通过增加低碳或零碳发电来源，以及化石燃料工厂退休或转换，向更清洁的能源未来过渡。我们在科罗拉多州的首选资源计划预计到2030年增加400兆瓦的可再生能源和电池储存。我们将在不依赖未来技术的情况下，通过将尼尔辛普森Ⅱ燃煤电厂转换为包括天然气作为双燃料单元、转换或退役我们剩余的燃煤和柴油发电厂以及增加可再生能源资源和存储，实现我们的温室气体（GHG）减排目标。

　　除公司拥有及经营可再生能源外，我们利用购电协议（PPA）满足客户需求，并帮助实现我们的温室气体减排目标。我们的第一个大型太阳能项目福尔里弗太阳能项目（PPA Fall River Solar）于2023年上线。这个位于南达科他州奥埃尔里克斯附近的80兆瓦项目的能源将用于为南达科他州西部和怀俄明州东部的布莱克山能源客户提供服务。我们拥有及合约可再生能源的总可再生能源组合占我们发电能力的33%，有助于实现我们的温室气体减排目标及满足客户的需求。

　　天然气是一种重要的能源，它将在能源转型中发挥至关重要的作用，减少我国的温室气体排放。我们的天然气公用事业为六个州的110多万客户提供服务。我们运营高于行业标准的气体系统，投资于低排放率的优质材料。自2014年以来，我们的系统中就没有铸铁管，99%的基础设施是由受保护的钢铁或塑料组成的。这些投资专注于系统完整性、损害预防和测量改进，使我们能够到2035年实现天然气分配系统的净零排放目标。

▶ 案例点评：

　　该公司不仅按照指标要求精准统计了其全球范围的范围 1 碳排放，还区分了限制法规下的排放和报告法规下的排放。同时，提出了 2040 年将排放强度降低 70%，天然气事业 2035 年将配电系统达到净零排放的雄心目标。而且，还围绕范围 1 的长期减排策略进行了具体可操作的探讨与实践披露，并将这种减排实践延伸至其天然气业务。该披露部分符合 IF-EU-110a 的披露要求。

▶ 案例来源：

　　《Black Hills Corp 2023 年可持续发展报告》P11，48，https：//www.blackhillsenergy.com/sites/blackhillsenergy.com/files/2023-sustainability-report.pdf.

7.6.2　工程和建设服务典型企业可持续信息披露

　　工程和建设服务行业提供工程、建设、设计、咨询、承包和其他相关服务，支持各种建筑物和基础设施项目。行业主要由四大细分行业组成，工程服务、基础设施建设、非住宅建筑物建设以及建造分包和建设相关专业服务。基础设施建设细分行业包括设计或建设发电厂、水坝、石油和天然气管道、炼油厂、高速公路、桥梁、隧道、铁路、港口、机场、废弃物处理厂、水网、体育场等基础设施项目的主体。非住宅建筑物建设细分行业包括设计或建设工厂、仓库、数据中心、办公室、酒店、医院、大学、零售空间（如商场）等工业和商业设施的主体。工程服务细分行业包括为以上列出的多种项目类型提供设计和可行性研究等专业建筑和工程服务的主体。最后，建造分包和其他建设相关专业服务细分行业包括提供木工、电气、管道、油漆、防水、景观美化、室内设计和建造监理等辅助服务的小型主体该行业客户包括公共

和私营部门的基础设施所有者和开发商。该行业的大型主体在全球范围内经营和创收，通常从事多种细分行业。关于可持续披露主题和指标详见《行业指南》第195页"基础设施行业——行业33——工程和建设服务"。

案例编号：IFRS S2-IF-EN-1

DL E&C 韩国大林工业

▶ 案例主题：

披露项目开发及项目生命周期内的环境影响

▶ 披露内容①：

定量指标：

主题	指标代码	指标	2023 年
建筑物和基础设施的生命周期影响	IF-EN-410a.1	（1）通过第三方属性可持续标准认证的委托项目和； （2）寻求此类认证的活跃项目的数量	4

定性指标：

主题	指标代码	指标
建筑物和基础设施的生命周期影响	IF-EN-410a.2	关于将运营阶段能源和水资源效率因素纳入项目规划和设计流程的讨论

① 编制组对韩文原文进行了翻译，原文请参考案例索引。

大林工业实施环境影响评价评估项目对周边环境的影响，在施工中充分考虑环境的设计和施工；为了提高能源效率，以 ISO 50001 为基础实行能源管理程序，其中最具代表性的是通过智能试运行解决方案、绿色交通方式转换、减少能源使用的智能建筑，在现场再利用废电池制造的 ESS（Energy Storage System：能源储存系统）及举行线引入电力控制系统开发技术，运用有效使用节水及为试行项目的周边水利水文调查及分析，通过初期处理设施及雨水渗透街区等优先考虑设计，施工中发生的变通事项，讨论今后可能发生的风险事前措施，主要技术是开发污水再利用膜过滤前处理工程运营优化技术，确保民资/环境事业中的维护管理运营。

▶ **案例点评：**

大林工业明确披露了建筑物和基础设施的生命周期影响，明确项目开发对环境的影响指标，表明在项目开发前期充分考虑项目对周边环境的影响，并将环境因素考虑进项目设计中，同时，大林工业披露了通过第三方属性可持续标准认证的委托项目和寻求此类认证的活跃项目的数量。在项目运营阶段，对绿色建筑和绿色能效进行等级认证，并制订智能运行解决方案，提高能源效率，将运营阶段能源和水资源效率因素纳入项目规划和设计的流程，但未披露能源与水资源效率相关的政策信息。该披露基本符合 IF-EN-410a.1 与 IF-EN-410a.2 的披露要求，还需进一步披露能源与水资源效率相关的政策信息。

▶ **案例来源：**

《大林工业 2024 年可持续发展报告》P23～27，147，https://www.dlenc.co.kr/eng/sustain/manage/Report01.do.

7.6.3 燃气公用事业和分销商典型企业可持续信息披露

燃气公用事业和分销商行业 ① 由燃气输送和销售主体构成。燃气输送是指运营当地低压管道将天然气从大型运输管道输送至终端使用者。燃气销售主体是燃气经销商，将客户所需要的燃气量汇集并输送，通常会通过其他主体的输配线路。丙烷气体输送仅占这个行业的相对较小部分，因此，本标准侧重于天然气输送。两类气体供住宅用户、商业用户和工业用户用于供暖和烹饪。在受到监管的市场中，公用事业主体被授予完全垄断天然气输送和销售的资格。公用事业主体所收取的费率须经监管机构批准，以免其滥用垄断地位。在未受监管的市场中，燃气的输送和销售在法律上是分开的，客户可以根据自身意愿选择从哪家公司购买天然气。在这种情况下，共同输送公用事业主体只能对燃气的输送实行垄断，并且依据法律规定以固定费用沿其管线公平输送燃气。整体而言，主体必须提供安全、可靠、低成本的燃气，同时有效地应对其社会和环境影响，例如社区安全和甲烷排放。关于可持续披露主题和指标详见《行业指南》第 203 页"基础设施行业——行业 34——燃气公用事业和分销商"。

———————————

① 燃气公用事业和分销商行业不包括从井源长距离运输高压天然气的燃气输送主体。燃气输送主体属于石油和天然气——中游行业（EM-MD）。此外，燃气公用事业和分销商行业仅涵盖与燃气相关的活动，不包括与电力相关的活动。一些公用事业主体可能同时在燃气和电力市场中开展业务。从事发电或配电相关活动的主体还应考虑电力公用事业和发电行业（IF-EU）的主题和指标。

案例编号：IFRS S2-IF-GU-1

斯皮尔公司

▶ 案例主题：

披露燃气输送基础设施完整性相关的定量指标

▶ 披露内容：

主题	指标代码	指标	2023 财年披露数据
燃气输送基础设施完整性	IF-GU-540a.1	（1）可报告的管道事件	1
		（2）已收到的纠正措施	0
		（3）违反管道安全法规的事件数量	0
	IF-GU-540a.2	（1）铸铁或锻铁	1.86%
		（2）无防护层钢构件的配送管道百分比	1.92%
	IF-GU-540a.3	已检查的天然气： （1）输送	3.2%
		（2）配送管道的百分比	0
燃气输送基础设施完整性	IF-GU-540a.4	关于确保燃气输送基础设施的完整性，包括应对安全和排放相关风险所做工作的描述	斯皮尔公司通过升级和维护管道基础设施，提高了安全性并减少了甲烷排放和泄漏，这有助于实现环境目标。2005~2023 年，由于基础设施升级和泄漏检测与修复计划，燃气公用事业的甲烷排放量减少了超过51%，目标是到2035年减少73%的排放量

▶ 案例点评：

　　斯皮尔明确披露了其燃气输送基础设施完整性相关的定量指标，如：可报告的管道事件、已收到的纠正措施和违反管道安全法规的事件数量等；分析关于确保燃气输送基础设施完整性，包括应对安全和排放相关风险所做工作。对标行业实施指南中的行业披露要求，斯皮尔符合IF-GU-540a.1、IF-GU-540a.2和IF-GU-540a.3的披露要求，定性披露部分满足IF-GU-540a.4的内容。斯皮尔可以评估适用性后，按市场划分，进一步披露终端利用效率指标，如：通过能效措施节省的燃气量。

▶ 案例来源：

　　《斯皮尔2023年可持续发展报告》P12，76，https：//spireenergy.com/sites/default/files/2024-06/24-02707-FY23SustainabilityReport-FINAL-REV3-0621.pdf.

7.6.4　房屋建造商典型企业可持续信息披露

　　房屋建造商行业的主体是建造新住宅并开发住宅社区。开发工作通常包括土地收购、场地准备、房屋建造和房屋销售。该行业大多聚焦于开发和销售单户住宅，这通常是主体设计的住宅社区的一部分。较小的细分行业主要开发联排别墅、公寓、多户住宅和多用途开发物业。行业内许多主体为个人购房者提供融资服务。这个行业是分散的，因为存在大量不同规模的开发商，主体的结构和专注的地理位置各不相同。上市主体的规模往往要大得多，而且比众多私有的房屋建筑商更加一体化。关于披露主题与目标详见《行业指南》第 210 页"基础设施行业——行业 35——房屋建造商"。

案例编号：IFRS S2-IF-HB -1

科波韦尔股份公司

▶ 案例主题：

披露土地利用和生态影响相关指标以及考虑环境因素的流程

▶ 披露内容：

定量指标：

主题	指标代码	指标	2021 年	2022 年	2023 年
土地利用和生态影响	IF-HB-160a.1	重建区的地块数量	0	0	0
		搬迁区交付的住宅数量	0	0	0
	IF-HB-160a.2	高度或极度缺水地区的地块数量	2	2	1
		高度或极度缺水地区的房屋交付数量	211	44	31
	IF-HB-160a.3	与环境监管相关的法律诉讼造成的金钱损失总额	$-	$-	$-
	IF-HB-160a.4	分析将环境因素纳入设施选址、设计、开发和建设的过程	公司深刻意识到水资源的重要性和价值，将水管理视为是公司的优先事项。因此，战略重点是确保建造的每一栋房屋都体现出对用水效率和责任的承诺		

续表

主题	指标代码	指标	2021 年	2022 年	2023 年
资源效率设计	IF-HB-410a.1	获得某种能效等级证书的住宅数量	3.262	3.054	1.978
	IF-HB-410a.2	经认证的现场供水设施所占百分比	100%	100%	100%
	IF-HB-410a.3	经第三方多属性绿色建筑标准认证的已交付住宅数量	3.262	3.054	1.978
	IF-HB-410a.4	说明将资源效率纳入住房设计的相关风险和机遇，以及如何向客户宣传其好处	公司在过去的一年里，大幅减少了用水量，节约了 13112 立方米，主要归功于在经过认证的住宅中安装了先进的技术和节水措施。例如，节能马桶和高效喷头等设备，不仅优化了用水，还为居民带来了便利和经济效益，在不牺牲功能的情况下降低了服务成本		
适应气候变化	IF-HB-420a.1	位于 100 年一遇洪水区的地块数量	5	5	4
	IF-HB-420a.2	描述气候变化风险暴露分析、系统性投资组合暴露程度和风险缓解战略	在《可持续发展报告》第 57 和 58 页，公司介绍了公司的物理和运输风险评估程序		

▶ 案例点评：

　　科波韦尔股份公司明确披露了其在土地利用和生态影响方面的在重建场地交付的待建地块和住宅数量，基准用水压力高或极高的地区交付的待建地块和住宅数量以及如何讨论将环境因素（水资源）纳入场地设计、场地开发和建设的流程。但未明确披露其与环境法规有关的法律诉讼造成的货币损失总额。该披露基本符合 IF-HB-160a.1、IF-HB-160a.2、IF-HB-160a.4、IF-HB-410a.1、IF-HB-410a.2、IF-HB-410a.3、IF-HB-420a.1 的披露要求，部分符合 IF-HB-410a.4、IF-HB-420a.2 的披露要求，还需进一步披露公司与环境法规有关的法律诉讼造成的货币损失总额及公司如何就相关收益与客户沟通的描述的内容。

▶▶ 案例来源：

《科波韦尔股份公司 2023 年可持续发展报告》P57～58，65～66，https：// cdn.investorcloud.net/cadu/InformacionFinanciera/ReportesAnuales/2023- Sustentabilidad.pdf.

7.6.5　房地产典型企业可持续信息披露

　　房地产行业主体拥有、开发和经营创收的房地产资产。该行业的主体通常以房地产投资信托基金（REITS）的形式构建，并运营房地产行业内的各个细分行业，包括住宅、零售、办公室、医疗、工业和酒店物业。房地产投资信托基金（REITs）通常直接拥有房地产资产的所有权，从而为投资者提供获得房地产风险敞口的机遇，而无须获得直接的资产所有权和参与管理。虽然房地产投资信托基金（REIT）通常集中在个别房地产行业的细分领域，但许多房地产投资信托基金（REITS）通过投资多种物业类型而实现多元化投资。关于披露主题与目标详见《行业指南》第 217 页"基础设施行业——行业 36——房地产"。

案例编号：IFRS S2-IF-RE-1

英国置地公司

▶ **案例主题：**

披露能源管理相关指标以及将建筑能源管理考虑因素纳入策略的描述

▶ **披露内容：**

主题	指标代码	指标	披露数据			
能源管理	IF-RE-130a.1	按物业类型划分的，能源消耗数据覆盖范围占总建筑面积的百分比 单位：每平方米千瓦时	办公室：100%（共71个办公室）；			
			购物中心①：100%（共78个购物中心）			
			零售园区②：100%（共45个零售园区）			
			其他零售③：100%（共42个车位）			
	IF-RE-130a.2	按物业类型划分： （1）数据覆盖的房地产组合面积； （2）电网电量百分比； （3）可再生能源百分比	类目	2023年	2022年	2021年
			（1）能耗总量（MWh）	175813	167153	161360
			（2）电网电量百分比	—	—	—
			（3）可再生能源百分比	88%	91%	94%

① 仅含公共部分，整栋建筑的零售数据将从2024财年起报告披露。
② 仅含公共部分，整栋建筑的零售数据将从2024财年起报告披露。
③ "其他零售"包括高街零售和购物村。

续表

主题	指标代码	指标	披露数据		
能源管理	IF-RE-130a.3	按物业类型划分的数据覆盖的房地产组合面积能源消耗的同类百分比变化	物业类型		2023 年总能源消耗相对 2022 年的变化情况
			办公区域	公共部分	1%
				共享服务区域	−1%
				直接使用在租户空间的区域	10%
			零售区域	公共部分	−8%
				直接使用在租户空间的区域	−1%
			住宅区域	公共部分	−6%
	IF-RE-130a.4	按物业类型划分： （1）具有能源评级； （2）通过 ENERGY STAR 认证的房地产组合百分比	未披露		
	IF-RE-130a.5	关于如何将建筑能源管理考虑因素纳入房地产投资分析和运营策略的描述	能源和碳管理已融入企业政策和程序中		
	IF-RE-140a.1	按物业类型划分的取水数据覆盖范围： （1）总建筑面积； （2）基准用水压力高或极高的地区的建筑面积的百分比	（1）100%； （2）按建筑面积计算，管理的资产中有 62% 位于用水紧张地区。其中，办公资产占用水紧张地区建筑面积的 47%，零售资产（包括物流）占 53%		
	IF-RE-140a.2	按物业类型划分： （1）数据覆盖的房地产组合面积取水总量； （2）基准用水压力高或极高的地区的百分比	类目	2023 年	2022 年	2021 年

类目	2023 年	2022 年	2021 年
取水总量（立方米）	751509	664186	658932
基准用水压力高或极高的地区的百分比	—	—	—

续表

<table>
<tr><th>主题</th><th>指标代码</th><th>指标</th><th colspan="4">披露数据</th></tr>
<tr><td rowspan="5">水资源管理</td><td rowspan="4">IF-RE-140a.3</td><td rowspan="4">按物业类型划分的，数据覆盖的房地产组合面积取水量的同类百分比变化</td><td>物业类型</td><td>2023 年（立方米）</td><td>2022 年（立方米）</td><td>2023 年到 2022 年的变化（%）</td></tr>
<tr><td>办公楼：整栋建筑</td><td>414996</td><td>366180</td><td>13</td></tr>
<tr><td>零售：公共区域（立方米）</td><td>238280</td><td>276959</td><td>-14</td></tr>
<tr><td>总计</td><td>653276</td><td>643139</td><td>2</td></tr>
<tr><td>IF-RE-140a.4</td><td>关于水资源管理风险的描述和关于减轻这些风险的策略和实践活动的讨论</td><td colspan="4">在 2023 年，我们继续进行多项环境审计，以识别与水资源使用相关的现有或潜在问题以及节水机会，包括安装智能水表。所有新的开发项目都在设计中加入了雨水和灰水系统</td></tr>
<tr><td rowspan="3">租户可持续影响的管理</td><td>IF-RE-410a.1</td><td>按物业类型划分：
（1）包含资源效率相关资本改善的成本回收条款的新租赁百分比；
（2）相关租赁建筑面积</td><td colspan="4">租约包括可持续性条款，但没有成本回收条款。当生命周期更换需要更换工厂时，公司会与租户接触，鼓励他们选择最有效率的选项。而且，公司的服务费协议允许同类设备的更换，但是，需要使用公司所属过渡车辆来填补缺口，以便安装最有效的设备</td></tr>
<tr><td>IF-RE-410a.2</td><td>按物业类型划分的，单独计量或分表计量：
（1）电网用电量；
（2）取水量的租户百分比</td><td colspan="4">要求所有新开发项目为租户安装水表</td></tr>
<tr><td>IF-RE-410a.3</td><td>关于衡量、激励和改善租户可持续影响的方法的讨论</td><td colspan="4">环境审核计划为每项主要管理资产制定了净零排放路径，并提供给租户，期待与租户展开长期的合作。另外，公司设置了可持续性影响是物业管理论坛的常设议程项目，所有租户都可以访问自己的数据</td></tr>
<tr><td rowspan="2">气候变化适应</td><td>IF-RE-450a.1</td><td>按物业类型划分的，位于百年一遇洪泛区的物业面积</td><td colspan="4">投资组合中位于百年一遇洪水区的物业所占的百分比，按英国土地公司总保险价值的所有权百分比来计算。对于 2023 年、2022 年，这一比例分别是 3%、4%</td></tr>
<tr><td>IF-RE-450a.2</td><td>关于气候变化风险敞口分析、系统性房地产组合敞口的程度以及减轻风险的策略的描述</td><td colspan="4">英国置地公司在《2023 年度报告》中依据 TCFD 框架对气候变化风险等内容进行了详细描述</td></tr>
</table>

▶ 案例点评：

针对能源管理，英国置地公司明确披露了其在能源管理方面的按物业类型划分的，能源消耗数据覆盖范围占总建筑面积的百分比、按物业类型划分的数据覆盖的房地产组合面积能耗总量电网电量百分比可再生能源百分比、按物业类型划分的，数据覆盖的房地产组合面积能源消耗的同类百分比变化、按物业类型划分的具有能源评级的房地产组合百分比以及关于如何将建筑能源管理考虑因素纳入房地产投资分析和运营策略的描述。但未明确披露其通过 ENERGY STAR 认证的房地产组合百分比。该披露基本符合 IF-RE-130a.1、IF-RE-130a.2、IF-RE-130a.3、IF-RE-130a.5 的披露要求，部分符合 IF-RE-130a.4 的披露要求，还需进一步披露通过 ENERGY STAR 认证的房地产组合百分比。

针对水资源管理，英国置地公司明确披露了其在水资源管理方面的按数据覆盖范围、按物业类型划分的取水数据覆盖范围占总建筑面积和"高"或"极高"基本缺水地区的百分比分列的组合区总取水量，各财产分区的数据覆盖范围和百分比、按财产分部门划分的有数据覆盖的投资组合地区取水量变化情况以及讨论水资源管理风险，并说明降低这些风险的战略和做法。但未明确披露其基准用水压力高或极高的地区的建筑面积的百分比。该披露基本符合 IF-RE-140a.2、IF-RE-140a.3、IF-RE-140a.4 的披露要求，还需进一步披露其基准用水压力高或极高的地区的建筑面积的百分比。

针对管理租户可持续发展的影响，英国置地公司需进一步披露按物业类型划分的包含资源效率相关资本改善的成本回收条款的新租赁百分比及相关租赁建筑面积；按物业类型划分的单独计量或分表计量电网用电量和取水量的租户百分比。

针对气候变化适应，英国置地公司明确披露了其在气候变化适应方面的投资组合中位于百年一遇洪水区的物业所占的百分比，但未披露按物业类型划分的位于百年一遇洪泛区的物业面积，同时在年度报告中对气候变化风险敞口分析、系统性房地产组合敞口的程度以及减轻风险的策略进行了详细描述。该披露基本符合 IF-RE-450a.1、IF-RE-450a.2 的披露要求。

▶ 案例来源：

《英国置地公司 2023 年可持续发展进展报告》P77，https：//www.britishland.com/media/de0ca1rr/bl-sustainability-report-2023.pdf.

《英国置地公司 2023 年度报告》P99，https：//www.britishland.com/media/stlf1oim/british-land-2023-annual-report.pdf.

7.6.6　房地产服务典型企业可持续信息披露

房地产服务行业主体为业主、租户、投资者和开发商提供一系列服务。主要服务涵盖为业主提供的物业管理、经纪、评估和信息服务。物业管理服务涵盖租赁、租户关系、建筑物维护和建筑物安保。许多主体还提供经纪服务，促进销售和租赁交易。评估和其他咨询或信息服务是指通常向客户提供的其他专业服务。该行业的主体在房地产价值链中发挥着重要作用，是全球经济的重要组成部分。关于披露主题与目标详见《行业指南》第 239 页"基础设施行业——行业 37——房地产服务"。

7.6.7　废弃物管理典型企业可持续信息披露

废弃物管理行业主体从住宅、商户和工业客户处收集、存储、处置、回收或处理各种形式的废弃物。废弃物的种类包括城市固体废弃物、有害废弃物、可回收材料以及可降解或有机材料。主要主体通常是垂直整合的，提供从废弃物收集到填埋和回收等一系列服务，同时有些主体提供医疗和工业废弃物处理等专业服务。废弃物能源化业务是行业独特的一个细分领域。行业内的某些主体还向大型工业企业提供环境工程和咨询服务。关于披露主题与目标详见《行业指南》第 243 页"基础设施行业——行业 38——废弃物管理"。

 案例编号：IFRS S2-IF-WM-1

消毒循环公司

▶ **案例主题：**

披露温室气体排放相关指标以及关于排放
相关的战略及业绩分析

▶ **披露内容：**

主题	指标代码	指标	披露数据
温室气体排放	IF-WM-110a.1	（1）全球范围 1 类排放量； （2）排放限制条例； （3）排放报告条例覆盖百分比	（1）2022 年范围 1 温室气体排放总量414485 公吨二氧化碳； （2）排放限制条例不涵盖任何排放； （3）排放报告条例不涵盖任何排放
	IF-WM-110a.2	（1）垃圾填埋气体总量； （2）燃烧百分比； （3）用作能源的百分比	无披露：无垃圾填埋场

续表

主题	指标代码	指标	披露数据
温室气体排放	IF-WM-110a.3	长期和短期的讨论：管理范围1和生命周期排放的战略计划，排放量削减目标以及对这些目标分析业绩	公司致力于了解其当前温室气体排放的程度和性质。2023年宣布，到2050年，它将实现范围1和范围2的温室气体净零排放。为此，公司将评估低碳机遇和实施这些举措的能力
车队燃料管理	IF-WM-110b.1	（1）车队燃料消耗量；（2）自然燃料百分比天然气；（3）可再生百分比	2022年消耗燃料：2418795GJ。其中，含0天然气和1.13%可再生能源
	IF-WM-110b.2	替代燃料车辆在车队中的百分比	目前没有替代燃料车辆

▶ 案例点评：

消毒循环公司明确披露了范围1温室气体排放总量，车队燃料消耗量，及自然燃料天然气百分比、可再生能源百分比。同时消毒循环公司目前不涉及垃圾填埋场以及替代燃料车辆。该披露部分基本符合IF-WM-110a.1、IF-WM-110a.2、IF-WM-110a.3、IF-WM-110b.1、IF-WM-110b.2的相关要求。

▶ 案例来源：

《消毒循环公司2023年企业社会责任报告》P45，https：//www.stericycle.com/content/dam/stericycle/global/documents/Stericycle-Corporate-Social-Responsibility-Report-2023-US.pdf.coredownload.inline.pdf.

7.6.8　水力公用事业和服务典型企业可持续信息披露

水力公用事业和服务行业的主体拥有并运营供水和废水处理系统（通常为受监管的公用事业企业），或为系统所有者提供运营以及其他专业的水资源服务（通常为基于市场的运营服务）。供水系统包括向居民、企业和政府等其他主体提供水资源的采购、处理和输送服务。废水系统在污水排放回环境前收集和处理废水，包括污水灰水、工业废液和雨水径流。[①] 关于披露主题与目标详见《行业指南》第249页"基础设施行业——行业39——水力公用事业和服务"。

案例编号：IFRS S2-IF-WU -1

圣保罗水务公司

▶ **案例主题：**

披露供水设施与服务—配水管网效率相关指标

▶ **披露内容：**

主题	指标代码	指标	披露数据
供水设施与服务—配水管网效率	IF-WU-140a.1	供水管网更新率	未披露
	IF-WU-140a.2	实际无收入水损失量	19.5%
水务设施与服务—供水的复原力	IF-WU-440a.3	讨论与水资源质量和可用性相关的风险管理战略	圣保罗水务公司通过近年来的投资，展现了其在水资源安全和气候韧性方面的坚定承诺，特别是在2014~2015年巴西东南部的水危机期间，保障了圣保罗大都会地区2000万居民的供水。公司实施了多项措施应对因极端气候事件导致的供

---

① 水力公用事业和服务行业（IF-WU）不包括基础设施设计和开发类别下的水服务。这些活动属于工程建设服务行业（IF-EC）。

续表

主题	指标代码	指标	披露数据
水务设施与服务—供水的复原力	IF-WU-440a.3	讨论与水资源质量和可用性相关的风险管理战略	水风险增加，包括危机期间的应急计划、建设水库之间的互联、扩展水处理系统、安装压力调节阀，以及建设冗余系统以应对干旱风险。此外，2023年，圣保罗水务公司继续进行包括现代化坎塔雷拉系统、建设新水管和水坝等项目，以提高水处理、储存和输送能力。圣保罗水务公司还开展了"大圣保罗宏都市区水安全研究"，为更新供水总体规划和完善大都会水务计划（PMA）提供基础，确保长远的水系统整合与水安全韧性规划
供水设施与服务—供水的弹性	IF-WU-450a.3	（1）计划外服务中断的次数； （2）受影响的客户	（1）2023年发生了110次计划外停电，另有1次计划内停电超过了关闭期限。这影响了3021309笔储蓄； （2）在这些中断中42次计划外停电长达12小时，影响1373112笔储蓄。还有79次计划外中断超过12小时； （3）2023年，为了对供水流程进行维护和改进，计划并实施了86次供水中断。这些行动涉及的节水数量共计3840862次，总持续时间为5824小时

▶ 案例点评：

（1）供水设施与服务—配水管网效率方面，圣保罗水务公司明确披露了其在供水设施与服务—配水管网效率方面的实际无收入水损失比例，未披露供水管网更新率的具体数据，该披露基本符合IF-WU-140a.2的相关要求，还应披露供水管网更新率的具体数据。

（2）水务设施与服务—供水的复原力方面，圣保罗水务公司明确披露了其在水务设施与服务—供水的复原力方面的关于水资源质量和可用性相关的风险管理战略的讨论，介绍了公司在为解决极端风险问题方面的投资，以及对于干旱的应对及投资总额。该披露基本符合IF-WU-440a.3要求。

（3）供水设施与服务——供水的弹性方面，圣保罗水务公司明确披露了其在供水设施与服务——供水的弹性方面的计划外服务中断的次数及受影响的客户。该披露基本符合 IF-WU-450a.3 的披露要求。

▶ **案例来源：**

《圣保罗水务公司 2023 年可持续发展报告》P103，172～180，https://api.mziq.com/mzfilemanager/v2/d/9e47ee51-f833-4a23-af98-2bac9e54e0b3/3d6bac3d-e6cc-16f3-7895-c36a636df6ff?origin=1.

7.6.9　生物燃料典型企业可持续信息披露

生物燃料行业的主体为生产生物燃料并加工原材料。主体使用有机原料制造生物燃料，主要用作运输燃料。主体通常从农产品经销商处购买原料，包括食物、油料作物和动物制品。乙醇和生物柴油是最广泛生产的生物燃料，其他类型的生物燃料包括来源于各种有机原料的沼气、生物氢和合成生物燃料。生物燃料行业的主体客户主要是从事燃料混合和燃料供应的主体，包括大型综合石油公司。与可再生燃料使用相关的政府法规是推动该行业需求上升的重要因素。关于披露主题与目标详见《行业指南》第 261 页"基础设施行业——行业 40——生物燃料"。

7.6.10　林业管理典型企业可持续信息披露

林业管理行业的主体拥有或管理自然林地和种植林地及林区，或经营非零售苗圃和橡胶园。该行业在由主体所有的土地或租赁的公共土地或私人土地上开展业务。从事该行业的主体通常向木制品制造商、纸浆和纸张生产商、能源生产商以及各种其他客户出售木材。虽然一些综合性主体也可能

411

还经营锯木厂、木制品工厂或纸浆和造纸厂，建筑产品和家具（CG-BP）和纸浆和纸制品（RR-PP）行业中对这些经营活动导致的可持续问题进行了说明。关于披露主题与目标详见《行业指南》第269页"基础设施行业——行业41——林业管理"。

案例编号：IFRS S2-IF-FM -1

惠好公司

▶ **案例主题：**

披露生态系统服务和影响力相关指标以及政府机会优化方法

▶ **披露内容：**

主题	指标代码	指标	披露数据
生态系统服务和影响力	RR-FM-160a.1	经第三方森林管理标准认证的林地面积	可持续森林管理：2021年、2022年、2023年：100%
	RR-FM-160a.2	具有保护性保护地位的林地面积	生态系统服务：2021年：3.6千英亩、2022年：3.6千英亩、2023年：3.3千英亩
	RR-FM-160a.3	濒危物种栖息地林地面积	生态系统服务：美国和加拿大的受威胁和濒危物种栖息地 2021年：29.3千英亩、2022年：29.3千英亩、2023年：33.3千英亩
生态系统服务和影响力	RR-FM-160a.4	描述如何优化地方政府提供的生态系统技术服务带来的机会	（1）可持续管理与循环：通过采伐和补种的循环实践，公司确保森林资源长期繁荣，为股东创造价值。

续表

主题	指标代码	指标	披露数据
生态系统服务和影响力	RR-FM-160a.4	描述如何优化地方政府提供的生态系统技术服务带来的机会	（2）广泛的林地管理：公司在美国拥有或管理1050万英亩林地，并在加拿大管理公有土地。规模、专业知识和地域多样性是其竞争优势。 （3）行业领先的技术和实践：公司拥有先进的造林技术和可持续林业实践，包括种植优质树苗、精准造林、疏伐和修剪。 （4）可持续林业承诺：所有森林资源都通过严格的可持续认证，确保林木的采伐和管理符合可持续标准，并维护生物多样性、水质和生态系统服务。 （5）生态系统服务：除生产木材外，森林还提供清洁水源、空气和碳封存等重要生态服务，并为社区提供狩猎和娱乐等文化益处
气候变化适应	RR-FM-450a.1	描述应对气候变化对森林管理和木材生产带来的机遇与风险的策略	通过提高公众意识和设定关键目标，积极应对气候变化对森林管理和木材生产的风险与机遇，包括证明森林的重要性、提供自然气候解决方案以及强化政策倡导，以实现可持续发展

▶ 案例点评：

（1）生态系统服务和影响力方面，惠好公司披露了其在生态系统服务和影响力方面的经第三方森林管理标准认证的林地百分比，但未披露林地面积。同时披露具有保护性保护地位的林地面积、濒危物种栖息地林地面积以及描述如何优化地方政府提供的生态系统技术服务带来的机会。该披露基本符合RR-FM-160a.1、RR-FM-160a.2、RR-FM-160a.3、RR-FM-160a.4的披露要求。后续应进一步披露经第三方森林管理标准认证的林地面积。

（2）气候变化适应方面，惠好公司明确披露了其通过提高公众意识和设定关键目标，以应对气候变化对森林管理和木材生产带来的机遇与风险的策略，详细描述了公司披露气候变化解决方以及气候响应方案。该披露基本符合RR-FM-450a.1的披露要求。

▶ **案例来源：**

《惠好公司 2023 年 SASB 报告》P1～P2，https：//www.weyerhaeuser.com/
application/files/8517/1519/7733/Weyerhaeuser_2024_SASB.pdf?
utm_source=CompanyDocument&utm_medium=Organic&utm_cam
paign=HighlightsReport&utm_content=SASB2

▶ 7.7 可再生资源和替代能源行业

7.7.1 燃料电池和工业电池典型企业可持续信息披露

燃料电池和工业电池行业的主体为制造用于能源生产的燃料电池和储能设备（如电池）。该行业的制造商主要向各种主体出售从商业应用到公用事业大型能源项目等不同的能源生产和储能应用和强度的产品。该行业的主体通常在全球各地开展业务并向全球市场出售产品。[1] 关于披露主题与目标详见《行业指南》第 275 页 "可再生资源和替代能源行业——行业 42——燃料电池和工业电池"。

7.7.2 纸浆和纸制品典型企业可持续信息披露

纸浆和纸制品行业的主体为生产一系列木纸浆和纸制品，包括纸浆纤维、纸包装和卫生纸、办公用纸、新闻纸和工业用纸。该行业的主体通常作为企

---

① 该行业不包括轻型汽车应用中使用的燃料电池或电池。请参见汽车零部件（TR-AP）行业，以了解有关报告该业务部门的详细信息。该行业也不包括用于个人消费者使用的非工业电池，这类电池属于家庭和个人用品（CG-HP）行业类别。

业对企业的主体运作，并且可能在多个国家开展业务。一些综合性主体拥有或管理木材地块，并从事森林管理，由这些活动引起的可持续问题见林业管理（RR-FM）行业。关于披露主题与目标详见《行业指南》第280页"可再生资源和替代能源行业——行业43——纸浆和纸制品"。

 案例编号：IFRS S2-RR-PP-1

韩松纸业

▶ **案例主题：**

披露温室气体排放量及策略
描述和绩效分析

▶ **披露内容：**

主题	指标代码	指标	披露数据
温室气体排放	RR-PP-110a.1	温室气体排放量	303070 吨 CO_2e
	RR-PP-110a.2	管理范围1排放的长期和短期策略或计划描述、减排目标以及绩效分析	较大程度披露，已描述节能活动和投资计划，但未详细披露管理范围1排放的具体长期和短期策略、减排目标以及绩效分析
能源管理	RR-PP-130a.1	（1）总能耗； （2）电网电力的百分比； （3）生物质的百分比； （4）其他可再生能源的百分比	（1）17918 吨焦耳； （2）0； （3）7.73%； （4）7.73%

续表

主题	指标代码	指标	披露数据
水资源管理	RR-PP-140a.1	（1）总取水量和； （2）总消耗水量，以及在高或极高基线水资源压力地区的百分比	（1）30536836m³； （2）30536836m³
	RR-PP-140a.2	水资源管理风险的讨论以及减轻这些风险的策略和实践的描述	较大程度披露，已详细讨论水资源管理风险并描述了减轻这些风险的策略和实践，包括提高水利用效率和优化废水处理系统，以及通过安装水污染改善设施减少水污染物排放的具体成效
纤维来源与回收	RR-PP-430a.1	（1）从第三方认证林地采购的木纤维百分比及其各自的标准； （2）符合其他纤维来源标准的百分比及其各自的标准	（1）100%； （2）FSC标准：80.99%
	RR-PP-430a.2	采购的回收和再利用纤维量	562309 吨

▶ 案例点评：

　　温室气体排放方面，韩松纸业在温室气体排放的披露中提供了温室气体排放量的定量数据，但定性披露方面，虽然提及了节能活动和投资计划，却未详细说明具体的长期和短期减排策略、目标或绩效分析。需要进一步提供关于如何系统地管理范围1排放的信息，以满足RR-PP-110a.2的披露要求。能源管理方面，韩松纸业披露了总能耗、电网电力的百分比、生物质的百分比、其他可再生能源的百分比等数据，满足RR-PP-130a.1的披露要求。水资源管理方面，韩松纸业披露了总取水量和总消耗水量，但未披露在高或极高基线水资源压力地区的百分比，这是在未来披露中可以进一步完善的地方。纤维来源与回收方面，披露了从第三方认证林地采购的木纤维百分比，其中大部分获得了FSC认证，以及大量的回收和再利用纤维采购量。然而，披露中未提供关于如何进一步优化纤维来源和回收过程的具体策略或计划。公司需进一步提供这些信息，以完全符合 RR-PP-430a.1 和 RR-PP-430a.2 的披露要求，并增强利益相关者对公司纤维管理实践的信心。

▶ <u>案例来源：</u>

《韩松纸业 2023 可持续发展报告》P96，https：//www.hansolpaper.co.k r/m/eng/management/data.

7.7.3　太阳能技术和项目开发方典型企业可持续信息披露

太阳能技术和项目开发行业的主体生产太阳能设备，这些设备包括太阳能光伏（PV）组件、多晶硅原料、太阳能热发电系统、太阳能逆变器和其他相关组件。此行业的主体还可能开发、建造和管理太阳能项目，并向客户提供融资或维护服务。该行业主要采用两种技术：太阳能光伏（PV）和聚光太阳能（CSP）。在太阳能光伏（PV）领域有两种主要技术：晶体硅基太阳能和薄膜太阳能，包括使用铜钢镓硒和碲化镉制成的电池板。太阳能电池板的主要市场是住宅、非住宅（商业和工业）和公共设施规模的项目。此行业的主体在全球范围内开展业务。关于披露主题与目标详见《行业指南》第291 页"可再生资源和替代能源行业——行业 44——太阳能技术和项目开发方"。

案例编号：IFRS S2-RR-ST-1

索拉威控股有限公司

▶ 案例主题：

披露能源管理相关指标

▶ 披露内容：

主题	指标代码	指标	披露数据
能源管理	RR-ST-130a.1	（1）组织内的能源消耗； （2）组织外的能源消耗； （3）能源强度； （4）减少能源消耗； （5）减少产品和服务的能源需求	（1）5044 吉焦（GJ）。 （2）未披露。 （3）燃料能源强度 2023 年为 8.69 吉焦 / 百万收入、2024 年为 8.18 吉焦 / 百万收入；电力：2023 为 3.13 吉焦 / 百万收入、2024 年为 2.06 吉焦 / 百万收入。 （4）未披露。 （5）未披露。

▶ 案例点评：

　　索拉威控股有限公司在能源管理的披露中提供了组织内能源消耗的具体数据，包括能源消耗总量和能源来源的详细分解，显示出公司对能源使用的透明度。然而，公司未披露组织外的能源消耗、能源强度的具体数值、减少能源消耗的具体措施以及减少产品和服务能源需求的策略。尽管能源强度有所改善，但需要更多信息来全面评估公司的能源管理绩效。公司需进一步提供相关定量和定性数据，以满足 RR-ST-130a.1 的披露要求。

▶▼ **案例来源：**

《索拉威控股有限公司年度报告 2024》P115～116，https：//solarvest.
com/wp-content/uploads/2024/07/Solarvest_Annual-Report-2024.pdf.

7.7.4　风力技术和项目开发方典型企业可持续信息披露

　　风力技术和项目开发方行业的主体制造风力涡轮机、叶片、塔架等风力
发电系统组件。开发、建造和管理风能项目的主体也纳入该行业的范围之内。
制造商还可能提供售后维护和支持服务。涡轮机可以安装在陆地上或海上，
这会造成风力发电能力的差异，以及项目开发挑战的不同。大多数主要的风
力技术主体都在全球范围内运营业务。关于披露主题与目标详见《行业指南》
第 298 页"可再生资源和替代能源行业——行业 45——风力技术和项目开
发方"。

▶◀7.8　资源转化行业

7.8.1　航空航天与国防典型企业可持续信息披露

　　航空航天与国防行业的主体包括商用飞机、飞机零部件、航空航天与国
防产品的制造商，以及国防主承包商。商用飞机制造商收入约占行业收入的
1/4，主要面向商业航空公司和政府。按总收入计算，航空航天与国防零部件
制造商在该行业占比最大，客户主要是政府。航空航天与国防制造商在全球
开展业务，为全球客户提供服务。国防的收入约占行业总收入的 1/4，生产

的产品包括军用飞机、航天器、导弹系统、弹药、小型武器、海军舰艇以及其他商业和军用车辆。他们的客户包括各种政府机构和全球运营的相关企业。国防主承包商类别还包括向执法机构、企业、分销商、零售商和消费者出售枪支的制造商。行业内的关键可持续主题包括产品的能源效率和排放情况以及制造过程中的能源和废弃物管理。关于披露主题与目标详见《行业指南》第 301 页"资源转化行业——行业 46——航空航天与国防"。

案例编号：IFRS S2-RT-AE-1

韩华航天宇宙公司

▶ **案例主题：**

披露能源管理相关指标

▶ **披露内容：**

主题	指标代码	指标	披露数据			
			类目	2021 年	2022 年	2023 年
能源管理	RT-AE-130a.1	（1）总能耗；（2）电网电力百分比；（3）可再生能源百分比	总能耗	620021GJ	818682GJ	2011034GJ
			电网电力百分比	86%	83%	70%
			可再生能源百分比	0.01%	0.07%	0.53%
使用阶段的燃油经济性与排放	RT-AE-410a.1	与替代能源相关的产品收入	未披露			

续表

主题	指标代码	指标	披露数据
使用阶段的燃油经济性与排放	RT-AE-410a.2	应对产品燃油经济性和温室气体（GHG）排放的策略和方法描述	2021 年：韩华航空航天公司正在通过 ESH 监测系统稳定地管理每个工厂每月排放的温室气体。此外，公司继续通过制订和实施减少温室气体的计划，如每年改善能源使用的计划，尽量减少商业活动对环境的影响。 2023 年：公司整合了各公司的环保推进系统组织，成立了电力推进系统业务集团，负责监督环保的电力推进系统业务。通过开发和商业化储能系统（ESS）和氢燃料电池，以及电动链、电动发动机（EE）和机电执行器（EMA），公司的目标是减少陆地、海洋和航空航天等各个领域的碳排放，并实现可持续的移动电气化

▶ **案例点评：**

韩华航天宇宙公司在能源管理的披露中显示了总能耗的显著增加，以及电网电力使用比例的下降和可再生能源使用比例的上升。尽管可再生能源使用有所增加，其比例仍然相对较低，公司需要进一步优化能源结构。此外，公司未提供关于能源效率改进措施或能源管理策略的详细信息。需要更多定性数据来完全符合 RT-AE-130a.1 的披露要求。韩华航天宇宙公司在披露使用阶段的燃油经济性与排放方面，较大程度披露了其减少温室气体排放的策略和方法，包括通过 ESH 监测系统管理和减少排放，以及成立电力推进系统业务集团，推动环保技术的开发和商业化。然而，公司未披露与替代能源相关的产品收入数据，需要进一步提供这方面的信息以满足 RT-AE-410a.1 的披露要求。

▶ **案例来源：**

《韩华航天宇宙可持续发展报告 2024》P106，https：//www.hanwhaer ospace.com/assets/content/esg/sustainBusiness/download/en/HanwhaAerosp ace_SustainabilityReport_2024_ENG.pdf.

7.8.2 化学品典型企业可持续信息披露

化工行业的主体将有机和无机原料转化为工业、制药、农业、家居、汽车和消费应用领域的 70000 多种产品。该行业通常分为基础（商品）化学品、农业化学品和特种化学品。基础化学品是产量最大的部分，包括散装聚合物、石化产品、无机化学品和其他工业化学品。农业化学品包括化肥、农作物化学品和农业生物技术。特种化学品包括油漆和涂料、农用化学品、密封剂、黏合剂、染料、工业气体、树脂和催化剂。大型主体可能同时生产基础化学品、农业化学品和特种化学品，而大多数主体则是专业化生产某一种化学品。化学品主体通常在全球范围内制造和销售产品。关于披露主题与目标详见《行业指南》第 304 页"资源转化行业——行业 47——化学品"。

案例编号：IFRS S2-RT-CH-1

科佩斯控股公司

▶ **案例主题：**

披露范围 1 温室气体排放数据以及策略、目标和相关绩效分析

▶ **披露内容：**

主题	指标代码	指标	披露数据
温室气体排放	RT-CH-110a.1	总体全球范围 1 排放量，受排放限制法规覆盖的百分比	范围 1 排放量为 311937mts，0 覆盖在排放限制法规下

续表

主题	指标代码	指标	披露数据
温室气体排放	RT-CH-110a.2	长期和短期管理范围1排放的策略或计划讨论，排放减少目标，及对这些目标的绩效分析	2023年提前七年实现了2030年的排放目标，将范围1和2排放量与2007年基线相比减半。公司正在致力于设立新的发展目标
能源管理	RT-CH-130a.1	（1）总能耗； （2）电网电力百分比； （3）可再生能源百分比； （4）总自发电能量	（1）总能耗：5003240 GJ； （2）电网电力百分比：12%； （3）可再生能源百分比：18%； （4）总自发电能量：88%
水资源管理	RT-CH-140a.1	（1）总取水量； （2）总耗水量，各在高或极高基线水资源压力区域的百分比	（1）总取水量：5360万升； （2）总耗水量：0（由于排放了大约25万升水）；目前正在确定水源来自高或极高基线水资源压力区域的百分比
	RT-CH-140a.2	与水质许可、标准和法规相关的不符合事件数量	8次
水资源管理	RT-CH-140a.3	水管理风险的描述以及减轻这些风险的战略和实践讨论	通过工艺知识和原材料及最终产品的化学性质识别潜在水污染物，并通过认证实验室使用公认的测试方法进行特定和通用污染物的测试。为了支持公司零伤害理念和ISO/RC14001管理体系，实施并持续改进以下措施：全面的溢漏控制和预防计划、采纳和适应现有和新开发的最佳管理实践，以及通过市场研究和研发项目评估现有产品配方和替代产品，以进一步减少/消除排放影响
产品设计使用阶段频率	RT-CH-410a.1	设计用于提高使用阶段资源效率的产品收入	基于2023年销售数据，52%化学产品组合的收入来自设计用于提高使用阶段资源效率的产品

▶ 案例点评：

　　科佩斯控股公司在温室气体排放披露方面提供了总体全球范围1排放量的具体数据，并明确指出其排放量未受排放限制法规覆盖。公司已提前实现2030年的减排目标，并正在制定新的目标，显示出其在减排方面的积极进展。然而，披露内容中未详细说明具体的减排策略、计划或绩效分析，这些信息对于评估公司长期减排承诺的实施和效果至关重要。公司需

要进一步提供这些细节，以满足 RT-CH-110a.2 的披露要求，并增强利益相关者对公司温室气体排放管理的信心。

科佩斯控股公司在能源管理方面披露了详尽的定量数据，显示公司在自发电和可再生能源使用上有显著表现，但电网电力依赖度相对较低。尽管如此，公司未提供能源效率优化和能源策略的进一步信息。需要更多定性数据来完全符合 RT-CH-130a.1 的披露要求。

科佩斯控股公司在水资源管理的披露中提供了总取水量和耗水量的数据，但未完全确定水源压力区域的百分比，同时报告了与水质相关的不符合事件数量。公司较大程度披露了水管理风险及其减轻战略和实践，包括溢漏控制和产品配方评估。尽管公司已实施多项措施以支持其环境管理体系，但需进一步明确高或极高水资源压力区域的具体影响，并详细披露不符合事件的具体原因和改进措施。

科佩斯控股公司在产品设计使用阶段频率的披露中明确指出，超过一半的产品收入来自设计用于提高使用阶段资源效率的产品，这表明公司在产品设计上注重资源效率。然而，披露内容缺乏具体收入数值，以及对如何具体提高资源效率的描述，以及这些设计对环境和经济效益的长期影响分析。需要进一步提供详细信息以完全符合 RT-CH-410a.1 的披露要求。

▶ 案例来源：

《科佩斯 2023 可持续报告》P49～51，https：//cdn.sanity.io/files/oqkrzhcj/production/4cd1ac14cdac0404a80dfed1b6e5a7d698c5b196.pdf.

7.8.3 容器和包装典型企业可持续信息披露

容器和包装行业的主体将原材料（包括金属、塑料、纸和玻璃）转化为半成品或成品包装产品。主体生产的产品种类繁多，包括瓦楞纸板包装、食品和饮料容器家用产品瓶、铝罐、钢桶等多种形式的包装。该行业的主体通常是企业对企业主体，许多主体在全球运营。关于披露主题与目标详见《行业指南》第313页"资源转化行业——行业48——容器和包装"。

案例编号：IFRS S2-RT-CP-1

欧文斯伊利诺斯玻璃公司

▶ **案例主题：**

   披露范围1温室气体排放数据以及策略、目标和相关绩效分析

▶ **披露内容：**

主题	指标代码	指标	披露数据
温室气体排放	RT-CP-110a.1	全球范围1排放总量，排放限制法规涵盖的百分比	Scope 1 and 2 Emissions[2] (millions of tons of CO_2) ⑦ ⑥ ⑤ 2018 2019 2020 2021

续表

主题	指标代码	指标	披露数据	
温室气体排放	RT-CP-110a.2	讨论管理范围1排放的长期和短期战略或计划、减排目标，以及针对这些目标的绩效分析	公司披露其排放目标以及完成情况，到2030年将温室气体排放量减少25%，2023年底范围1和范围2的排放量已在2017基准年的基础上减少20%	
能源管理	RT-CP-130a.1	（1）总能耗； （2）电网电力百分比； （3）可再生能源百分比； （4）总自产能源	2022年报告部分：计划在2030年将： （1）总能耗减少9%，可再生能源40%； （2）未披露； （3）未披露； （4）未披露	2024年更新部分：可再生能源是我们降低碳排放战略的支柱。我们的目标是到2030年实现40%的可再生能源电力使用，并在同一时间内将总能耗降低9%
水资源管理	RT-CP-140a.1	（1）总取水量； （2）总消耗水量，各占高或极高基线水压力地区的百分比	2022年报告部分 （1）公司致力于到2030年将全球用水量减少25%，优先在高风险地区进行运营； （2）2021年，38%的O-I工厂（不包括剥离或出售的工厂）位于基线压力为"高"或"极高"的缺水地区。2021年，有26家工厂位于高用水量和极高用水量地区；其中27%位于拉丁美洲，19%位于北美洲，54%位于欧洲。水资源风险评估也是我们"从摇篮到摇篮"（C2C）和ISO 14044生命周期分析认证的一部分	2024年更新部分 （1）到2030年，我们的目标是将总体用水量减少25%，并将重点和行动集中在用水压力较大的地区； （2）到2023年，36%的O-I工厂（不包括剥离或出售的工厂）位于基线压力为"高"或"极高"的用水紧张地区
水资源管理	RT-CP-140a.3	与水质许可、标准和法规相关的违规事件数量	无	
	RT-CP-140a.2	描述水资源管理风险，以及讨论减轻这些风险的战略和实践	2022年报告部分：使用WRI渡槽工具进行水风险筛选。2021年，有26个工厂处于高和极高水分胁迫地区。制定了一个特别关注监测和数据标准化的减水路线图。 2024年更新部分：使用WRI渡槽工具进行水风险筛选。2023年，有25个植物在高和极高水分胁迫地区。成立了一个水战术团队，专注于降低风险、建立意识和开发标准化、准确的数据流	

▶ 案例点评：

欧文斯伊利诺斯玻璃公司在温室气体排放的披露中提供了气候变化战略和环境管理的概述，但未详细披露范围 1 排放总量和受排放限制法规覆盖的具体百分比。公司已讨论了长期和短期的气候变化战略，提供了具体的减排目标和绩效分析。该披露部分符合 RT-CP-110a.1 的披露要求，基本符合 RT-CP-110a.2 的披露要求，但需进一步披露法规下的排放百分比和不同地理区域及排放源的策略。

▶ 案例来源：

《欧文斯伊利诺斯 2024 可持续报告指标》P15～16，https：//www.o-i.com/wp-content/uploads/2024/07/2024-Sustainability-Report-Index-English.pdf.

7.8.4　电气和电子设备典型企业可持续信息披露

电气和电子设备行业的主体开发和制造一系列电气元件，包括发电设备、能源转换设备、电动机、配电盘、自动化设备、加热和冷却设备、照明设备和传输电缆。电气和电子设备包括：非结构性的商业和住宅建筑设备，如供暖、通风和空调（HVAC）系统、照明装置、安全装置和电梯；电力设备；传统的发电和输电设备；可再生能源设备；工业自动化控制；测量仪器；以及用于工业用途的电气元件，如线圈、电线和电缆。这个成熟且竞争激烈的行业中，主体在全球范围内运营，通常有很大一部分收入来自其注册地的境外。关于披露主题与目标详见《行业指南》第 323 页"资源转化行业——行业 49——电气和电子设备"。

案例编号：IFRS S2-RT-EE-1

利特富斯公司

▶ **案例主题：**

披露能源管理相关指标

▶ **披露内容：**

主题	指标代码	指标	披露数据			
			类目	2021 年	2022 年	2023 年
能源管理	RT-EE-130a.1	（1）总能耗消耗；（2）网格电力百分比；（3）可再生能源百分比	（1）总能耗消耗	1000019GJ	1053403GJ	1049306GJ
			（2）网格电力百分比	92%	82%	82%
			（3）可再生能源百分比	8%	18%	18%
产品生命周期管理	RT-EE-410a.1	产品收入百分比包含 IEC 62474 可声明物质	公司的部分产品含有 IEC 可声明物质；然而，公司正在改善这些指标的测量方法			
	RT-EE-410a.2	符合能源之星标准的产品收入百分比	能源之星标准不适用于公司的产品			
	RT-EE-410a.3	可再生能源相关和能源效率相关产品的收入	信息不可用。公司正在改进这些指标的测量方法			

▶ 案例点评：

利特富斯公司在能源管理方面披露了总能耗、电网电力和可再生能源使用情况，数据显示公司在 2021～2023 年期间的能源使用有所波动，但电网电力使用比例保持稳定，可再生能源使用比例在 2021 年有所下降后有所回升。尽管如此，可再生能源的使用比例仍然较低，表明公司在提高可再生能源使用方面有改进空间。该披露部分符合 RT-EE-130a.1 的披露要求，但需进一步披露能源管理的长期和短期策略，以及如何提高能源效率和增加可再生能源使用的计划。

利特富斯公司在产品生命周期管理方面正在改进对 IEC 62474 可声明物质的测量方法，但尚未提供具体的产品收入百分比数据。公司的产品不符合能源之星标准，且缺乏可再生能源和能源效率相关产品的收入数据。尽管公司展现出改善环境绩效的努力，但需要进一步披露具体数据以满足 RT-EE-410a.1 至 RT-EE-410a.3 的披露要求。

▶ 案例来源：

《利特富斯 2023 可持续报告》P58～59，https：//www.littelfuse.com/~/media/aboutus/sustainability/littelfuse-sustainability-report.pdf?la=en.

7.8.5 工业机械及商品典型企业可持续信息披露

工业机械及商品行业的主体为各种行业制造设备，包括建筑、农业、能源、公用事业、采矿、制造、汽车和运输等行业。产品包括发动机、挖掘设

备、卡车、拖拉机、船舶、工业泵、机车和涡轮机等。机械制造商利用大量的原材料进行生产，包括钢铁、塑料、橡胶、油漆和玻璃等。制造商也可以在最终装配前进行零件的加工和铸造。该行业的需求与工业生产密切相关，而政府的排放标准和客户需求正在鼓励创新，以提高能源效率并限制产品使用过程中的气体排放。关于披露主题与目标详见《行业指南》第 328 页"资源转化行业——行业 50——工业机械及商品"。

案例编号：IFRS S2-RT-IG-1

科美机械有限公司

▶ 案例主题：

披露能源使用相关数据

▶ 披露内容：

主题	指标代码	指标	披露数据
能源管理	RT-IG-130a.1	（1）总能耗； （2）电网电量百分比； （3）可再生能源百分比	（1）285164GJ； （2）99.16%； （3）0.84%
燃料经济性和使用阶段的排放	RT-IG-410a.1	中型和重型车辆的销量加权车队燃料效率	科美机械有限公司不生产中型和重型车辆
	RT-IG-410a.2	非道路设备的销量加权燃料效率	科美机械有限公司不生产任何需要燃料来源的非道路设备

续表

主题	指标代码	指标	披露数据
燃料经济性和使用阶段的排放	RT-IG-410a.3	固定式发电机的销量加权燃料效率	科美机械有限公司不生产固定发电机
燃料经济性和使用阶段的排放	RT-IG-410a.4	（1）氮氧化物（NOx）；（2）颗粒物（PM）销量加权排放量，按：①船用柴油机；②机车柴油机；③公路中型和重型发动机；④非道路柴油发动机类别	科美机械有限公司不生产发动机

▶ **案例点评：**

科美机械有限公司明确披露了总能耗、电网电量百分比和可再生能源百分比的数据。在报告后续的附录中，也详细说明了相关的计算规则。在全球范围内统一了目标和指标，并致力于在特定的环保领域取得进展。今年，主要通过节能窗、新供暖系统和更好的隔热材料等项目来提高设施的能源效率。在整个组织内投资新的机械设备，以提高生产流程的效率，减少资源和能源需求。该披露部分符合 RT-IG-130a.1 的披露要求。

由于科美机械有限公司不生产中型和重型车辆、任何需要燃料来源的非道路设备、固定发电机和发动机，因此企业社会责任报告中没有相关内容的披露。

▶ **案例来源：**

《科美机械有限公司 2023-2024 年企业社会责任报告》P74，https://www.cmco.com/globalassets/about-us/csr/fy24-columbus-mckinnon-sustainability-report---final-v2.pdf.

▶7.9　服务行业

7.9.1　博彩典型企业可持续信息披露

上市的赌场和博彩主体经营博彩设施或平台（包括主体赌场、河船赌场、线上博彩网站和赛马场）。该行业的特点是受高度监管，这也是新经营者进入行业面临的主要壁垒。世界各地的行业监管差异很大。① 关于披露主题与目标详见《行业指南》第332页"服务行业——行业51——赌场和博彩"。

案例编号：IFRS S2-RT-IG-1

Entain PLC

▶ 案例主题：

披露能源使用相关数据

▶ 披露内容：

主题	指标代码	指标	类别	计量单位	2021 年	2022 年	2023 年
能源管理	RT-IG-130a.1	（1）总能耗	定量	千兆焦耳（GJ）；	110509736	125026096	116213551

---

① 赌场和博彩行业的部分主体也从事酒店和住宿或餐饮行业的活动。酒店和住宿以及餐饮行业中概述了此类活动的披露主题。本准则假设赌场和博彩业主体仅从事博彩设施的运营和线上游戏服务的提供。因此，本行业中不涵盖对拥有重大酒店和餐厅业务的主体来说很重要的水资源管理和食品安全等问题。

续表

主题	指标代码	指标	类别	计量单位	2021 年	2022 年	2023 年
能源管理	RT-IG-130a.1	（2）电网电量百分比	定量		—	—	—
	RT-IG-130a.1	（3）可再生能源百分比	定量	百分比（%）	67.4%	66.4%	69.6%

▶ **案例点评：**

Entain 公司明确披露了总能耗和可再生能源百分比各自 2021～2023 年的数据，并未披露电网电量百分比的各年数据。该披露部分基本符合 RT-IG-130a.1 的披露要求，需进一步披露电网电量百分比的相关数据。

▶ **案例来源：**

《Entain PLC 2023-2024ESG 报告》P37，https：//www.entaingroup.com/media/ss0ige53/entain-esg-report-2023-final.pdf.

7.9.2　酒店和住宿典型企业可持续信息披露

酒店和住宿行业的主体提供过夜住宿，包括酒店、汽车旅馆和旅馆。该行业竞争激烈，主要由大型连锁酒店组成。客户的选择基于各类因素，包括服务的质量和一致性、位置的合适性、价格以及忠诚计划的优惠。主体收入通常由以下一种或多种方式构成：来自酒店服务的直接收入（包括房间租赁和餐饮销售），来自物业管理和特许经营服务的费用收入，以及通过出售住宅单元的度假住宅所有权的收入。[①] 关于披露主题与目标详见《行业指南》第

[①]　酒店和住宿行业的部分主体也从事餐饮行业的活动。本标准假设酒店和住宿公司不提供食品和饮料服务，因此，本行业中不涵盖对提供食品和饮料的公司来说很重要的食品安全、浪费和采购等问题的披露。

334 页"服务行业——行业 52——酒店和住宿"。

案例编号：IFRS S2-SV-HL-1

温德姆酒店集团

▶ 案例主题：

披露能源使用相关数据

▶ 披露内容：

主题	指标代码	指标	披露数据
能源管理	SV-HL-130a.1	（1）总能耗；（2）电网电量百分比；（3）可再生能源百分比	2023 年，总能耗为 314996 千瓦时。55% 的能耗来自电网电力，2.1% 的能耗来自可再生能源
水资源管理	SV-HL-140a.1	（1）取水总量；（2）用水总量；以及基准用水压力高或极高的地区二者各占的百分比	2023 年，39% 的总取水量来自位于高或极高基线水资源压力区域的自有或管理设施
适应气候变化	SV-HL-450a.1	位于百年一遇洪泛区的住宿设施数量	大约 13% 的温德姆品牌酒店至少面临较高的河流洪水风险，而不到 5% 的酒店至少面临较高的沿海洪水风险

▶ 案例点评：

温德姆酒店集团明确披露了总能耗、电网电量百分比和可再生能源百分比的数据。同时，聚焦于环境领域，提出 2025 年绩效目标，其中指出公司总部和北美办事处 100% 使用可再生能源，2023 年已达到了 71% 的覆盖率。该披露部分符合 SV-HL-130a.1 的披露要求。

温德姆酒店集团明确披露了基准用水压力高或极高的地区二者所占的百分比，但并未披露取水总量的相关数据。该披露部分不符合 SV-HL-130a.1 的披露要求，还需进一步披露取水总量。

温德姆酒店集团披露了面临较高的河流洪水风险和较高的沿海洪水风险的酒店的百分比，但并未披露位于百年一遇洪泛区的住宿设施具体数量。该披露部分不符合 SV-HL-450a.1 的披露要求，还需进一步披露具体的住宿设施数量。

▶ **案例来源：**

《温德姆酒店集团 2024 年 ESG 报告》P62，https：//d1io3yog0oux5.cloudfront.net/_c13a1c70bed05f262df88f7d10d37066/wyndhamhotels/db/2300/20907/document/2024+ESG+Report+06042024+FINAL.pdf.

7.9.3　休闲设施典型企业可持续信息披露

休闲设施行业主体经营娱乐、旅游和游乐设施及服务。该行业的主体经营游乐园、电影院、滑雪场、体育场馆和体育俱乐部等场所。休闲设施主体主要通过每年向各地数百万顾客和客户提供现场、数字或交互式娱乐产生收益。关于披露主题与目标详见《行业指南》第 338 页"服务行业——行业 53——休闲设施"。

案例编号：IFRS S2-SV-LF-1

希界维

▶ **案例主题：**

披露能源使用相关数据

▶ **披露内容：**

主题	指标	类别	计量单位	代码	2021 年	2022 年	2023 年
能源管理	（1）总能耗	定量	TJ	SV-LF-130a.1	1719.3	2004.4	1963.1
	（2）电网电量百分比	定量	百分比（%）	SV-LF-130a.1	86.5	86.8	87.4
	（3）可再生能源百分比	定量	百分比（%）	SV-LF-130a.1	5.1	4.1	4.5

▶ **案例点评：**

希界维明确披露了总能耗、电网电量百分比和可再生能源百分比2021年至2023年的数据。该披露部分符合 SV-LF-130a.1 的披露要求。

▶ **案例来源：**

《希界维 2023 年 ESG 报告》P103，https：//img.cgv.co.kr/company/sustainabilityStrategy/Report/2023/2023_CJCGV_SUSTAINABILITY_REPORT_kor.pdf.

▶◀7.10   技术和通信行业

7.10.1   电子制造服务和原创设计制造典型企业可持续信息披露

电子制造服务（EMS）和原创设计制造（ODM）行业由两大部分组成。电子制造服务（EMS）主体为原始设备制造商提供组装、物流和售后服务。原创设计制造（ODM）主体则为原始设备制造商提供工程和设计服务，并可能拥有重要的知识产权。虽然电子制造服务（EMS）和原创设计制造（ODM）主体为不同行业生产设备，但该行业与硬件行业密切相关。而硬件行业由为个人消费者和企业设计科技硬件产品（如个人电脑、消费电子产品和存储设备）的主体组成。关于披露主题与目标详见《行业指南》第 340 页"技术和通讯行业——行业 54——电子制造服务和原创设计制造"。

案例编号：IFRS S2-TC-ES-1

华立企业股份有限公司

案例主题：

披露水资源管理相关数据

▶ **披露内容：**

主题	指标代码	指标	披露数据
水资源管理	TC-ES-140a.1	自用水压力高或极高的地区：（1）总取水量占比；（2）总用水量占比	台湾地区水资源属于低风险区，本公司亦无在高风险地区取水。来自各个高或极高水资源压力地区的总取水量与总用水量占比：总取水量占比：0。总用水量占比：0
产品生命周期管理	TC-ES-410a.1	回收的报废产品和电子垃圾的重量；循环利用百分比	由于华立属于通路服务业，因产业特性不涉及产品生命周期结束与电子废弃物还原等问题

▶ **案例点评：**

　　华立企业股份有限公司明确披露了来自自用水压力高或极高的地区占总取水量的占比，并给出了背后的原因。该披露部分符合 TC-ES-140a.1 的披露要求。

　　华立企业股份有限公司未披露回收的报废产品和电子垃圾的重量和循环利用百分比。由于华立属于通路服务业，因产业特性不涉及产品生命周

期结束与电子废弃物还原等问题，因此无相关数据。该披露部分不符合
TC-ES-410a.1 的披露要求。

▶ 案例来源：

《华立企业股份有限公司 2023 年 ESG 报告》P94，https：//esg.wahlee.
com/data/2023%E8%8F%AF%E7%AB%8B%E6%B0%B8%E7%BA%8C%E5
%A0%B1%E5%91%8A%E6%9B%B8.pdf.

7.10.2 硬件典型企业可持续信息披露

硬件行业主体设计和销售科技硬件产品，包括计算机、消费电子产品、
通信设备、存储设备、组件和周边设备。行业内很多主体严重依赖电子制造
服务和原始设计制造（EMS&ODM）行业的制造服务。随着技术使用的快速
增加，尤其在新兴市场消费者中的增加，行业预期将持续增长。[①]关于披露
主题与目标详见《行业指南》第 343 页"技术和通讯行业——行业 55——
硬件"。

---

① 从事软件和信息技术服务行业（TC-SI）、互联网媒体和服务（TC-IM）行业或电子制
造服务和原始设计制造行业（TC-ES）活动的主体，应考虑这些行业的披露主题和指标。

案例编号：IFRS S2-TC-HW-1

智邦科技股份有限公司

▶ 案例主题：

披露产品循环利用情况

▶ 披露内容：

定量指标：

主题	指标代码	指标	披露数据
产品生命周期管理	TC-HW-410a.1	含有 IEC 62474 申报物质的产品占收入的百分比	集团审查国内和国际限制性有害物质法规，并更新有害物质管理指南，将 IEC 62474 材料声明中涉及的化学品纳入其中，符合所有的既定标准
	TC-HW-410a.2	符合电子产品环境评估工具（EPEAT）注册要求或等效标准的合格产品占收入的百分比	不适用
	TC-HW-410a.3	通过能效认证的合格产品占收入的百分比	不适用
	TC-HW-410a.4	回收的报废产品和电子垃圾的重量；循环利用百分比	重量：33.7496 公吨。回收百分比：100%。由于会计集团在企业对企业（B2B）领域运营，披露内容涵盖制造阶段废弃产品和电子废弃物的重量

▶ 案例点评：

　　智邦科技股份有限公司明确披露了回收的报废产品和电子垃圾的重量和循环利用百分比，通过定性描述含有 IEC 62474 申报物质的产品占收入的百分比指标，只说明所有设定的标准均已满足。该披露部分符合 TC-HW-410a.4 的披露要求，基本符合 TC-HW-410a.1 的披露要求，还需进一步披露含有 IEC 62474 申报物质的产品占收入的百分比，而非笼统说明。由于 TC-HW-410a.2 和 TC-HW-410a.3 的指标并不适用于智邦科技股份有限公司，因此无相关披露。

▶ 案例来源：

　　《智邦科技股份有限公司 2023 年 ESG 报告》P156，https：//www.accton.com/wp-content/uploads/2024/07/Accton-2023ESG-EN_resize.pdf.

7.10.3　互联网媒体与服务典型企业可持续信息披露

　　互联网媒体与服务行业由两个分部组成：互联网媒体分部的主体提供搜索引擎和互联网广告渠道、网络游戏和网络社区（如社交网络）的公司，以及通常易于搜索的内容（如教育、医疗、健康、体育或新闻内容）；基于互联网的服务分部的主体主要通过互联网进行销售服务。该行业的收入主要来自网络广告（通常针对免费内容），其他收入来源包括订阅费用、内容销售或向第三方出售用户信息。关于披露主题与目标详见《行业指南》第 347 页"技术和通讯行业——行业 56——互联网媒体与服务"。

案例编号：IFRS S2-TC-IM-1

奈飞公司

▶ 案例主题：

披露硬件基础设施的环境足迹

▶ 披露内容：

主题	指标代码	指标	类别	计量单位	2020年	2021年	2022年	2023年
硬件基础设施的环境足迹	TC-IM-130a.1	（1）总能耗；（2）电网电量百分比；（3）可再生能源百分比	定量	兆瓦时；百分比（%）	29196；100%；100%	33407；100%；100%	36110；100%；100%	41827；100%；100%
	TC-IM-130a.2	（1）取水总量；（2）用水总量；以及基准用水压力高或极高的地区两者各占的百分比	定量	千立方米（m³）；百分比（%）	—	—	—	—
	TC-IM-130a.3	将环境因素纳入数据中心需求的战略规划的讨论	讨论与分析	—	到2030年，将排放量减少大约一半；从2022年起，通过投资经过验证的自然气候解决方案和超级污染物（例如甲烷）的销毁，抵消剩余的排放，以支持全球实现净零排放目标；2030年之后，Netflix将继续根据最新的气候科学减少排放，直至全球实现净零排放			

▶▶ 案例点评：

奈飞公司明确披露了硬件基础设施用电能耗 2020～2023 年的相关数据，但由于奈飞公司并不适用于 TC-IM-130a.2，因此无取水量的相关披露。奈飞公司明确披露了对于排放量 2030 年目标，以支持全球净零排放目标。该披露部分符合 TC-IM-130a.1 的披露要求，基本符合 TC-IM-130a.3 的披露要求，但并不符合 TC-IM-130a.2 的披露要求。

▶▶ 案例来源：

《奈飞公司 2023 年 ESG 报告》P73，https：//downloads.ctfassets.net/4cd45et68cgf/3d5LVB3LXMEoGnpjM2hiRd/00c337eb6db6726b57e3b4dd400ce574/2023-Netflix-Environmental-Social-Governance-Report.pdf.

7.10.4　半导体典型企业可持续信息披露

半导体行业主体设计或制造半导体器件、集成电路、相关原材料和部件或资本设备。行业内的一些主体为半导体器件设计公司提供外包制造、组装或其他服务。关于披露主题与目标详见《行业指南》第 351 页"技术和通信行业——行业 56——半导体"。

案例编号：IFRS S2-TC-SC-1

应用材料公司

▶ **案例主题：**

披露范围1温室气体排放长短期
策略与计划对实现碳中和的影响

▶ **披露内容：**

主题	指标代码	指标	类别	计量单位	2019年	2020年	2021年	2022年	2023年
温室气体排放	TC-5C-110a.1	全球范围1排放总量	定量	公吨CO2e	35225	36678	42396	48633	49053
		来自全氟化合物的总排放量	定量	公吨CO2e	9428	10421	14436	20148	18986
	TC-5C-110a.2	关于管理范围1排放的长期和短期战略或计划、减排目标的讨论，以及这些目标的绩效分析	讨论与分析		（1）减排目标：到2030财年，将范围1和2的温室气体排放量比2019财年基准年减少50%，并实现100%的可再生电力采购。（2）长期战略＆短期行动：2023财年成立了跨职能的内部工作组，专注于提高运营效率和减少范围1足迹，并通过行业团体如SCC和imec合作，分享减少半导体价值链中范围1温室气体排放的最佳实践。（3）绩效分析：2023年，公司能源总使用量同比增长4%，但温室气体强度同比下降7%，通过实施能源效率项目，节省了超过570万千瓦时的电力，避免了超过1,203公吨的二氧化碳排放。通过全球范围内使用LED灯优化照明系统，节省了270万千瓦时的电力和约604公吨的二氧化碳排放量

续表

主题	指标代码	指标	类别	计量单位	2019年	2020年	2021年	2022年	2023年
制造业能源管理	TC-SC-130a.1	总能耗	定量	兆瓦时	527125	525292	560776	597500	623693
		电网电量百分比	定量	百分比（%）	75	76	75	77	78
		可再生能源百分比	定量	百分比（%）	29	29	40	53	55
水资源管理	TC-SC-140a.1	取水总量	定量	立方米（m³）	2016000	2104000	2249000	2359000	2079000
		高或极高基线水资源压力区域的取水百分比	定量	百分比（%）	13	12	12	13	13
		总用水量	定量	升（L）	404000	418000	424000	443000	494000
		高或极高基线水资源压力区域的用水量百分比	定量	百分比（%）	13	17	11	13	12
产品生命周期管理	TC-SC-410a.1	含有 IEC 62474 可申报物质的产品百分比	定量	—	不适用	不适用	不适用	不适用	不适用
	TC-SC-410a.2	系统级处理器能效：（1）服务器；（2）台式机；（3）笔记本电脑	定量	—	不适用	不适用	不适用	不适用	不适用

▶ 案例点评：

应用材料公司明确披露了全球范围1排放总量以及来自全氟化合物的总排放量2019～2023年的数据。明确披露了关于管理范围1排放的长期和短期战略或计划、减排目标的讨论，以及这些目标的绩效分析。该披露部分符合TC-SC-110a.1和TC-SC-110a.2的披露要求。

应用材料公司明确披露了总能耗、电网电量百分比和可再生能源百分比2019年至2023年的数据。该披露部分符合TC-SC-130a.1的披露要求。

应用材料公司明确披露了取水总量、高或极高基线水资源压力区域的取水百分比、总用水量和高或极高基线水资源压力区域的用水量百分比2019年至2023年的数据。该披露部分符合TC-5C-140a.1的披露要求。

应用材料公司并不适用TC-SC-410a.1和TC-SC-410a.2指标，因此没有相关信息披露。该披露部分不符合TC-SC-410a.1和TC-SC-410a.2的披露要求。

▶ 案例来源：

《应用材料公司2023年ESG报告》P104，https：//www.appliedmaterials.com/content/dam/site/company/csr/doc/2023_Sustainability_F.pdf.coredownload.inline.pdf.

7.10.5 软件和信息技术服务典型企业可持续信息披露

软件和信息技术（IT）服务行业在全球范围内为零售、企业和政府客户提供产品和服务。该行业包含开发和销售应用程序软件、基础设施软件和中间件的主体。软件和IT服务行业一般来说具有竞争力，但在某些分部中的个别主体占据主导地位。虽然相对不成熟，但该行业中多为快速成长型公司，这些主体非常重视创新，并依赖于人力和知识资本。该行业还包含提供专业IT 职能（如咨询和外包服务）的 IT 服务主体。新的行业业务模式包括云计算、软件即服务、虚拟化、机器对机器通信、大数据分析和机器学习。另外，品牌价值对业内主体扩大规模和实现网络效应也很关键，网络效应下特定软件产品的广泛采用会带动销售额的自我延续增长。关于披露主题与目标详见《行业指南》第 358 页"技术和通讯行业——行业 58——软件和信息技术服务"。

案例编号：IFRS S2-TC-SI-1

天睿公司

▶ **案例主题：**

披露硬件基础设施的用电量和取水量相关信息

▶ **披露内容：**

主题	指标代码	指标	类别	计量单位	内容
硬件基础设施的环境足迹	TC-SI-130a.1	（1）总能耗； （2）电网电量百分比； （3）可再生能源百分比	定量	千焦耳（GU）；百分比（%）	106329；100%；69.6%
	TC-SI-130a.2	（1）取水总量； （2）用水总量； （3）基准用水压力高或极高的地区两者各占的百分比	定量	千立方米（m³）；百分比（%）	30.0；85%； 主要用水位于美国加州圣地亚哥的校园。根据世界资源研究所（WRI）的评估，该地区属于"极高"水风险

续表

主题	指标代码	指标	类别	计量单位	内容
硬件基础设施的环境足迹	TC-SI-130a.3	将环境因素纳入数据中心需求的战略规划的讨论	讨论与分析	—	天睿公司通过提高软件和数据实验室的效率，在提升性能的同时减少环境影响。公司推出了云数据平台（Vantage Cloud），以预测工作负载配置优化电力消耗，并通过数据中心整合和现代化项目降低电力使用和物理占地面积。此外，公司推出了碳足迹分析解决方案加速器，整合环境数据、公司数据和地理空间数据，提供模拟、高级分析和报告，以揭示强大的排放洞察，支持通信、金融服务、零售、旅行和酒店业等行业
管理来自技术中断的系统性风险	TC-SI-550a.1	（1）性能问题；（2）服务中断的数量；（3）客户停机总时长	定量	数量，天数	没有特别披露 TC-SI-550a.1。这类信息是按客户讨论的，或者作为定期云客户咨询委员会的一部分
	TC-SI-550a.2	关于与运营中断相关的业务连续性风险的描述	讨论与分析	—	天睿公司业务连续性风险主要涉及云端优先战略执行不力，可能损害其竞争地位、品牌声誉及财务健康。在业务转型过程中，组织和基础设施挑战可能导致无法及时实现预期效益。向云服务迁移和产品升级可能遭遇成本或时间上的意外，且新云产品成功推广和市场接受度存在不确定性。客户需求的快速变化和市场竞争也对公司的创新能力和产品更新速度提出更高要求

▶ **案例点评：**

　　天睿公司明确披露了硬件基础设施总能耗和取水量相关数据。但基准用水压力高或极高的地区两者各占的百分比并没有明确被披露出来，而只笼统地指出了主要用水地区属于"极高"水风险地区。天睿公司明确指出了将环境因素纳入数据中心需求的战略规划。该披露部分符合 TC-SI-130a.1 和 TC-SI-130a.3 的披露要求，基本符合 TC-SI-130a.2 的披露要求，还需明确基准用水压力高或极高的地区两者各占的百分比。

天睿公司没有特别披露性能问题、服务中断的数量和客户停机总时长的相关数据。这类信息是按客户讨论的，或者作为定期云客户咨询委员会的一部分。天睿公司通过 ESG 报告指出了 2023 年年报中披露了相关信息，详细讨论了关于与运营中断相关的业务连续性风险的描述。该披露部分符合 TC-SI-550a.2 的披露要求，但不符合 TC-SI-550a.1 的披露要求。

▶ *案例来源*：

《天睿公司 2023 年 ESG 报告》P134，https：//www.teradata.com/getattachment/3ed34e49-b27b-487f-9d65-cbab343eba56/esg-2023_compressed.pdf?lang=en-us.

7.10.6　通信服务典型企业可持续信息披露

通信服务行业的主体提供从无线和有线通信到有线电视和卫星电视服务的一系列服务。无线服务部门通过基于无线电的蜂窝网络提供直接通信渠道，并且运营和维护相关交换和传输设施。有线服务部门通过公共交换电话网络提供本地和长途语音通信。随着光纤网络的不断扩大，有线服务部门还提供互联网协议语音（VoIP）电话、电视和宽带互联网服务。有线电视提供商通过有线电视网络将电视节目传送给用户，通常还提供视频服务、高速互联网服务和互联网协议语音（VoIP）服务。传统来说，这些服务被作为套餐提供给用户，用户无须分别支付。卫星电视主体通过绕地广播卫星或地面站传送电视节目。虽然一些主体在多个国家 / 地区开展业务，但大多数主体主要服务其国内市场。关于披露主题与目标详见《行业指南》第 363 页 "技术和通讯行业——行业 59——通信服务"。

案例编号：IFRS S2-TC-TL-1

英国电信集团

▶ **案例主题：**

披露运营环境足迹相关内容

▶ **披露内容：**

主题	指标代码	指标	内容	类别	计量单位
运营环境足迹	TC-TL-130a.1	（1）总能耗	2563GWh	定量	千兆瓦时（GWh），百分比（%）
		（2）电网电量占总能耗的百分比	94.5%		
		（3）可再生电力占总能耗的百分比	94.5%		
管理技术中断引起的系统风险	TC-TL-550a.1	（1）系统平均中断持续时间	未提及	定量	分钟，次数
		（2）系统平均中断频率	报告表明此项未报告		
		（3）用户平均中断时间	报告表明此项未报告		
	TC-TL-550a.2	对服务中断期间持续提供服务的系统的讨论	英国电信集团指出"运营弹性"和"客户、品牌和产品"是其两个主要风险类别，描述了如何在AR中管理这些风险的一般方法	定性	—

▶ **案例点评：**

英国电信集团（BT Group PLC）在可持续信息披露方面，针对其运营环境足迹相关内容，提供了三个关键定量指标的数据。这些指标包括总能耗为 2，563GWh，电网电量占总能耗的百分比为 94.5%，以及可再生电力占总能耗的百分比同样为 94.5% 从披露的内容来看，英国电信集团遵循了可持续信息披露的原则，提供了具体、可量化的环境绩效指标。这些指标有助于投资者、监管机构及公众了解公司在能源消耗和可再生能源利用方面的实际情况。鼓励公司继续加强在可再生能源领域的投入，降低对化石能源的依赖，为实现碳中和目标贡献力量。

英国电信集团在披露管理技术中断引起的系统风险方面，详细列出了定量与定性指标，尽管在具体数值上如系统平均中断持续时间和平均中断频率未直接提供数据，而用户平均中断时间也显示为未报告，但这体现了公司对透明度的重视和对风险管理的系统性考量。公司通过提及"运营弹性"和"客户、品牌和产品"两大风险类别，并分享了在 AR 中管理这些风险的一般方法，进一步展现了其在应对技术中断和系统风险方面的策略布局。总体而言，此案例展示了英国电信集团在风险管理上的专业性和前瞻性，但在具体数据的披露上仍有提升空间，以便外界更全面地评估其系统稳定性和应急响应能力。未来，公司可继续优化信息披露流程，增加数据的详尽度和及时性，进一步增强投资者和公众的信心。

▶ 案例来源：

《英国电信集团 2024 年 ESG 报告》P22, https://www.bt.com/bt-plc/assets/documents/digital-impact-and-sustainability/our-report/report-archive/2024/2024-bt-group-esg-addendum.pdf.

▶ 7.11 交通运输业

7.11.1 空运和物流典型企业可持续信息披露

空运和物流主体为企业和个人提供货运服务和运输物流服务。该行业主要有三个细分部门：航空货运、邮政和快递服务以及运输物流服务。该行业主体的收入来源于一个或多个细分市场，且主体分为轻资产型和重资产型。运输物流服务包括与公路、铁路、海运和空运主体签订合同，选用合适的运输方式。服务还可能包括报关代理、分销管理、供应商整合、货物保险、采购订单管理和定制的物流信息。该行业是全球贸易的关键，因此行业需求具有一定程度的稳定性。关于披露主题与目标详见《行业指南》第 368 页 "技术和通讯行业——行业 60——空运和物流"。

案例编号：IFRS S2-TR-AF-1

特格玛物流管理公司

▶ 案例主题：

披露温室气体排放相关内容

▶ 披露内容：

主题	指标代码	指标	内容	类别	计量单位
温室气体排放	TR-AF-110a.1	全球范围—排放总量	2.25600（2021年） 2.02048（2022年） 1.88493（2023年）	定量	吨（t）二氧化碳当量

续表

主题	指标代码	指标	内容	类别	计量单位
温室气体排放	TR-AF-110a.2	关于管理范围—排放的长期和短期策略或计划、减排目标的讨论，以及这些目标的绩效分析	—	讨论和分析	—
	TR-AF-110a.3	（1）公路运输消耗的燃料，其中①天然气和②可再生能源的百分比； （2）航空运输消耗的燃料，其中①替代能源和②可持续能源的百分比	（1）总燃料消耗： 19.721（2021年） 28.409（2022年） 25.548（2023年） （2）天然气百分比： N/A（2021~2023年） （3）可再生能源百分比： 0（2021年） 50%（2022年） 20%（2023年） 其余报告未提及	定量	千兆焦耳（GJ），百分比（%）
供应链管理	TR-AF-430a.2	所有运输模式的温室气体（GHG）排放足迹	报告未提及	定量	吨（t）二氧化碳当量每吨公里

▶ 案例点评：

特格玛物流管理公司在其报告中，详细披露了温室气体排放的相关内容，展现了公司对环境保护的责任感和透明度。通过具体的数据，如全球范围内的排放量逐年减少，以及总燃料消耗的变化，公司清晰地展示了其在减少碳排放方面的努力和成效。同时，公司还提及了天然气和可再生能源的使用情况，以及航空和公路运输等环节的燃料消耗，这为投资者和利益相关者提供了全面的视角来评估公司的环境绩效。从披露的内容来看，特格玛物流管理公司符合了相关的会计准则要求，在排放管理方面有着清晰的长期和短期策略或计划，以及明确的减排目标。公司不仅关注于直接的排放源，还致力于优化整个燃料生产链的排放情况，这体现了公司在应对气候变化方面的前瞻性和系统性。尽管公司在温室气体排放的披露上取

得了一定的成绩，但仍有一些可以改进的空间，包括不同排放源的详细数据，以便外界更准确地评估其环境影响。

特格玛物流管理公司在"供应链管理"部分存在信息缺失的问题，这进一步削弱了报告的说服力和透明度。为了提升报告的完整性和可信度，公司应确保所有相关信息的准确、全面和及时披露。同时，也可以考虑在报告中增加更多关于供应链管理策略、目标及实施情况的定性描述，以更好地展现公司在可持续发展方面的努力和成效。案例来源部分提供的链接为利益相关者提供了进一步了解公司情况的途径，但公司仍需努力提升报告的整体质量和价值。

▶ 案例来源：

《特格玛物流管理公司 2023 年度整合报告》P105，https://api.mziq.com/mzfilemanager/v2/d/280684e0-28e0-4165-99c5-8a10de86a40c/1a807252-29a4-27c9-31b2-c326e1ef570d?origin=2.

7.11.2　航空典型企业可持续信息披露

航空业主体为休闲和商务旅行的全球乘客提供航空运输服务，包括全方位商业服务航空主体、廉价航空主体和区域性航空主体。全方位商业服务航空主体通常使用轴辐式模型设计国内和国际航线。廉价航空主体通常为其客户提供较少数量的航线以及满足基本需求的服务。区域性航空主体通常与提供全方位服务的航空主体签订合同，从而扩大大型航空主体的网络。许多航空主体在其运营中包含货运业务，从中获得额外收入。航空业主体建立合作伙伴关系或加入联盟以扩大网络规模是很常见的现象。成为联盟中的一分子后，航空主体可以通过一张机票为客户提供涉及超过一家航空主体的国际行程或航班不足的行程。同时，航空主体无须在本国以外运营，即可分担出一些间接成本并提高其在全球市场的竞争地位。关于披露主题与目标详见《行业指南》第 374 页 "技术和通讯行业——行业 61——航空"。

案例编号：IFRS S2-TR-AL-1

瑞安航空控股有限公司

▶ **案例主题：**

披露温室气体排放相关内容

▶ **披露内容：**

主题	指标代码	指标	内容	类别	计量单位
温室气体排放	TR-AL-110a.1	全球范围一排放总量	54.4	定量	百万吨二氧化碳当量
	TR-AF-110a.2	关于管理范围一排放的长期和短期策略或计划、减排目标的讨论，以及这些目标的绩效分析	瑞安航空的气候转型计划旨在平衡出行需求与减碳目标，确保在 1.5°C 温控路径下实现可持续发展。长期策略聚焦于 2050 年净零排放目标，其中可持续航空燃料（SAF）被视为关键减排手段，预计贡献 34% 的减排量。为实现这一目标，瑞安航空正积极在欧洲推广 SAF 使用，已签署协议确保 2030 年前关键地点 SAF 供应量达 775000 吨，覆盖约 80% 的短期目标。短期计划则侧重于克服 SAF 生产障碍，探索包括醇制喷气燃料及电力制液态气体在内的多种生产路径。绩效分析显示，瑞安航空正稳步推进 SAF 应用，但实现大规模生产和全面减碳仍需克服挑战	讨论和分析	—

续表

主题	指标代码	指标	内容	类别	计量单位
温室气体排放	TR-AL-110a.3	总燃料消耗	5682	定量	百万美式加仑（USG）

▶ 案例点评：

　　瑞安航空在可持续信息披露领域同样表现出色，尤其在温室气体排放方面，提供了详尽的定量与定性分析。其报告中清晰列出了全球范围1排放总量、总燃料消耗量以及温室气体排放的具体数据，为投资者和公众描绘了一幅直观的排放全景图。公司不仅展示了这些数据，还积极采取了多项减排举措，如引进高效节能的飞机、推行先进的节油技术，以及实施机队现代化计划，这些努力均在报告中得到了详尽的体现。在定性披露方面，瑞安航空深入探讨了管理范围排放的长期与短期策略，明确了减排目标，并对这些目标的实施效果进行了深入分析。这不仅展现了公司在应对气候变化方面的深思熟虑与前瞻视野，也反映了其通过实际行动践行承诺的决心。此外，公司还详细列举了已实施的环保节能项目及其预期的减排成效，进一步彰显了瑞安航空在可持续发展道路上的坚定步伐与显著成果。总体而言，瑞安航空按照披露准则，全面、准确地公开了可持续发展信息中的定性和定量内容，但是缺少对替代燃料百分比和可持续燃料百分比的定量披露，既符合准则要求，又便于公众理解，展现了其作为负责任企业的良好形象。

▶ 案例来源：

　　《瑞安航空2024年可持续发展报告》P38，https://corporate.ryanair.com/wp-content/uploads/2024/06/Ryanair-2024-Sustainability-Report.pdf。

7.11.3　汽车零部件典型企业可持续信息披露

汽车零部件行业的主体向原始设备制造商（OEM）供应汽车零部件和配件。该行业企业通常从事某些零部件或配件的制造和组装，如发动机排气系统、替代传动系统、混合动力系统、催化转换器、铝制车轮（轮辋）、轮胎、后视镜以及车载电气和电子设备。虽然较大的汽车行业涵盖提供用于组装汽车的配件和原材料的多个级别的供应商，但这些汽车零部件行业的披露仅涵盖直接向原始设备制造商（OEMs）供应配件的一级供应商。该行业不包括由原始设备制造商拥有和运营的专属供应商，如发动机和冲压设施，也不包括为汽车零部件行业提供投入的二级供应商。关于披露主题与目标见《行业指南》第 378 页"交通运输业——行业 62——汽车零部件"。

案例编号：IFRS S2-TR-AP-1

德昌电机控股

▶ 案例主题：

披露能源管理相关内容

▶ 披露内容：

主题	指标代码	指标	披露数据
能源管理	TR-AP-130a.1	（1）总能耗（GJ）	2626427（FY20/21） 2849356（FY21/22） 2962152（FY22/23） 3085604（FY23/24）

续表

主题	指标代码	指标	披露数据
能源管理	TR-AP-130a.1	（2）电网电量占总能耗的百分比 %	n/a（FY20/21） n/a（FY21/22） 83.2（FY22/23） 82.1（FY23/24）
		（3）可再生电力占总能耗的百分比 %	n/a（FY20/21） 6.3（FY21/22） 21.6（FY22/23） 43.9（FY23/24）
燃料效率设计	TR-AP-410a.1	来自旨在提高燃料效率或减少排放的产品的收入	n/a（FY20/21） n/a（FY21/22） 1645（FY22/23） 1820（FY23/24）

▶ **案例点评：**

德昌电机控股在其案例报告中，围绕披露能源管理相关内容进行了详细的数据展示。通过定量指标，公司清晰地列出了过去四个财年的总能耗、电网电量占总能耗的百分比以及可再生电力占总能耗的百分比。这些数据不仅反映了公司能源使用的实际情况，还揭示了公司在可再生能源利用方面的增长趋势。从披露内容来看，公司遵循了相关的会计准则和可持续发展标准，确保了信息的准确性和可比性。同时，公司也注意到了数据收集的局限性，如德国茨维考的运营点因相关数据不可用而未纳入环境数据中，但这仅占公司总数据的不到0.1%，对整体分析影响有限。

德昌电机控股深入披露了关于燃料效率设计的相关信息。公司通过具体的数据展示了其在提升燃料效率或减少排放方面的努力，这体现了公司对可持续发展的承诺。披露内容中，明确列出了两个关键指标代码及其对应的指标值，这些数据不仅为投资者提供了公司在环保方面的具体表现，也展示了公司未来的发展趋势。披露的标准来看，公司遵循了相关的会计准则和可持续发展报告要求，提供了清晰、可量化的指标，有助于外界全面了解公司的环保策略和成果。然而，值得注意的是，对于 FY20/21 和 FY21/22 的数据，报告中显示为"n/a"，这可能意味着这些年份的数据尚未收集或不适合披露。为了进一步提升透明度和可比性，公司可以考虑在未来的报告中补充这部分信息。

▶ **案例来源：**

《德昌电机控股 2024 年 ESG 报告》P72，https：//www.johnsonelectric.com/pub/media/wysiwyg/je/je_pdf/20240611_E_JE_SR_2024_HKEX.pdf.

7.11.4　汽车典型企业可持续信息披露

汽车行业的主体主要是乘用车、轻型卡车和摩托车。该行业企业设计、制造多种传统及替代燃料和动力系统的车辆，并将这些车辆出售给经销商进行零售，或者出售给经营车队的客户，如汽车租赁主体、商业车队和政府。鉴于汽车行业的全球性特征，几乎所有企业在全球多个国家都设有生产设施、装配厂和服务站点。汽车行业集中度高，有若干大型制造商和多样化供应链。但是由于该行业对自然资源的依赖和对商业周期的敏感性，其收入通常具有周期性。关于披露主题与目标详见《行业指南》第 381 页"交通运输业——行业 63——汽车"。

案例编号：IFRS S2-TR-AU-1

现代汽车

▶ 案例主题：

披露燃料经济性和使用阶段排放相关内容

▶ 披露内容：

主题	指标代码	指标	披露数据				
燃料经济性和使用阶段排放	TR-AU-410a.1	按地区划分的销量加权平均客运车燃料经济性	地区	2020年	2021年	2022年	2023年
			欧盟	266、94.7	267、107.1	268、106.0	106.9
			中国	5.61	6.15	6.28	6.19
			美国	29.4	30.9	36.1	35.3
	TR-AU-410a.2	（1）零排放车辆（ZEV）	269				
		（2）混合动力车辆	422				
		（3）插电式混合动力车辆	5				
燃料经济性和使用阶段排放	TR-AU-410a.3	关于管理车队燃料经济性和排放风险与机遇的策略的讨论	扩大电动汽车的销售，推动提高内燃机的燃油效率。				

▶ 案例点评：

现代汽车（Hyundai Motor Co）在可持续信息披露方面展现出了对燃油经济性和使用阶段排放的显著关注，详细披露了相关定量指标，包括按地区划分的销量加权平均客运量及不同车辆类型的零排放能力，这些具体数据（如欧盟销量加权平均客运量为 106.9，中国为 6.19 等）为评估公司的环境绩效提供了坚实基础。同时，公司在定性指标方面也进行了披露，尽管关于管理车队燃料经济性和排放风险与机遇的策略讨论相对较少，但仍体现出了公司在该领域的初步探索与努力。值得注意的是，现代汽车公司正积极扩大电动汽车的销售，并推动提高内燃机的燃油效率，这些举措表明公司正致力于减少使用阶段排放，推动绿色出行。这种战略方向的转变不仅符合全球可持续发展趋势，也体现了公司对环境保护的责任感和使命感。

▶ 案例来源：

《现代汽车 2024 年可持续发展报告》P114，https：//www.hyundai.com/content/dam/hyundai/kr/ko/images/company-intro/sustain-manage/2024/hmc-sr-en-2024.pdf.

7.11.5　汽车租赁典型企业可持续信息披露

汽车租赁行业的主体是向客户短租或长租乘用车。客户短租汽车的时间通常不足一个月，而长租可能会持续一年或更长时间。该行业包括汽车共享

的商业模式，租金按小时计算，通常包括订阅费。设立在机场外的汽车租赁主体为商务和休闲旅客提供服务，而设立在社区外的汽车租赁主体主要提供修理店租赁和周末租赁。汽车租赁行业属于集中型产业，其中少数市场巨头通过特许经营模式在全球范围内开展业务。如果客户选择搭车或乘坐公共交通工具而不选择租车，那么大城市中公共交通和拼车服务的发展可能会对汽车租赁行业的长期盈利能力造成威胁。关于披露主题与目标详见《行业指南》第384页"交通运输业——行业64——汽车租赁"。

 案例编号：IFRS S2-TR-CR-1

乐天租赁公司

▶ **案例主题：**

披露燃料经济性和使用阶段排放相关内容

▶ **披露内容：**

主题	指标代码	指标	内容					类别	计量单位
车队燃料经济性和利用率	TR-CR-410a.1	按地区划分的、租赁天数加权的租赁车队平均燃料经济性	区分	单位	2021年	2022年	2023年	定量	英里，升/公里，克二氧化碳/公里，公里/升
			拥有的车辆平均燃比（内燃机车）	Km/L	12.6	13.0	13.1		
			拥有的车辆平均油效率（电动车）	Km/kWh	5.6	5.4	5.3		

续表

主题	指标代码	指标	内容	类别	计量单位
车队燃料经济性和利用率	TR-CR-410a.2	车队利用率	81%（2021 年） 81%（2022 年） 77%（2023 年）	定量	比率

▶ 案例点评：

  乐天租赁公司（Lotte Rental Co Ltd）在可持续信息披露方面展现出了对燃料经济性和使用阶段排放的高度重视。公司不仅详细披露了内燃机车和电动车的燃料经济性数据，还提供了车队利用率的年度变化。具体而言，公司拥有车辆的平均燃比达到了 81%（2021 年），显示出在提升车辆能效方面的积极成果。同时，车队利用率在 2022 年保持在 81%，并在 2023 年略有下降至 77%，这反映了公司在车辆管理和运营效率上的持续优化。报告中的定量指标为投资者和利益相关者提供了清晰、可比较的基准，帮助他们评估公司在可持续发展方面的表现。未来，公司可以进一步加强对新技术和新方法的探索与应用，以不断提升燃料经济性和减少排放，为实现可持续发展目标作出更大贡献。

▶ 案例来源：

  《乐天租赁公司 2023 年 ESG 报告》P139，https://www.lotterental.com/homepage/resource/pdf/lotte_rental_Sustainability_Report_2023_Kor.pdf.

7.11.6 邮轮典型企业可持续信息披露

  游轮业主体为乘客提供客运和休闲娱乐服务，包括远洋游轮和河上游轮。为数不多的大型主体在该行业中占据了主导地位。游轮一次可为数千名乘客

提供奢华的度假体验。邮轮业通常是旅游业中发展最快的，但该行业具有很强的周期性。关于披露主题与目标详见《行业指南》第386页"交通运输业——行业65——邮轮"。

案例编号：IFRS S2-TR-CL-1

挪威邮轮控股有限公司

▶ **案例主题：**

披露范围1温室气体排放长短期策略与计划对实现碳中和的影响

▶ **披露内容：**

主题	指标代码	指标	披露内容
温室气体排放	TR-CL-110a.1	全球范围1排放量——以二氧化碳当量吨计算（$MTCO_2e$）	3162836
	TR-CL-110a.2	讨论长期和短期管理范围一排放的战略或计划，排放减少目标，以及对这些目标的绩效分析	公司长期致力于到2050年实现净零温室气体排放。这一雄心勃勃的目标适用于公司的船舶运营，并且重要的是，涵盖了所有三个排放范围，包括公司的供应链、从油井到尾气排放的燃料排放、商务旅行等。公司还设定了短期和近期的温室气体强度减少目标，以指导公司走向净零排放的道路。公司的目标是到2026年将温室气体强度减少10%，到2030年减少25%，以2019年为基准，强度按每容量日计算。目标涵盖了公司船舶、岛屿和设施（范围1和范围2）的排放，以及上游燃料和能源相关活动，包括油井到油罐的排放（部分范围3）。因此，目标将捕捉公司燃料消耗的全部从油井到尾气的排放影响。公司目前预计，由于正在进行和计划中的项目和举措，公司将实

续表

主题	指标代码	指标	披露内容
温室气体排放	TR-CL-110a.2	讨论长期和短期管理范围一排放的战略或计划，排放减少目标，以及对这些目标的绩效分析	现2026年的目标。公司的气候行动战略集中在三个支柱上：效率、创新和合作。公司正在提高整个舰队的效率，为长期解决方案创新，包括支持使用绿色燃料的能力，并在此过程中与公司广泛的利益相关者网络合作
	TR-CL-110a.3	（1）总能耗－千兆焦耳； （2）重油百分比； （3）岸电供应（OPS）百分比； （4）可再生能源百分比	（1）42740313； （2）99.68%； （3）0.03%； （4）0.01%
	TR-CL-110a.4	新船平均能源效率设计指数（EEDI）	只有2012年以后建造的船舶才有EEDI证书，因此，公司舰队中只有六艘船获得了EEDI评级：挪威逍遥号：9301克二氧化碳/吨海里；丽晶七海辉煌号：13.4克二氧化碳/吨海里；挪威初号：8.60克二氧化碳/吨海里；视野号：859克二氧化碳/吨海里；丽晶七海宏伟号：12.6克二氧化碳/吨海里

▶ **案例点评：**

挪威邮轮控股有限公司明确披露了范围1温室气体排放总量，并设定了到2026年和2030年的减排目标，以及2050年实现碳中和的长期愿景。公司披露了提高能源效率和使用绿色燃料的策略，但未提供在限制排放法规下的排放百分比和不同区域及排放源的具体策略。该披露部分符合TR-CL-110a.1的披露要求，基本符合TR-CL-110a.2的披露要求，需进一步披露法规下的排放百分比和区域性减排策略。

▶ **案例来源：**

《2023年航行与可持续报告NCLH》P73，https：//d1io3yog0oux5.cloudfront.net/_9596addb7f788f4cdecc89ce876e98f0/nclhltd/db/1204/11474/file/2023+NCLH+Sail+%26+Sustain+Report+%28ADA%29.pdf.

7.11.7　海运典型企业可持续信息披露

海运业主体提供远洋货运，沿海货运或内河货运服务。该行业对国际贸易具有战略意义，收入同宏观经济周期息息相关。重要经营业务为集装箱货物和散装货物的运输，包括消费品和各种类型的大宗商品，以及通过油轮运输化学品和石油产品。由于业务覆盖全球，航运主体可能在许多不同的国家或地区法律和监管框架下运营。关于披露主题与目标详见《行业指南》第391页"交通运输业——行业 66——海运"。

案例编号：IFRS S2-TR-MT-1

泛洋海运公司

▶ 案例主题：

披露范围 1 温室气体排放长短期策略与计划对实现碳中和的影响

▶ 披露内容：

主题	指标代码	指标	类别	计量单位	披露内容
温室气体排放	TR-MT-110a.1	全球范围 1 总排放量	定量	吨二氧化碳当量	2678713
	TR-MT-110a.2	范围 1 排放量、减排目标、目标对比分析以及管理计划或长期战略和规划讨论	定性	N/A	公司致力于在企业层面应对气候变化，持续识别和评估风险和机遇，并通过气候变化应对治理制定核心战略。在此基础上，公司分析气候变化对航运业的影响，并积极应对

续表

主题	指标代码	指标	类别	计量单位	披露内容
温室气体排放	TR-MT-110a.2	范围1排放量、减排目标、目标对比分析以及管理计划或长期战略和规划讨论	定性	N/A	法律法规变化等宏观环境变化。与此同时，公司不仅通过应对气候变化来管理风险，还在探索各种机遇。积极响应不断变化的市场需求，积极响应绿色船舶技术开发
	TR-MT-110a.3	（1）总能源消耗量；（2）重油比例；（3）可再生能源比例	定量	（1）吨油当量；（2）%；（3）%	（1）857,877吨油当量；（2）47%（401,113吨油当量）；（3）0（未使用可再生能源）
	TR-MT-110a.4	新建船舶能效设计指数（EEDI）	定量	每吨海里二氧化碳克数	未公开

▶ **案例点评：**

　　泛洋海运公司明确披露了范围1温室气体排放总量和总能耗，但未提供可再生能源使用情况和新造船舶的能效设计指数（EEDI）。公司展示了对气候变化的应对策略，但未详细披露减排目标和管理计划。该披露部分符合TR-MT-110a.1的披露要求，但TR-MT-110a.2的披露要求尚未完全满足，需进一步提供减排目标和具体管理措施。

▶ **案例来源：**

　　《2024泛洋海运ESG报告》P112，https：//www.panocean.com/files/kor/%ED%8C%AC%EC%98%A4%EC%85%98%202024%20ESG%20REPORT_%EA%B5%AD%EB%AC%B8.pdf.

7.11.8　铁路运输典型企业可持续信息披露

　　铁路运输行业主体提供铁路货运和支持性服务。重要业务涵盖集装箱货

物和散装货物运输，包括消费品和大宗商品。铁路主体通常拥有自身的铁路网络，并需要对其进行维护和运营，这可能会耗费大量的资本支出。由于网络效应，铁路运输行业展现出了密集型经济的特点，可能形成自然垄断的条件。连同铁路基础设施的大量沉没成本，这为行业中的现有主体提供了竞争优势，也为新主体的进入设置了壁垒。关于披露主题与目标详见《行业指南》第396页"交通运输业——行业67——铁路运输"。

案例编号：IFRS S2-TR-RA-1

CSX 运输公司

 案例主题：

披露燃料经济性和使用阶段排放相关内容

▶ 披露内容：

主题	指标代码	指标	内容	类别	计量单位
温室气体排放	TR-RA-110a.1	全球范围—排放总量	56640128	定量	吨二氧化碳当量
	TR-RA-110a.2	关于管理范围—排放的长期和短期策略或计划、减排目标的讨论，以及这些目标的绩效分析	碳披露项目（CDP）为CSX提供了一个平台，从主要供应商那里收集关键业务气候数据，以更好地识别和应对整个公司供应链的环境风险和机会。通过CDP，CSX和供应商增加了在可持续性计划方面的持续合作，并改进了对可持续性绩效的衡量。提高供应商参与度对	讨论和分析	—

续表

主题	指标代码	指标	内容	类别	计量单位
温室气体排放	TR-RA-110a.2	关于管理范围一排放的长期和短期策略或计划、减排目标的讨论，以及这些目标的绩效分析	CSX 很重要，因为可以帮助其实现基于科学的目标倡议（SBTi）2030 年环境目标的承诺：将温室气体强度降低 37.3%、温室气体范围减少 50%、将垃圾填埋场的废物处理减少 10%	讨论和分析	—
	TR-RA-110a.3	总燃料消耗，可再生百分比	59755335	定量	千兆焦耳（GJ），百分比（%）

▶ **案例点评：**

CSX 公司在可持续信息披露方面展现出了较高的透明度和责任感。通过碳披露项目（CDP），公司成功地从主要供应商处收集了关键业务气候数据，这不仅有助于识别和应对整个供应链中的环境风险和机会，还促进了与供应商在可持续性计划方面的持续合作。在定量指标方面，CSX 详细披露了温室气体排放的总量、总燃料消耗及可再生燃料的百分比，这些数据为评估公司的环境绩效提供了坚实的基础。同时，公司在定性指标上也表现出色，特别是关于管理范围排放的长期和短期策略或计划、减排目标的讨论以及绩效分析，都展现出了公司对可持续发展目标的深刻理解和坚定承诺。原文内容进一步强调了 CSX 在提高供应商参与度、实现基于科学的目标倡议（SBTi）以及 2030 年环境目标方面的努力。公司致力于将温室气体强度降低 37.3%、温室气体范围减少 50% 以及将垃圾填埋场的废物处理减少 10%，这些目标体现了 CSX 在应对气候变化方面的决心和行动。此外，公司还积极将气候变化措施纳入国家政策和战略规划中，并鼓励跨国公司采用可持续的生产和消费模式。

▶ **案例来源：**

《CSX 运输公司 2023 年 ESG 报告》P85，https：//s2.q4cdn.com/859568

992/files/doc_downloads/sustainability/2024/2023-csx-esg-report.pdf.

7.11.9　公路运输典型企业可持续信息披露

公路运输行业主体提供长途和短途货运服务。重要业务涵盖集装箱货物和散装货物运输，包括消费品和一系列大宗商品。通常，公路运输行业可能被分为两种模式：整车运输（运载货物均属于同一客户）和零单运输（运载货物属于多个客户）。由于行业门槛低，个体经营者占据该行业的绝大多数，少数大型运营商通过与主要托运人签订合同维持其市场占有率。大型主体常常把合同分包给个体经营者以补充他们自有的车队。关于披露主题与目标详见《行业指南》第 400 页"交通运输业——行业 68——公路运输"。

案例编号：IFRS S2-TR-RO-1

奥多明尼昂货运公司

▶ 案例主题：

披露温室气体排放相关内容

▶ 披露内容：

主题	指标代码	指标	内容	类别	计量单位
温室气体排放	TR-RO-110a.1	全球范围—排放总量	1268254（2021年） 1318785（2022年） 1198591（2023年）	定量	吨二氧化碳当量
	TR-RO-110a.2	关于管理范围—排放的长期和短期策略或计划、减排目标的讨论，以及这些目标的绩效分析	奥多明尼昂货运公司相关团队依然致力于构建一个更加可持续的供应链体系。为此，奥多明尼昂货运公司将持续与8级拖拉机和发动机制造商保持紧密合作，共同监测和评估下一代拖拉机技术的进展。然而，考虑到当前市场上零排放8级拖拉机技术的局限性，零排放设备的普及与应用仍面临一定挑战。为了推动更广泛的采用，奥多明尼昂货运公司将继续加大对电动拖拉机和叉车的投资与评估力度。正如之前所述，计划在2024年启动对电动直货车的初步测试工作	讨论和分析	—
	TR-RO-110a.3	（1）总燃料消耗	458（2021年） 476（2022年） 435（2023年）	定量	千兆焦耳（GJ），百分比（%）

续表

主题	指标代码	指标	内容	类别	计量单位
温室气体排放	TR-RO-110a.3	（2）天然气百分比	399、0.6%（2021年） 400、0.6%（2022年） 401、0.6%（2023年）	定量	403、千兆焦耳（GJ），百分比（%）
	TR-RO-110a.3	（3）可再生燃料百分比	407、4.6%（2021年） 408、4.6%（2022年） 409、5.2%（2023年）	定量	411、千兆焦耳（GJ），百分比（%）

▶ **案例点评：**

　　奥多明尼昂货运公司在披露温室气体排放方面展现出了较高的透明度。通过详细的定量指标，如全球范围排放总量、总燃料消耗、天然气及可再生燃料百分比等，公司提供了从2021年至2023年的具体数据，这些数据不仅反映了公司当前的排放状况，还揭示了公司在减少温室气体排放方面的努力，如可再生燃料比例的增加。此外，公司在定性指标方面也进行了较为详细的披露，包括管理范围排放的长期和短期策略、减排目标的讨论以及绩效分析，这体现了公司对可持续发展目标的深刻理解和积极行动。原文内容进一步强调了公司致力于构建一个更加可持续的供应链体系，并与拖拉机及发动机制造商紧密合作，共同监测和评估下一代拖拉机技术的进展。尽管当前市场上零排放技术的局限性带来了一定挑战，但公司仍计划加大对电动拖拉机和叉车的投资与评估力度，并计划在2024年启动对电动直货车的初步测试工作。这些举措表明，奥多明尼昂货运公司在应对气候变化、推动绿色转型方面正积极采取行动，并努力在未来实现更加环保和可持续的运营。

▶ **案例来源：**

《奥多明尼昂货运公司 2023 年 ESG 报告》P5，https：//d1io3yog0oux5.
cloudfront.net/_3e04399869b3651b0a9db7528c170fac/odfl/db/515/4165/pdf/OD
FL+2023+ESG+Data+Supplement+Report.pdf.

参考文献

［1］气候相关财务信息披露工作组.气候相关财务信息披露工作组建议［EB/OL］（2017-06）［2024-12-08］. https：//assets.bbhub.io/company/sites/60/2021/11/TCFD-Recommendation-of-the-Task-Force-on-Climate-related-Financial-Disclosures-Simplified-Chinese-Translation.pdf.

［2］殷格非，刘轶芳.ISSB 准则中国应用指南（一）——IFRS S1 准则解读［M］.北京：经济科学出版社，2024.

［3］中国会计准则委员会.国际财务报告可持续披露准则第 1 号——可持续相关财务信息披露一般要求（简体中文版）［EB/OL］（2023-06）［2024-12-08］.中国会计准则委员会，译. https：//www.ifrs.org/content/dam/ifrs/publications/pdf-standards-issb/chinese/2023/issued/part-a/zh-issb-2023-a-ifrs-s1-general-requirements-for-disclosure-of-sustainability-related-financial-information.pdf?bypass=on，2023-06.

［4］国际可持续准则理事会.国际财务报告准则 S2 号——气候相关披露（简体中文版）［EB/OL］（2023-06）［2024-12-08］.中国会计准则委员会，译. https：//www.ifrs.org/content/dam/ifrs/publications/pdf-standards-issb/chinese/2023/issued/part-a/zh-issb-2023-a-ifrs-s2-climate-related-disclosures.pdf?bypass=on，2023-06.

［5］国际可持续准则理事会. 国际财务报告准则第 2 号——气候相关披露行业实施指南（简体中文版）［EB/OL］（2023-06）［2024-12-08］. 中国会计准则委员会，译. http：//www.esg-risk.com/Home/File/28.

［6］EC. ESRS E1 Climate Change［EB/OL］（2022-11）［2024-12-08］. https：//www.efrag.org/sites/default/files/sites/webpublishing/SiteAssets/08%20Draft%20ESRS%20E1%20Climate%20Change%20November%202022.pdf.

附　　录

案例索引

节／目号	案例主题	企业名称	页码
3.2.1	披露设立绿色金融领导小组和信用审批委员会，承担气候相关事宜管理层角色	中信银行股份有限公司	P52～53
3.2.1	披露 ESG 工作组担任承担气候相关事宜管理层角色	深圳市腾讯计算机系统有限公司	P54～55
3.2.2	披露在气候政策中将气候变化纳入运营管理以管理气候相关风险和机遇	万科企业股份有限公司	P56～57
3.2.2	披露将气候风险识别和管理过程融入公司日常管理体系以管理气候相关风险和机遇	嘉吉公司	P58～59
4.1.1	披露影响公司发展前景的气候相关风险和机遇因素	国家碳化氢公司	P65～67
4.1.1	披露产品和服务作为影响主体发展前景的气候相关机遇	苹果公司	P67～69
4.1.1	披露公开识别气候相关风险因素	埃克森美孚公司	P69～71
4.1.2	披露对气候相关转型风险与物理风险的分类定义	英国石油公司	P72～73
4.1.2	披露气候风险三维度：物理、转型和系统性风险	伊比德罗拉公司	P74～75
4.1.2	披露对物理风险和转型风险的分类	挪威国家石油公司	P75～76
4.1.3	评估并披露气候相关风险和机遇影响的时间范围	法国电力集团	P77～78
4.1.3	披露气候相关风险和机遇影响的时间范围	国家碳化氢公司	P78～80
4.1.3	披露在不同碳排放量情境下气候物理风险的影响时间范围	阳光电源股份有限公司	P80～82
4.1.3	披露气候相关事项的财务潜在影响的时间范围	中信证券股份有限公司	P82～83
4.1.4	披露短期、中期、长期的定义及与战略策略的联系	英国石油公司	P84～85
4.1.4	披露对短期、中期和长期的定义	国家碳化氢公司	P86～87
4.1.4	嘉吉公司披露对短期、中期和长期的定义	嘉吉公司	P88～89
4.1.4	壳牌公司披露对短期、中期和长期的定义	荷兰皇家壳牌集团	P89～90
4.2.1	披露为应对气候风险和机遇更新了价值链和业务模式	英国石油公司	P91～92
4.2.1	披露依据价值链对上游供应商提出可持续发展要求	挪威国家石油公司	P92～93
4.2.1	披露气候相关风险和机遇对业务模式及价值链的影响	吉利汽车控股有限公司	P94～95

续表

节 / 目号	案例主题	企业名称	页码
4.2.2	识别并披露价值链中气候相关风险和机遇的集中领域	国家碳化氢公司	P96～98
4.2.2	通过矩阵图披露气候相关风险的价值链集中领域	嘉吉公司	P98～100
4.2.2	披露气候相关机遇集中于信贷保险业务	利宝相互保险	P100～101
4.3.1	披露鼓励供应链中的种植者实施再生农业实践的战略，应对气候风险和机遇	阿彻丹尼尔斯米德兰公司	P103～104
4.3.1	披露可再生能源技术和投资战略，应对气候风险和机遇	法国电力集团	P104～105
4.3.1	披露应对气候风险和机遇的全链路碳中和战略	吉利控股集团	P106～107
4.3.1	披露范围3的风险和机遇对供应链战略和决策的影响	嘉吉公司	P108～109
4.3.1	披露将气候相关事务纳入ESG策略当中	友邦保险	P110～111
4.3.2	披露加大低碳技术研发的资金资源配置以把握气候转型机遇	国家碳化氢公司	P112～113
4.3.2	披露围绕气候相关风险及机遇调整战略部署和资源配置	中国平安	P113～114
4.3.2	披露通过碳价格信号引导项目投资和技术投资	法国电力集团（EDF）	P114～115
4.3.2	披露建立碳信用项目组合补偿或抵消剩余碳排放	路易达孚	P116～117
4.3.3	通过CDP问卷披露1.5℃目标的完成情况	路易达孚	P118～119
4.3.3	雀巢公司披露其农业再生产计划目标以及完成情况	雀巢公司	P119～120
4.4.1	披露遵循节能证书制度产生相关费用对报告期间现金流量的影响	法国电力集团	P123～125
4.4.1	披露法规管制风险对报告期内财务状况和现金流量的影响	荷兰皇家壳牌集团	P125～126
4.4.1	披露气候变化相关机遇对其财务表现的影响	理光	P126～127
4.4.2	披露气候风险与机遇下对财务资本配置和融资的预期影响	英国石油公司	P128～130
4.4.2	披露碳定价机制相关风险对现金流量的影响	美国电话电报公司	P130～131
4.4.2	披露气候转型机遇对未来现金流的影响	国家碳化氢公司	P131～132
4.5.1	披露财务战略的气候韧性的评估及应对方法	荷兰皇家壳牌集团	P134～135

续表

节／目号	案例主题	企业名称	页码
4.5.1	披露多种气候场景下的战略韧性评估结果	艾欧能源公司（E.ON）	P135～137
4.5.1	披露两种情景下的战略韧性	法国电力集团（EDF）	P137～138
4.5.2	披露使用耦合模型相互比较模型（CMIP）模拟物理风险情景并进行评估	法国电力集团	P143～145
4.5.2	披露对气候相关的物理风险和转型风险进行情景分析	武田制药	P145～147
4.5.2	披露气候情景分析关键假设及气候适应性评估结果	复星集团	P147～149
4.5.2	嘉吉公司披露使用气候相关情景分析的详细信息	嘉吉公司	P150～151
5.1.1	披露实现低碳管理和可持续发展过程中输入的重要参数指标	荷兰皇家壳牌集团	P155～156
5.1.1	披露场景分析关键参数及其与集团业务之间的对应程度	伊比德罗拉公司	P156～157
5.1.2	披露建立气候相关风险识别和评估的流程及情景分析使用的参数	英国石油公司	P158～159
5.1.2	披露输入过第三方指数和IPCCRCP8.5情景进行风险识别和分析	国家碳化氢公司	P160
5.1.3	披露气候相关风险定期识别和评估的流程	阿里巴巴集团控股有限公司	P161～162
5.1.3	披露利用气候风险筛选工具分别评估转型和物理风险	深圳市腾讯计算机系统有限公司	P163～164
5.1.3	利用情景分析工具评估其面临的物理及转型风险	嘉吉公司	P165～166
5.1.4	披露气候相关风险优先级确定的流程及方法	正大集团	P167～168
5.1.4	披露气候相关风险评估和优先级确定的流程	香港信和集团	P169～172
5.1.5	披露气候相关风险优先级排序和监控的方法	英国石油公司	P173～174
5.1.5	披露基于风险等级评估结果进行气候相关风险监控	国家碳化氢公司	P174～175
5.1.5	披露气候相关风险的监控机制和流程	吉利控股集团有限公司	P176～177
5.1.5	披露基于风险等级评估结果进行气候相关风险监控	荷兰皇家壳牌集团	P177～179
5.1.6	披露气候相关风险的监控机制和流程	中国工商银行股份有限公司	P180
5.2	披露气候相关机遇的识别、评估、优先级确定和监测管理流程	中联资源股份有限公司	P181～184

续表

节/目号	案例主题	企业名称	页码
5.3	披露气候相关风险管理流程完全整合至整体风险管理流程	吉利控股集团有限公司	P185~186
5.3	披露气候相关风险和机遇管理流程完全整合至整体风险管理流程	阿里巴巴集团控股有限公司	P186~187
5.3	披露气候相关风险和机遇管理流程部分整合至整体风险管理流程	伊顿	P188~189
6.1.1	披露范围1、范围2、范围3温室气体排放及计量方法	沃达丰集团	P206~213
6.1.1	披露范围1、范围2、范围3温室气体排放及计量方法	特斯拉公司	P213~216
6.1.1	披露范围1、范围2、范围3温室气体排放及计量方法	苹果公司	P217~221
6.1.2	披露气候转型风险影响的业务活动的金额和百分比	英国石油公司	P222~225
6.1.2	披露转型风险对碳氢化合物业务的财务影响	国家碳化氢公司	P226~227
6.1.3	披露物理风险影响的资产金融及百分比	紫金矿业集团股份有限公司	P228~230
6.1.4	披露电动车销量及充电站可再生能源利用信息	特斯拉公司	P231~233
6.1.5	披露灵活调整资本配置适应政策、技术和市场变化	英国石油公司	P234~235
6.1.5	披露"钢铁换燃料"投资计划	埃克西尔能源公司	P235~237
6.1.6	披露内部碳定价机制	微软公司	P239~241
6.1.7	披露将气候相关事项纳入高管薪酬体系	三井住友信托集团	P242~243
6.1.7	披露能源转型目标作为高管年度奖金和长期激励计划的组成部分	壳牌公司	P244~245
6.2.1	披露设立的气候目标	中电集团	P249~251
6.2.1	披露设立的气候目标	紫金矿业集团股份有限公司	P251~252
6.2.1	苹果公司2030计划	苹果公司	P252~255
6.2.2	披露复核气候目标的情况及流程	中电集团	P256~258
6.2.3	披露范围3温室气体目标与实现进展	美国电话电报公司	P259~260
6.2.3	披露温室气体目标实现进展	武田制药	P261~262
6.2.3	披露气候目标进展及趋势	中电集团	P262~265

续表

节／目号	案例主题	企业名称	页码
6.2.3	披露气候相关的碳减排进度信息和变化	施耐德	P266～267
7.1.1	披露气候相关的原材料采购的信息	马丁博士	P269～270
7.1.2	披露产品生命周期的环境影响的信息	海伦特洛伊家电	P271～272
7.1.3	披露能源管理、产品生命周期环境影响、木材供应链管理的信息	兰卡皇家陶瓷有限公司	P273～274
7.1.4	披露硬件基础设施能源与水资源管理、产品包装与分销	威费尔公司	P275～277
7.1.5	披露水资源管理和棕榈油供应链的环境和社会影响	埃奇威尔个人护理公司	P278～280
7.1.6	披露零售和分销领域的能源管理	马莎百货集团	P281～282
7.2.1	披露范围1温室气体排放长短期策略与计划对实现碳中和的影响	埃克萨罗资源有限公司	P283～285
7.2.1	披露储量估计与资本支出的管理与计划	埃克萨罗资源有限公司	P285～287
7.2.2	披露能源消耗总量及使用能源种类的管理情况	火神材料公司	P288～289
7.2.2	披露废弃物的种类占比和回收管理情况	火神材料公司	P289～290
7.2.3	披露能源消耗总量及使用能源种类的管理情况	东和钢铁企业股份有限公司	P291～292
7.2.3	披露用水量以及运营地水压力的管理情况	东和钢铁企业股份有限公司	P293～294
7.2.4	披露范围1排放总量与长短期策略、计划与减排目标及进展	紫金矿业集团有限公司	P294～296
7.2.4	披露消耗的能源总量及可再生能源使用比例	紫金矿业集团有限公司	P296～297
7.2.4	披露取水量、高风险地区取水量占比及违反水质许可及标准的次数	紫金矿业集团有限公司	P298～299
7.2.5	披露温室气体排放情况及其长短期策略与计划的实施情况	非洲石油集团	P300～302
7.2.5	披露水资源管理情况	非洲石油集团	P302～303
7.2.5	披露储量估计和资本支出内容	非洲石油集团	P304～306
7.2.5	披露生产相关的活动指标	非洲石油集团	P306～307
7.2.6	披露温室气体排放情况及其长短期策略与计划的实施情况	阿曼国有能源集团	P308～310
7.2.7	披露水资源管理定量指标	韩国鲜京创新公司	P311

ISSB准则中国应用指南（二）
——IFRS S2解读与应用

续表

节／目号	案例主题	企业名称	页码
7.2.7	披露产品规格和清洁燃料混合物相关绩效	韩国鲜京创新公司	P312~313
7.2.7	披露生产相关的活动指标	韩国鲜京创新公司	P313~314
7.2.8	披露减排和燃料管理情况	贝克休斯	P315~316
7.2.8	披露水资源管理服务情况	贝克休斯	P317~318
7.3.1	披露可持续要素融入投资流程的量化绩效	布鲁克菲尔德资产管理公司	P320~321
7.3.1	布鲁克菲尔德将可持续发展要素融入投资全流程	布鲁克菲尔德资产管理公司	P321~323
7.3.1	布鲁克菲尔德在代理投票时评估可持续相关因素	布鲁克菲尔德资产管理公司	P323~325
7.3.2	披露关于将环境、社会和治理（ESG）因素纳入信用分析的描述	中国工商银行	P326~328
7.3.3	披露关于将环境、社会和治理（ESG）因素纳入投资管理流程和策略的方法的描述	三商美邦人寿	P329~330
7.3.3	披露关于激励健康、安全或对环境负责的行动或行为的产品或产品特征的讨论	三商美邦人寿	P330~331
7.3.4	披露将ESG因素纳入投资银行承销、咨询、证券化交易和其他业务的方法及纳入ESG因素的业务金额和相关收入	元大金控集团	P332~334
7.3.5	披露位于百年一遇洪泛区的抵押贷款的数量和价值、分析有关如何将抵押房产的环境风险纳入抵押贷款的发起和发放中	房地美公司	P335~337
7.4.1	披露农业种植及生产公司对水资源管理获取及使用的管理情况	斯里兰卡伊尔皮提雅种植园公司	P338~340
7.4.1	披露主要作物及气候变化所带来的风险及其应对措施	斯里兰卡伊尔皮提雅种植园公司	P340~341
7.4.1	披露主要作物产量、加工设施数量、土地面积及外购农产品成本情况	斯里兰卡伊尔皮提雅种植园公司	P342~343
7.4.2	披露总能耗及可再生能源百分比	麒麟控股株式会社	P344~345
7.4.2	披露水资源管理相关指标	麒麟控股株式会社	P345~348
7.4.2	披露优先饮料原料清单和关于环境、社会因素的采购风险的讨论	麒麟控股株式会社	P348~350
7.4.2	披露活动指标	麒麟控股株式会社	P350~351

482

续表

节 / 目号	案例主题	企业名称	页码
7.4.3	披露供应链中的环境和社会影响管理	美国西斯科公司	P352~359
7.4.4	披露总能耗、电网电量百分比以及可再生能源百分比	马夫瑞集团	P360~361
7.4.4	披露取水总量、用水总量、基准用水压力高或极高的地区二者各占的百分比，以及关于水资源管理风险的描述和关于减轻这些风险的策略和实践活动的讨论	马夫瑞集团	P361~363
7.4.5	披露饮料行业产品主要成分中水资源的使用以及作为运营关键资源的水资源对环境的具体影响	绿山胡椒博士集团（KDP集团）	P364~365
7.4.6	披露总能耗	东远 F&B	P366~367
7.4.6	披露水资源管理相关指标	东远 F&B	P367~369
7.4.6	披露获得第三方环境或社会标准认证的食品原料百分比	东远 F&B	P369~370
7.4.6	披露关于环境和社会因素的采购风险的讨论	东远 F&B	P371~372
7.4.7	披露总能耗及外购电力的定量数据	中国全聚德（集团）股份有限公司	P373
7.4.7	披露用水总量数据	百胜中国控股有限公司	P374
7.4.7	披露供应链环境与社会风险分析及管理策略与经第三方认证的食品采购数据	百胜中国控股有限公司	P375~376
7.5.1	沃博联零售体系的综合能源管理方法	沃博联	P377~378
7.5.2	披露废弃物管理的情况及总量	弗卢里集团	P379~380
7.5.3	披露旨在减少物流对环境的影响的工作	卡地纳健康集团	P381~384
7.5.4	披露有关气候变化对业务运营影响的应对战略及将疾病的发生率地理分布等风险因素纳入其风险模型中	欧顿普瑞夫公司	P385~387
7.5.5	满足对可持续产品需求的产品设计和生命周期管理	Abbott 医疗	P388~389
7.6.1	电力公用事业公司对温室气体排放和能源的管理	Black Hills Corp	P391~393
7.6.2	披露项目开发及项目生命周期内的环境影响	DL E&C 韩国大林工业	P394~395
7.6.3	披露燃气输送基础设施完整性相关的定量指标	斯皮尔公司	P397~398
7.6.4	披露土地利用和生态影响相关指标以及考虑环境因素的流程	科波韦尔股份公司	P399~401

续表

节／目号	案例主题	企业名称	页码
7.6.5	披露能源管理相关指标以及将建筑能源管理考虑因素纳入策略的描述	英国置地公司	P402～406
7.6.7	披露温室气体排放相关指标以及关于排放相关的战略及业绩分析	消毒循环公司	P407～408
7.6.8	披露供水设施与服务—配水管网效率相关指标	圣保罗水务公司	P409～411
7.6.10	披露生态系统服务和影响力相关指标以及政府机会优化方法	惠好公司	P412～414
7.7.2	披露温室气体排放量及策略描述和绩效分析	韩松纸业	P415～417
7.7.3	披露能源管理相关指标	索拉威控股有限公司	P418～419
7.8.1	披露能源管理相关指标	韩华航天宇宙公司	P420～421
7.8.2	披露范围1温室气体排放数据以及策略、目标和相关绩效分析	科佩斯控股公司	P422～424
7.8.3	披露范围1温室气体排放数据以及策略、目标和相关绩效分析	欧文斯伊利诺斯玻璃公司	P425～427
7.8.4	披露能源管理相关指标	利特富斯公司	P428～429
7.8.5	披露能源使用相关数据	科美机械有限公司	P430～431
7.9.1	披露能源使用相关数据	Entain PLC	P432～433
7.9.2	披露能源使用相关数据	温德姆酒店集团	P434～435
7.9.3	披露能源使用相关数据	希界维	P436
7.10.1	披露水资源管理相关数据	华立企业股份有限公司	P438～439
7.10.2	披露产品循环利用情况	智邦科技股份有限公司	P440～441
7.10.3	披露硬件基础设施的环境足迹	奈飞公司	P442～443
7.10.4	披露范围1温室气体排放长短期策略与计划对实现碳中和的影响	应用材料公司	P444～446
7.10.5	披露硬件基础设施的用电量和取水量相关信息	天睿公司	P447～449
7.10.6	披露运营环境足迹相关内容	英国电信集团	P450～451
7.11.1	披露温室气体排放相关内容	特格玛物流管理公司	P452～454
7.11.2	披露温室气体排放相关内容	瑞安航空控股有限公司	P455～456

后 记

2023 年 6 月 26 日，国际可持续准则理事会（以下简称"ISSB"）正式发布《国际财务报告准则 S1 号——可持续相关财务信息披露一般要求》（以下简称"IFRS S1"）和《国际财务报告准则 S2 号——气候相关披露》（以下简称"IFRS S2"）两项准则，意味着全球可持续信息披露正在向更好的一致性、可比性和可理解性迈进，是全球可持续信息披露的重要里程碑。

2023 年 1 月，责扬天下（北京）管理顾问有限公司成立专门的研究团队，对 IFRS S1 和 IFRS S2 进行了系统持续的研究，形成了 ISSB 准则的两部初步的书稿。在孙东升老师的支持下，责扬天下和中央财经大学可持续准则研究中心就《可持续信息披露丛书》的研究和出版达成长期战略合作。继 2024 年 10 月 30 日首部《ISSB 准则中国应用指南——IFRS S1 解读与应用》正式发布后，为了帮助中国企业更好地适应气候相关信息披露的国际趋势，第二部《ISSB 准则中国应用指南——IFRS S2 解读》也即将发布。本书是编委会集体智慧的结晶，撰写过程中得到了有关领导、专家和业界同仁的指导与支持。全书由刘轶芳和殷格非统筹规划，贾丽、王家蒙、左玉晨、李霞共同参与拟定提纲和各章节核心内容，经与全体作者集体研讨后撰写。各章作者如下：

第 1 章气候相关披露准则概览：刘轶芳、李霞、于芷涵；

第 2 章气候相关披露的目标、范围：殷格非、李霞、王家蒙；

第 3 章气候相关披露核心内容：治理：王家蒙、左玉晨、盖泽坤；

第 4 章气候相关披露核心内容：战略：陆心媛、王家蒙、左玉晨；

第 5 章气候相关披露核心内容：风险管理：左玉晨、王家蒙、王晓娟；

第 6 章气候相关披露核心内容：指标和目标：贾丽、王家蒙、左玉晨；

第 7 章气候相关披露手册内容：行业实施指南：李霞、张诗赢、钟艳、史佳邢、王家蒙、左玉晨、秦翰林、张萧元。

本书得以出版，笔者在此对各位领导、专家和业界同仁的指导与支持表示特别致谢。感谢宋志平会长、张为国教授、许浩副总裁为本书作序。

在此，要特别感谢中国上市公司协会。中国上市公司协会原党委书记、执行副会长柳磊自始至终对本书的出版给予了高度关心和指导，他为本书给予了许多宝贵建议。协会的刘彦沣总监和吴璇老师也为本书贡献了许多宝贵的修改意见。同时，还要特别感谢国际可持续准则理事会（ISSB）主席特别顾问兼北京办公室张政伟主任，他通读全书，提供了许多具有建设性的建议，并且对本书的命名给出了非常有价值的指导意见，使得第二部书稿也得以定名。

另外，还要感谢经济科学出版社。他们在审稿过程中提供了很多宝贵意见，并付出了大量辛勤的工作。

再次向为本书出版上市付出辛勤劳动与智慧的全体同仁致以诚挚的谢意。

殷格非

2025 年 1 月